1

학령기 아동을 위한

단어인지 및 철자 프로그램

받침 없는 단어

–기본 자음과 기본 모음–

김애화 · 김의정 공저

Word Identification and Spelling Program for School-Age Children

학지사

머리말

최근 교육 현장에는 그 어느 때보다 다양한 학습자가 존재하고 있다. 학업 성취에 큰 어려움이 없는 일반 학생을 비롯하여 학습에 어려움을 보이는 학습부진 학생, 학습 속도가 다른 또래 학생들에 비해 느린 현상을 보이는 느린 학습자, 한국어가 모국어가 아니거나 모국어로 습득하는 데 있어 어려움이 있는 다문화 가정 학생, 읽기, 쓰기, 수학 등 학습에 심각한 어려움을 보이는 학습장애 학생 등 다양한 학습적 요구를 보이는 학생들이 있다. 따라서 이러한 다양한 학습자의 학습적 요구를 파악하고 이에 따른 교육적 지원을 하는 것이 필요한 실정이다.

여러 학습 능력 중에서도 읽기 및 쓰기 능력은 모든 교과 학습에 필수적이고 나아가 성공적인 학업 성취를 위해 매우 중요하다고 할 수 있다. 이에 본 프로그램 개발자들은 앞서 언급한 다양한 학습자가 읽기 및 쓰기 능력을 갖추는 데 있어 기초가 되는 단어인지 및 철자에 초점을 둔 프로그램을 개발하였다. 단어인지 및 철자 프로그램의 주요 특징은 다음과 같다. 첫째, 받침이 없는 단어를 읽고 철자하는 것부터 시작하여 겹받침이 있는 단어를 읽고 철자하는 것까지 점진적으로 습득할 수 있도록 체계적으로 개발되었다. 둘째, 한 번 학습한 것에 그치는 것이 아니라 학습한 내용을 누적 연습할 수 있도록 연습 워크북(5권)을 추가로 제공하였다. 셋째, 국내외 선행연구를 통해 단어인지 및 철자 능력 향상에 효과적임이 검증된 증거기반 교수법(evidence-based instructional methods)을 적용하여 개발되었다.

따라서 본 프로그램을 방과 후 등 학교 내에서와, 학습종합클리닉센터, 개별 인지학습치료센터 등 학교 밖에서 단어인지 및 철자 능력 향상이 요구되는 초등학생을 포함한 학령기 학생을 지원하는 데 사용하기를 권장한다. 또한 필요에 따라 가정에서 자녀의 단어인지 및 철자 능력을 지도하기 위해 사용할 것을 권장한다. 본 프로그램 개발자들은 이 단어인지 및 철자 프로그램이 다양한 학습자의 요구에 적합한 학습 기회를 제공할 뿐만 아니라 이들의 단어인지 및 쓰기 능력 향상을 도모하는 데 중요한 자료로서의 역할을 할 것으로 기대한다.

무엇보다도 이 프로그램의 개발 과정에서 여러모로 도움을 준 단국대학교 일반대학원 특수교육학과 김지은 선생님과 출판 과정에서 도움을 주신 학지사 김진환 사장님, 박나리 선생님에게 감사드린다.

저자 일동

프로그램의 구성 및 활용 방법

1. 프로그램의 구성

이 프로그램은 전체 5권으로 구성되어 있다. 1권부터 4권은 3단계 단어인지 및 철자 지도 프로그램이며, 5권은 1~4권에서 학습한 내용을 누적 연습할 수 있는 추가 연습 워크북이다.

- '1단계' 받침 없는 단어인지 및 철자 프로그램(1권과 2권): 1권은 '기본 자음과 기본 모음으로 구성된 단어'를 정확하게 읽고 쓰는 것을 목표로 하는 20차시로 구성되어 있고, 2권은 '된소리 자음과 모음으로 구성된 단어'를 정확하게 읽고 쓰는 것을 목표로 하는 19차시로 구성되어 있다.
- '2단계' 홑받침 단어인지 및 철자 프로그램(3권): '대표음으로 발음되는 홑받침 단어'를 정확하게 읽고 쓰는 것을 목표로 하는 6차시와 '음운 변동이 적용되는 홑받침 단어'를 정확하게 읽고 쓰는 것을 목표로 하는 4차시로 구성되어 있다.
- '3단계' 겹받침 단어인지 및 철자 프로그램(4권): '대표음으로 발음되는 겹받침 단어'를 정확하게 읽고 쓰는 것을 목표로 하는 3차시와 '음운 변동이 적용되는 겹받침 단어'를 정확하게 읽고 쓰는 것을 목표로 하는 5차시로 구성되어 있다.
- 연습 워크북(5권): 1~4권에서 학습한 내용을 누적 연습할 수 있도록 각 단계별 누적 연습 문항을 제공한다.

2. 프로그램의 활용 방법

1~4권의 단어인지 및 철자 지도 프로그램은 각 차시별로 학습목표, 사전평가, 수업, 사후평가로 구성되어 있으며, 다음과 같이 활용할 수 있다.

- 학습목표 교수자는 학생과 함께 학습목표를 확인한다.
- 사전평가 교수자가 '정답지'에 제공된 사전평가 문항을 읽어 주고, 학생이 각 문항을 받아쓰도록 함으로써 학생의 현재 수행 수준을 파악한다.
- 수업 프로그램에서 제시된 순서에 따라 수업을 진행한다. 수업 진행에 필요한 낱자 카드 및 단어 카드는 〈별책부록〉에 제시되어 있으며, 가림판 및 용수철 등의 교수 · 학습 자료는 프로그램에 동봉된 것을 활용한다.
- 사후평가 수업 후 교수자가 '정답지'에 제공된 사후평가 문항을 읽어 주고, 학생이 각 문항을 받아쓰도록 함으로써 학습목표의 달성 여부를 파악한다. 사후평가 결과, 학생이 해당 차시 학습목표를 달성하지 못한 경우, 해당 차시 수업을 반복할 수 있다.

5권 연습 워크북은 각 단계에서 배운 단어들을 반복 · 누적 연습할 수 있도록 구성하였다. 교수자는 매 회기마다 약 10분간 연습 워크북을 활용하여 이미 배웠던 단어들을 반복 · 누적 연습할 수 있는 기회를 제공하는 것이 좋다.

1~4권에 적용된 교수 및 학습 전략에 대한 이론적 설명은 각 단계별 프로그램의 첫머리에 '일러두기'로 제시되어 있다.

차례

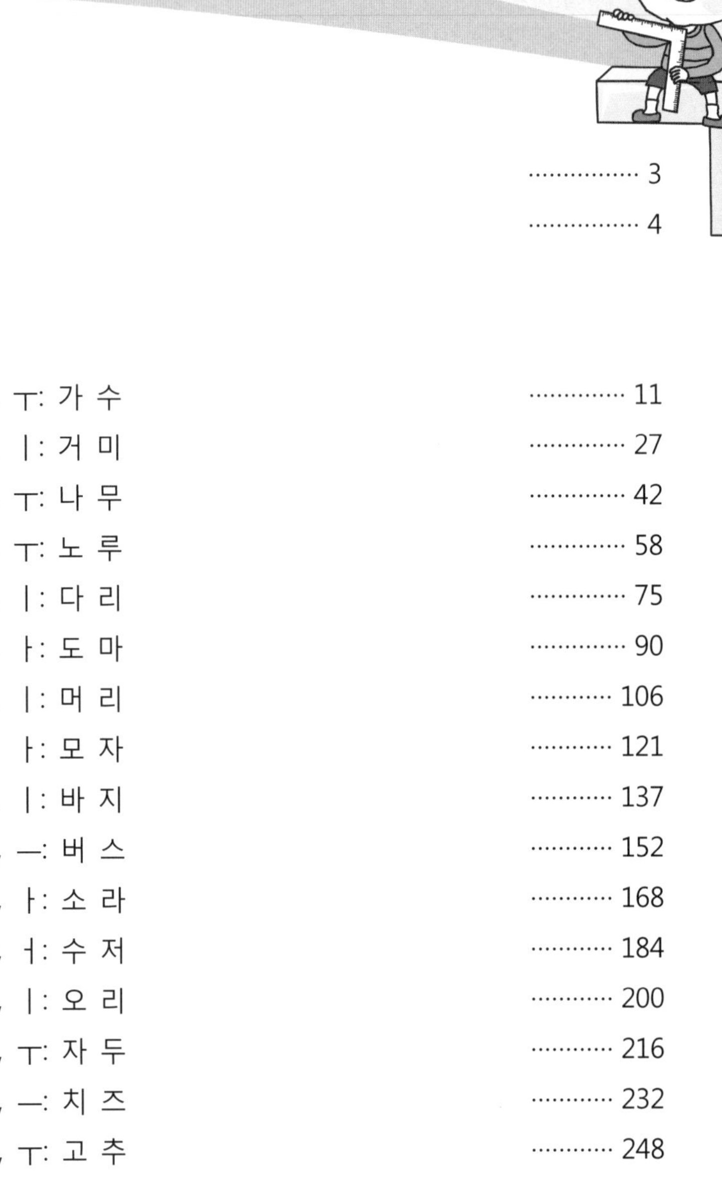

일러두기

이 프로그램은 다음과 같은 교수법 및 원리를 적용하여 개발되었다.

합성 파닉스 교수법

합성 파닉스 교수법은 단어를 구성하는 각각의 낱자를 소리로 바꾼 후, 이 소리들을 합쳐서 단어를 읽도록 가르치는 단어인지 교수법이다. 이를 위해 교사는 학생에게 단어를 구성하는 각각의 낱자에 대응하는 소리를 가르친 다음, 이 소리들을 합쳐서 단어를 읽도록 지도한다.

음운처리 중심 철자 교수법

음운처리 중심 철자 교수법은 낱자-소리 대응관계를 가르치고, 소리에 대응하는 낱자를 올바르게 표기함으로써 단어를 철자하도록 가르치는 교수법이다. 음운처리 중심 철자 교수법은 위에서 언급한 합성 파닉스 교수법에 근거한 철자 교수법이라고 할 수 있다. 이 프로그램에서는 낱자의 발음을 [ ]로 표시하였다.

합성 파닉스 및 음운처리 중심 철자 교수법에서의 교수 내용 제시 순서

일반적으로 합성 파닉스 및 음운처리 중심 철자 교수법을 적용할 때는 받침이 없는 글자 먼저 가르친 후, 받침이 있는 글자를 가르친다. 받침이 없는 글자를 가르칠 때는 자주 사용하는 낱자-소리 대응 관계(예, 기본 자음, 기본 모음)를 먼저 가르치고, 그다음에 이중 모음과 된소리 자음 순으로 가르친다.

집중 연습 및 누적 연습

각 차시에 가르친 단어 읽기 및 철자의 집중적인 반복 연습뿐 아니라, 이전 차시들에서 이미 학습한 단어의 누적 연습을 실시하는 것이 필요하다.

가리고－기억하여 쓰고－비교하기

가리고, 기억하여 쓰고, 비교하기(cover, copy, compare)는 자기 교정법에 속하는 활동이다. 학생에게 단어를 보여 준 다음, 단어를 가리고(cover), 약간의 시간(예, 약 3초)을 주어 학생이 단어를 기억하여 쓰도록 하고(copy), 그다음 다시 단어를 보여 주어 해당 단어와 자신의 답을 비교하여 답을 확인하게 한다(compare).

단어 분류하기

단어 분류하기는 단어를 구체적인 기준에 따라 구분하는 활동을 의미한다. 예를 들어, 같은 초성으로 시작되는 단어들끼리 구분하도록 할 수 있다.

기본 자음과 기본 모음

14개 기본 자음(ㄱ, ㄴ, ㄷ, ㄹ, ㅁ, ㅂ, ㅅ, ㅇ, ㅈ, ㅊ, ㅋ, ㅌ, ㅍ, ㅎ)과
6개 기본 모음(ㅏ, ㅓ, ㅗ, ㅜ, ㅡ, ㅣ)으로 구성된 단어

1차시 자음 ㄱ, ㅅ 모음 ㅏ, ㅜ: 가수

자음 ㄱ, ㅅ과 모음 ㅏ, ㅜ로 이루어진 단어를 정확하게 읽고 쓸 수 있다.

“선생님이 불러 주는 단어를 받아 적는 문제입니다. 잘 듣고, 답안지에 단어를 받아 적어 보세요.”

(정답지 p. 330에 평가 문항 제시)

번호	단어
1	
2	
3	
4	
5	
6	
7	
8	

수업

제목을 살펴봅시다. 제목에서 각 낱자에 ○를 쳐 봅시다.

가 수

낱자의 소리를 알아봅시다.

ㄱ의 소리를 알아봅시다.

1. ㄱ 이것은 '기역'입니다. ㄱ은 무슨 소리가 나나요? '그' 소리([ㄱ])가 납니다.

2. 그림을 보면서 ㄱ 소리를 연습해 봅시다.

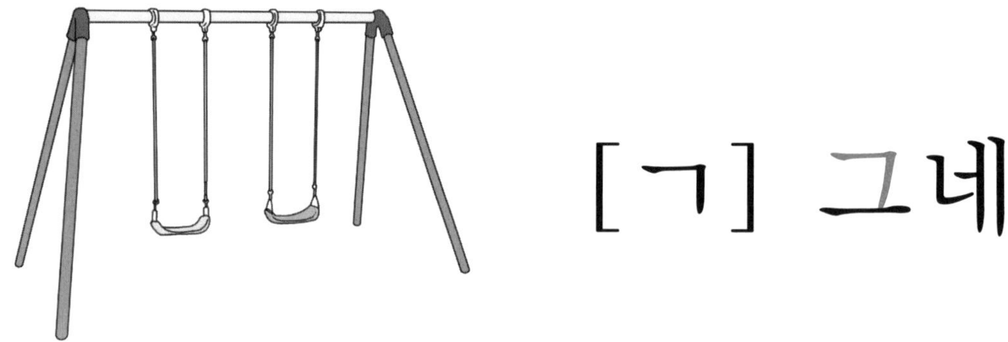

[ㄱ] 그네

3. 낱자의 소리를 말하면서 표시된 순서에 따라 써 봅시다.

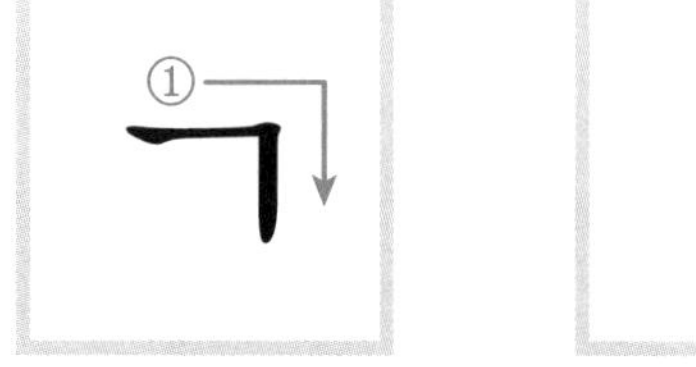

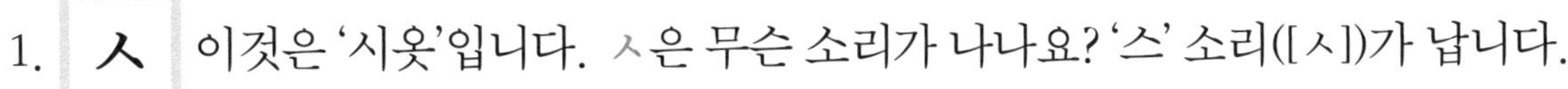

낱자의 소리를 알아봅시다.

 ㅅ의 소리를 알아봅시다.

1. ㅅ 이것은 '시옷'입니다. ㅅ은 무슨 소리가 나나요? '스' 소리([ㅅ])가 납니다.

2. 그림을 보면서 ㅅ 소리를 연습해 봅시다.

[ㅅ] 스티커

3. 낱자의 소리를 말하면서 표시된 순서에 따라 써 봅시다.

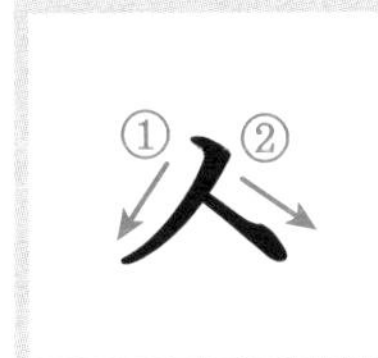

낱자의 소리를 알아봅시다.

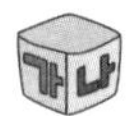 ㅏ의 소리를 알아봅시다.

1. ㅏ 이것은 '아'입니다. ㅏ는 무슨 소리가 나나요? '아' 소리([ㅏ])가 납니다.

2. 그림을 보면서 ㅏ 소리를 연습해 봅시다.

[ㅏ] 아기

3. 낱자의 소리를 말하면서 표시된 순서에 따라 써 봅시다.

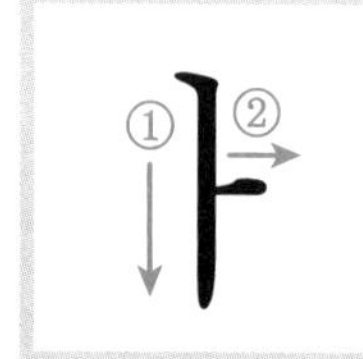

낱자의 소리를 알아봅시다.

ㅜ의 소리를 알아봅시다.

1. ㅜ 이것은 '우'입니다. ㅜ 는 무슨 소리가 나나요? '우' 소리([ㅜ])가 납니다.

2. 그림을 보면서 ㅜ 소리를 연습해 봅시다.

3. 낱자의 소리를 말하면서 표시된 순서에 따라 써 봅시다.

글자를 만들어 봅시다.

[ㄱ]와 [ㅏ]를 합치면 무슨 글자가 될까요?

1. 용수철을 사용하여 소리를 합쳐 봅시다.

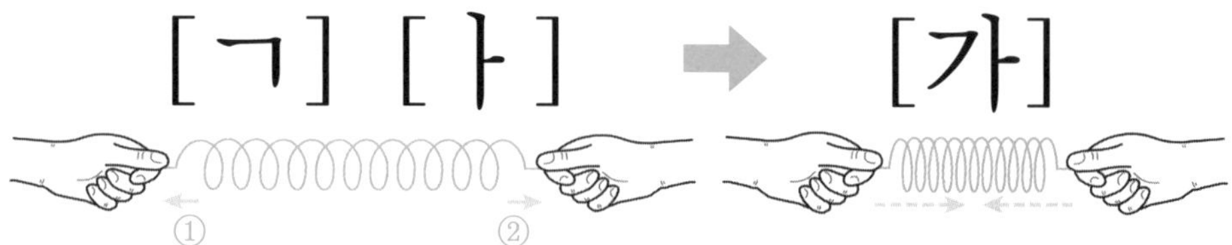

2. 다음 그림처럼 낱자 카드(✂ 〈부록 1쪽〉)를 사용하여 소리를 합쳐 봅시다.

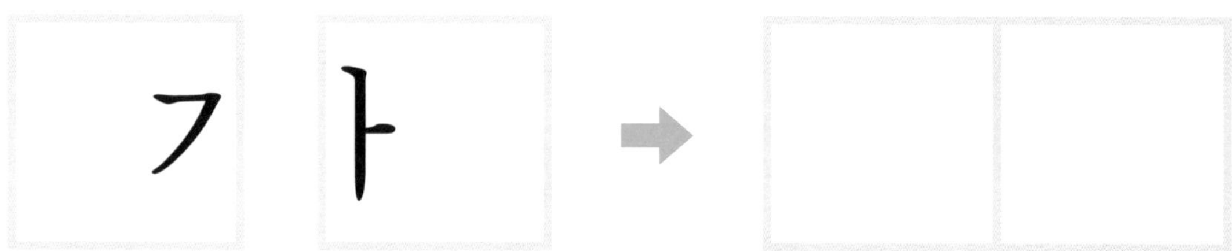

[ㅅ]와 [ㅏ]를 합치면 무슨 글자가 될까요?

1. 용수철을 사용하여 소리를 합쳐 봅시다.

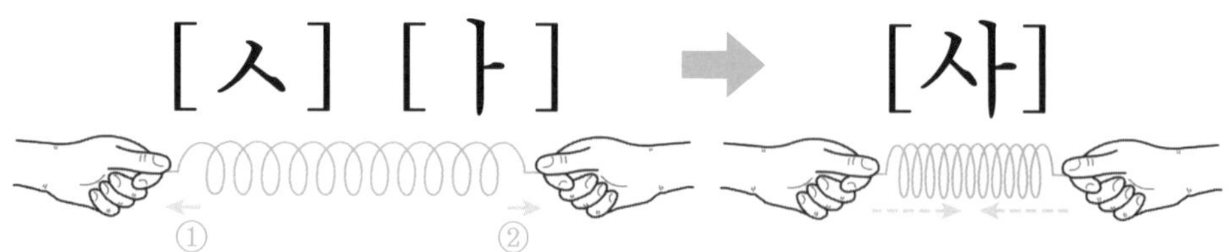

2. 다음 그림처럼 낱자 카드(✂ 〈부록 1쪽〉)를 사용하여 소리를 합쳐 봅시다.

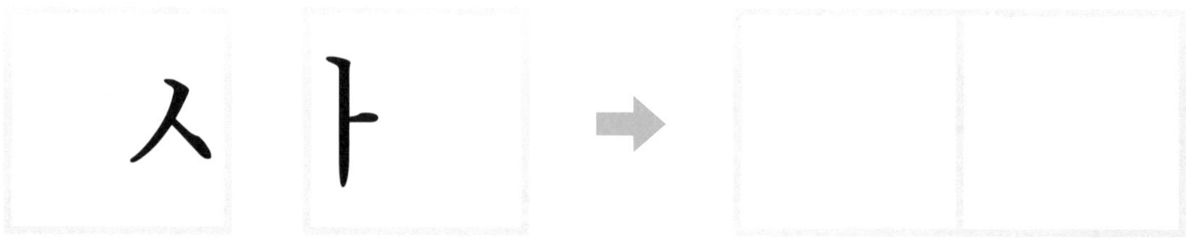

글자를 만들어 봅시다.

[ㄱ]와 [ㅜ]를 합치면 무슨 글자가 될까요?

1. 용수철을 사용하여 소리를 합쳐 봅시다.

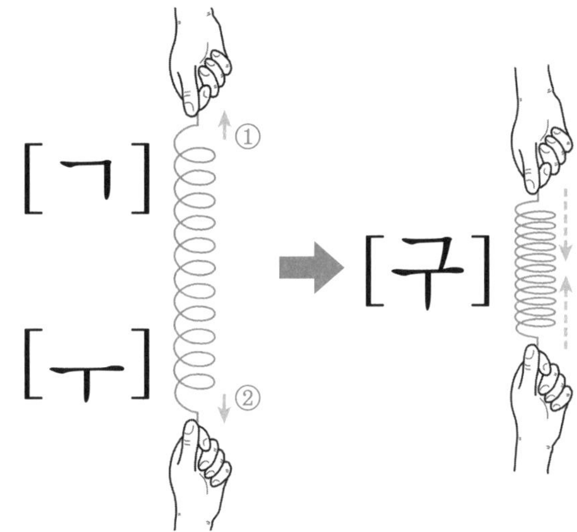

2. 다음 그림처럼 낱자 카드(✂ 〈부록 1쪽〉)를 사용하여 소리를 합쳐 봅시다.

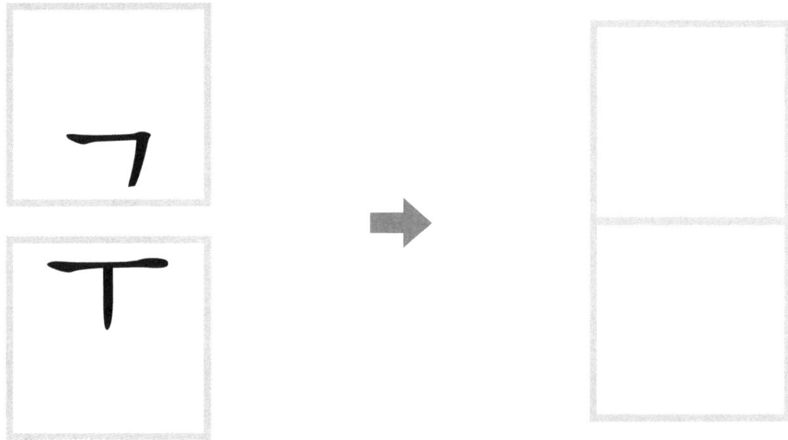

글자를 만들어 봅시다.

[ㅅ]와 [ㅜ]를 합치면 무슨 글자가 될까요?

1. 용수철을 사용하여 소리를 합쳐 봅시다.

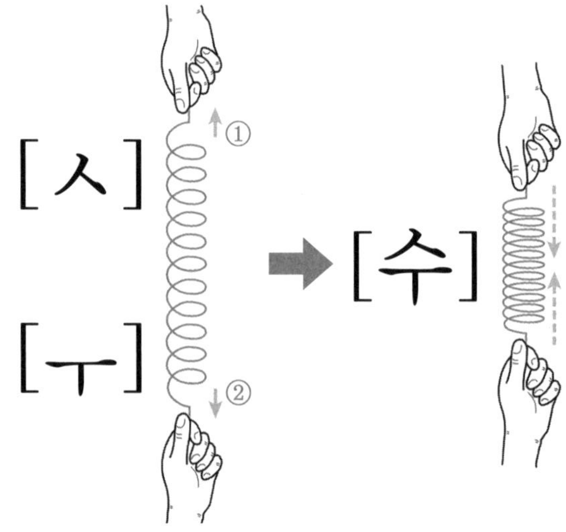

2. 다음 그림처럼 낱자 카드(✂ 〈부록 1쪽〉)를 사용하여 소리를 합쳐 봅시다.

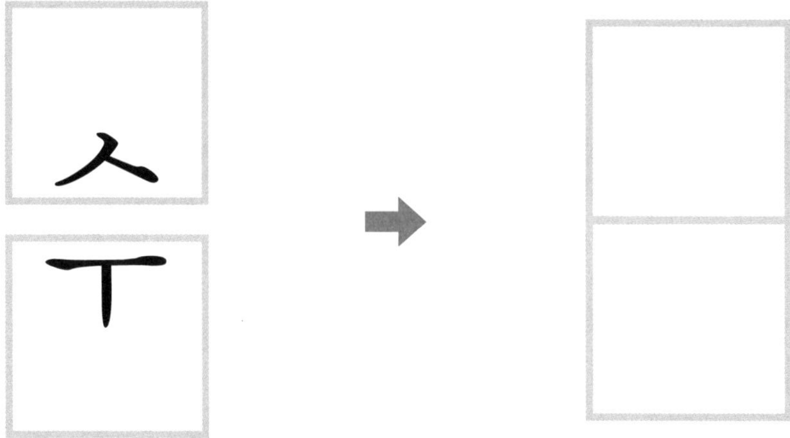

네모 칸에 있는 낱자를 각각 발음해 봅시다. 그다음, 낱자를 합쳐서 글자를 만들어 읽고 써 봅시다.

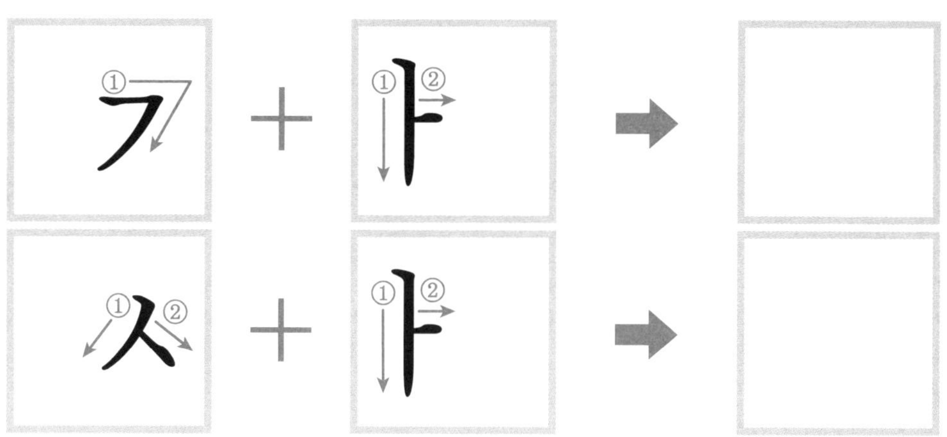

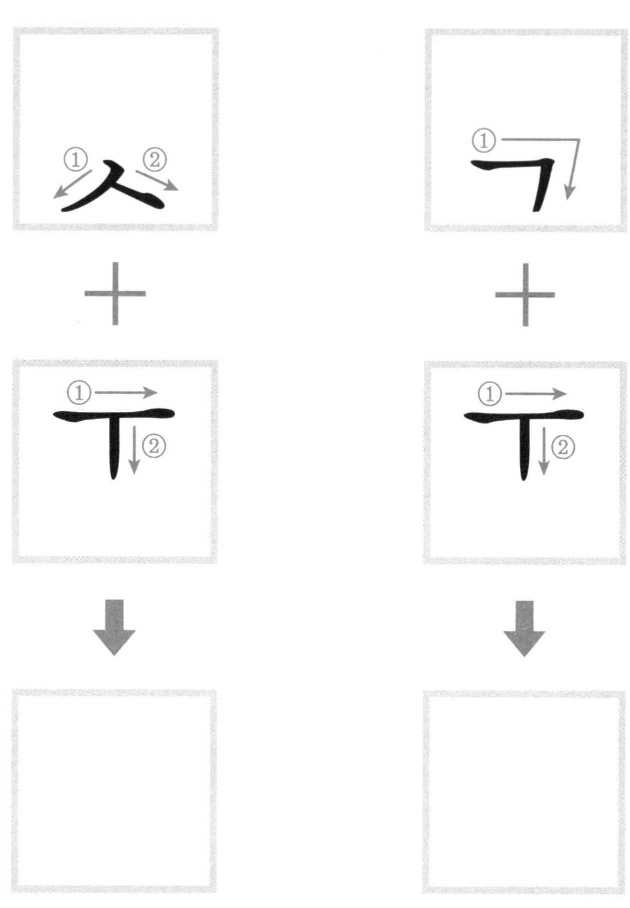

각 글자에 ○를 치면서 읽어 봅시다. 그다음, ○를 친 글자를 가림판으로 가리고 외워서 쓴 후, 맞게 썼는지 확인해 봅시다. 그리고 각 글자를 두 번 더 반복하여 써 봅시다.

글자에 ○를 치면서 읽기	기억하여 쓰기	반복 쓰기	반복 쓰기
가			
사			
구			
수			

다음의 글자를 각각 발음해 봅시다. 그다음, 글자를 합쳐서 단어를 만들어 쓰고 읽어 봅시다.

- 가 + 사 → ☐
- 가 + 구 → ☐
- 가 + 수 → ☐
- 구 + 수 → ☐
- 수 + 사 → ☐

〈보기〉의 단어를 소리 내어 읽어 봅시다. 그다음, 각 문장에 알맞은 단어를 〈보기〉에서 찾아 써 봅시다.

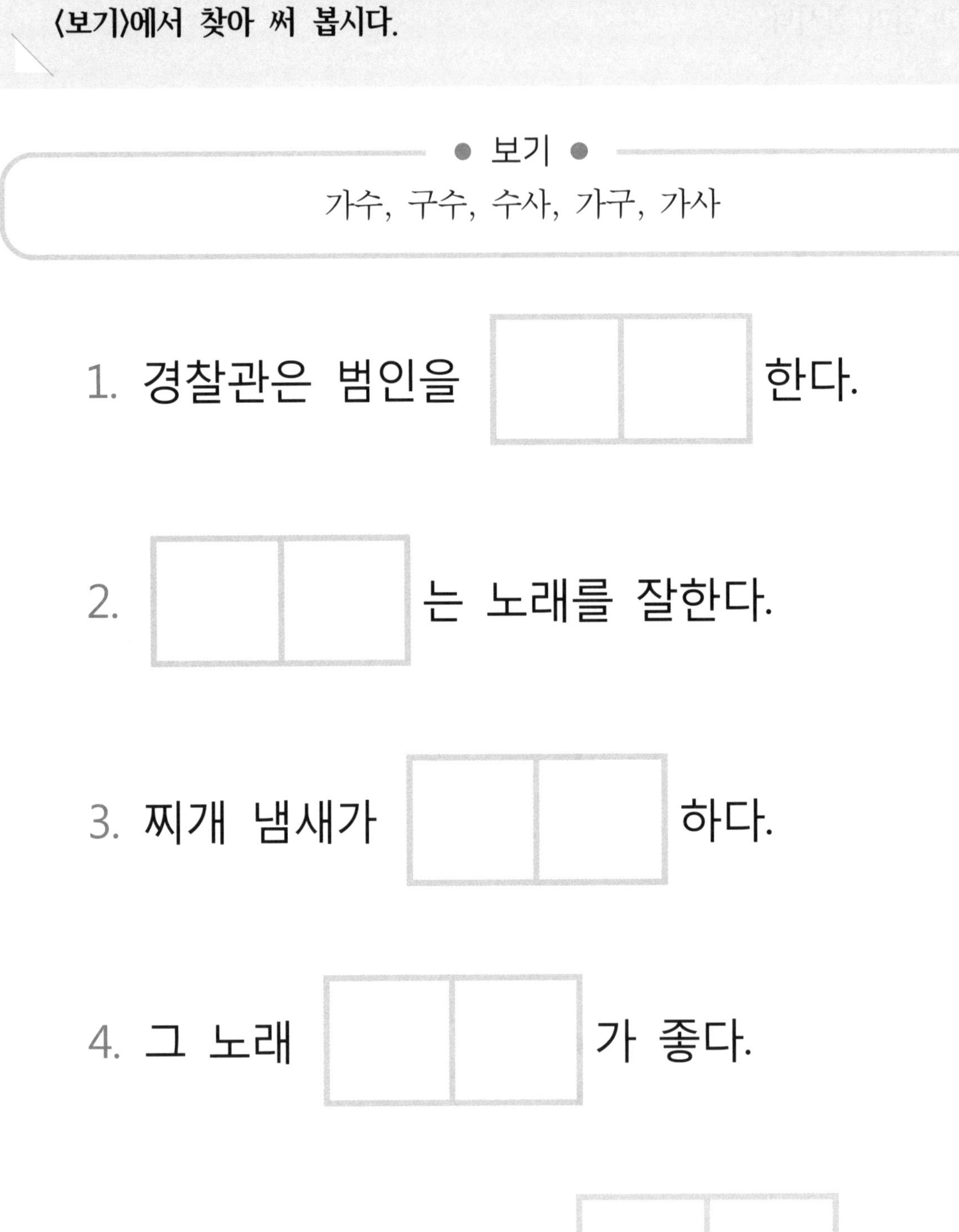

다음 단어를 소리 내어 읽고 써 봅시다.

좋다

샀다

다음 문장을 소리 내어 읽고 써 봅시다.

○ 그 노래 가사가 좋다.

그 노래 ☐☐ 가 ☐☐ .

○ 가구를 새로 샀다.

☐☐ 를 새로  .

그림을 보고, 알맞은 단어를 써 보세요.

〈보기〉의 단어들을 같은 낱자로 시작되는 단어끼리 단어 카드(✂ 〈부록 8쪽〉)를 사용하여 붙여 봅시다. 그다음, 같은 낱자로 시작되는 단어끼리 소리 내어 읽어 봅시다.

1 차시

● 보기 ●

가수, 구수, 수사, 가구, 가사

사후평가

"선생님이 불러 주는 단어를 받아 적는 문제입니다. 잘 듣고, 답안지에 단어를 받아 적어 보세요."

(정답지 p. 330에 평가 문항 제시)

번호	단어
1	
2	
3	
4	
5	
6	
7	
8	

2차시 자음 ㄱ, ㅁ 모음 ㅓ, ㅣ : 거 미

자음 ㄱ, ㅁ과 모음 ㅓ, ㅣ로 이루어진 단어를 정확하게 읽고 쓸 수 있다.

"선생님이 불러 주는 단어를 받아 적는 문제입니다. 잘 듣고, 답안지에 단어를 받아 적어 보세요."

(정답지 p. 331에 평가 문항 제시)

번호	단어
1	
2	
3	
4	
5	
6	
7	
8	

제목을 살펴봅시다. 제목에서 각 낱자에 ○를 쳐 봅시다.

거 미

낱자의 소리를 알아봅시다.

ㄱ의 소리를 알아봅시다.

1. ㄱ 이것은 '기역'입니다. ㄱ은 무슨 소리가 나나요? '그' 소리([ㄱ])가 납니다.

2. 그림을 보면서 ㄱ 소리를 연습해 봅시다.

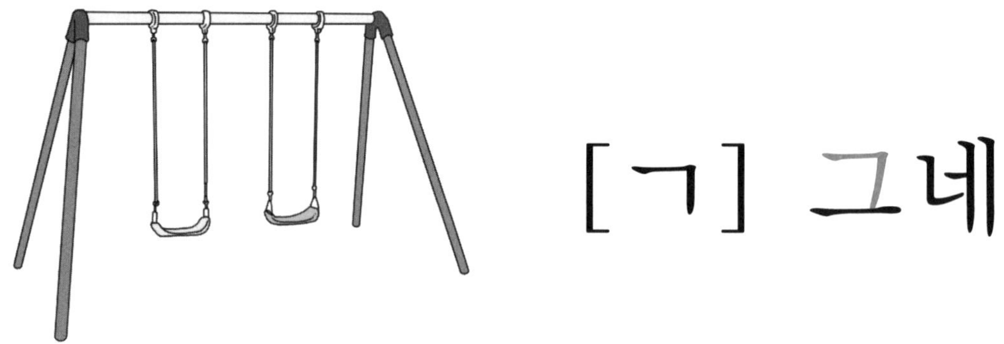

[ㄱ] 그네

3. 낱자의 소리를 말하면서 표시된 순서에 따라 써 봅시다.

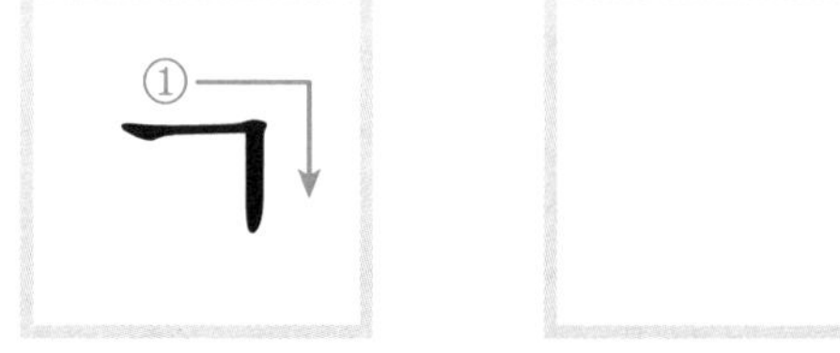

낱자의 소리를 알아봅시다.

 ㅁ의 소리를 알아봅시다.

1. ㅁ 이것은 '미음'입니다. ㅁ은 무슨 소리가 나나요? '므' 소리([ㅁ])가 납니다.

2. 그림을 보면서 ㅁ 소리를 연습해 봅시다.

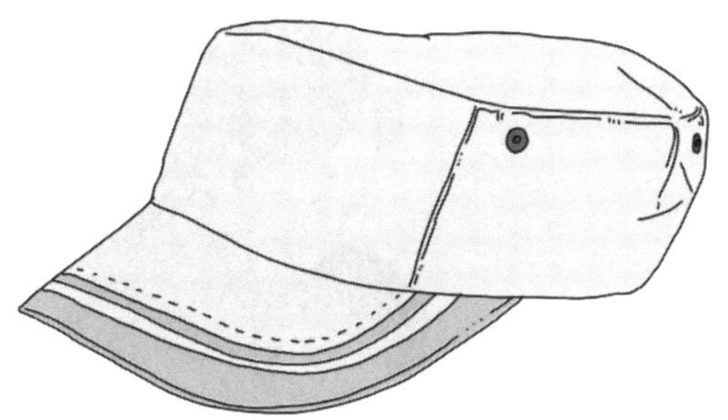

[ㅁ] 모자

3. 낱자의 소리를 말하면서 표시된 순서에 따라 써 봅시다.

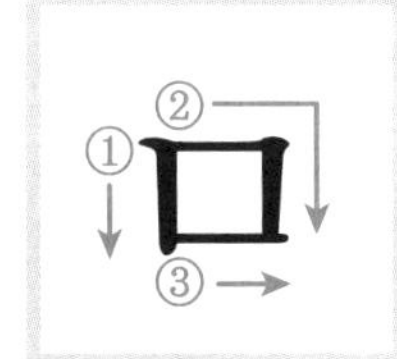

낱자의 소리를 알아봅시다.

 ㅓ의 소리를 알아봅시다.

1. ㅓ 이것은 '어'입니다. ㅓ는 무슨 소리가 나나요? '어' 소리([ㅓ])가 납니다.

2. 그림을 보면서 ㅓ 소리를 연습해 봅시다.

[ㅓ] 어머니

3. 낱자의 소리를 말하면서 표시된 순서에 따라 써 봅시다.

낱자의 소리를 알아봅시다.

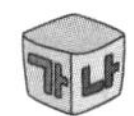
ㅣ의 소리를 알아봅시다.

1. ㅣ 이것은 '이'입니다. ㅣ는 무슨 소리가 나나요? '이' 소리([ㅣ])가 납니다.

2. 그림을 보면서 ㅣ 소리를 연습해 봅시다.

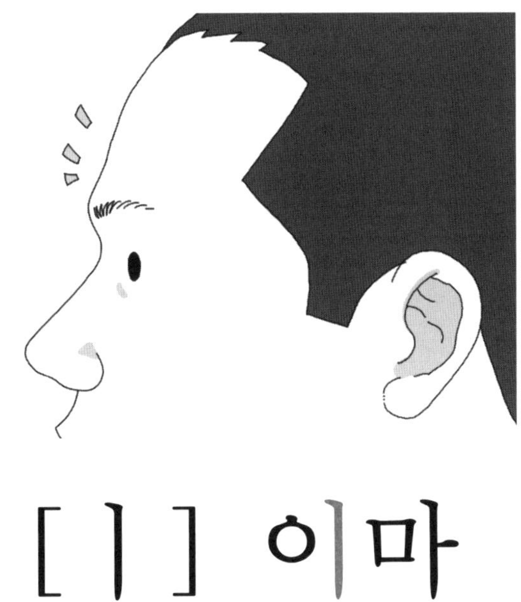

[ㅣ] 이마

3. 낱자의 소리를 말하면서 표시된 순서에 따라 써 봅시다.

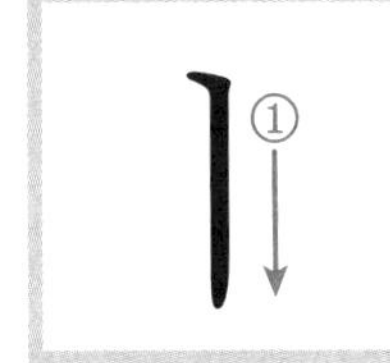

글자를 만들어 봅시다.

 [ㄱ]와 [ㅓ]를 합치면 무슨 글자가 될까요?

1. 용수철을 사용하여 소리를 합쳐 봅시다.

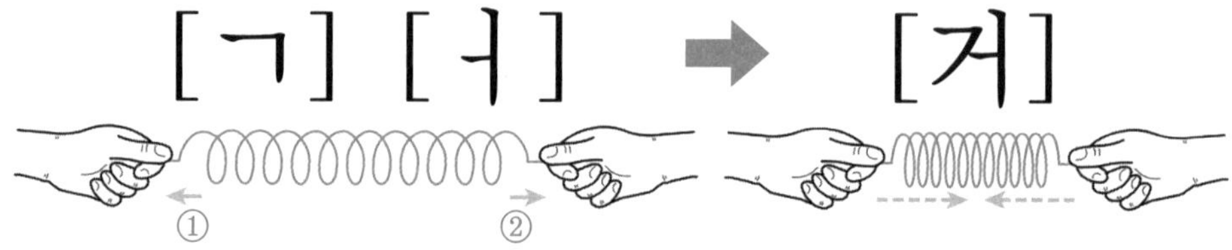

2. 다음 그림처럼 낱자 카드(✂ 〈부록 1쪽〉)를 사용하여 소리를 합쳐 봅시다.

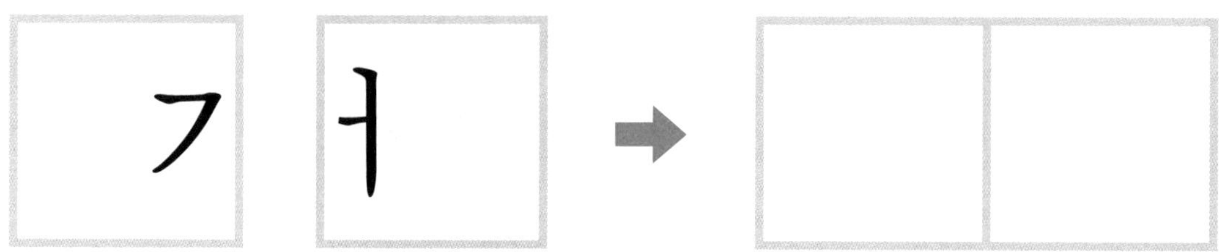

[ㅁ]와 [ㅓ]를 합치면 무슨 글자가 될까요?

1. 용수철을 사용하여 소리를 합쳐 봅시다.

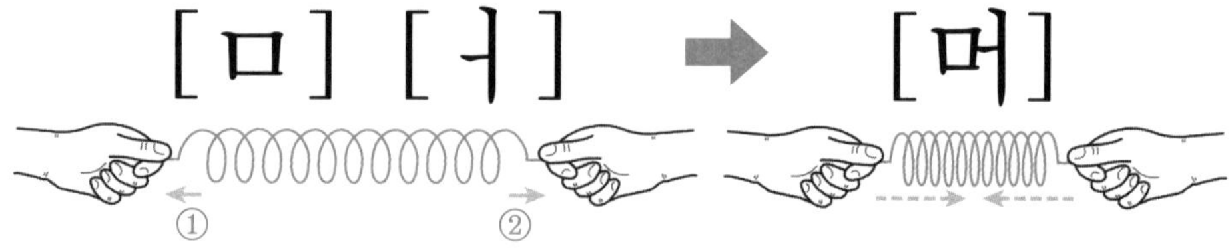

2. 다음 그림처럼 낱자 카드(✂ 〈부록 1쪽〉)를 사용하여 소리를 합쳐 봅시다.

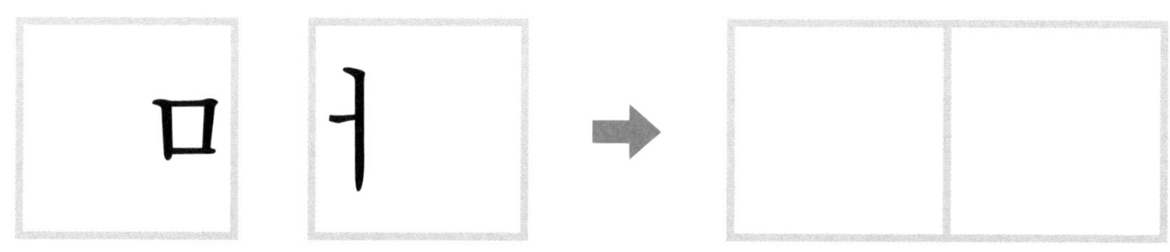

글자를 만들어 봅시다.

[ㄱ]와 [ㅣ]를 합치면 무슨 글자가 될까요?

1. 용수철을 사용하여 소리를 합쳐 봅시다.

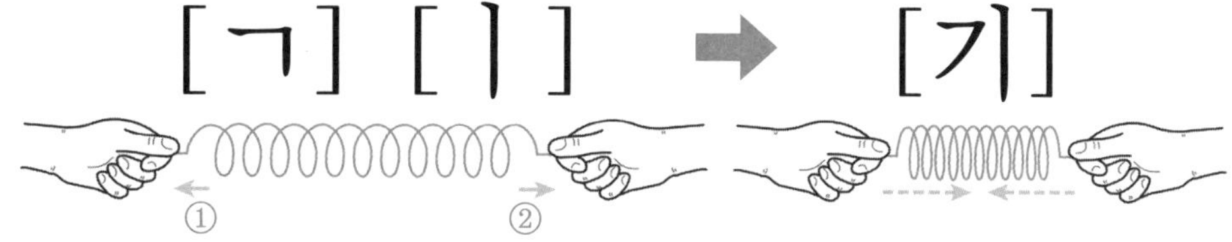

2. 다음 그림처럼 낱자 카드(✂ 〈부록 1쪽〉)를 사용하여 소리를 합쳐 봅시다.

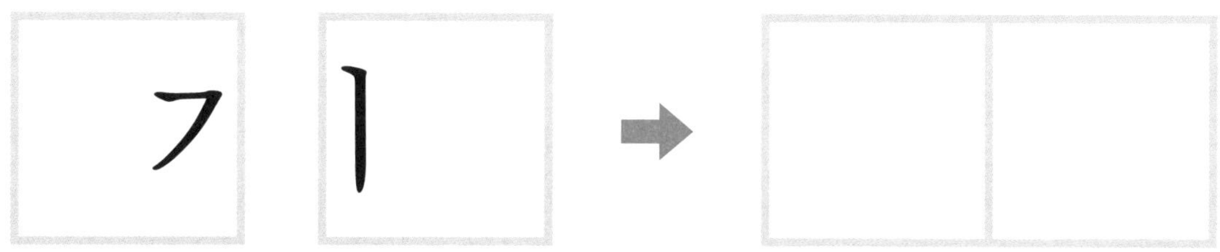

[ㅁ]와 [ㅣ]를 합치면 무슨 글자가 될까요?

1. 용수철을 사용하여 소리를 합쳐 봅시다.

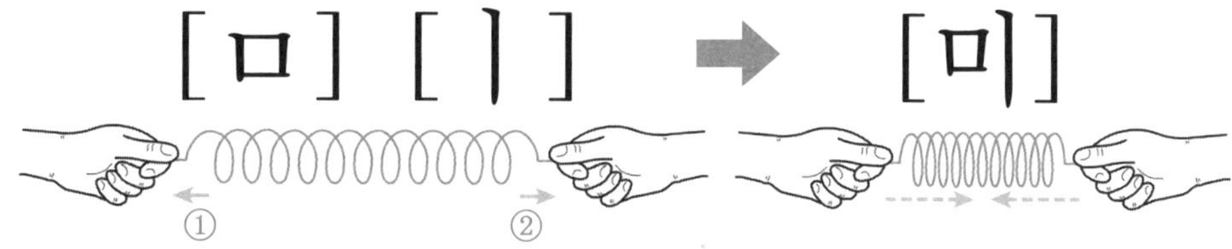

2. 다음 그림처럼 낱자 카드(✂ 〈부록 1쪽〉)를 사용하여 소리를 합쳐 봅시다.

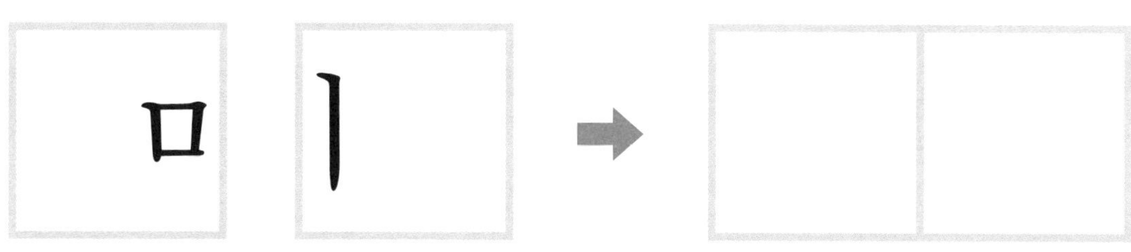

네모 칸에 있는 낱자를 각각 발음해 봅시다. 그다음, 낱자를 합쳐서 글자를 만들어 읽고 써 봅시다.

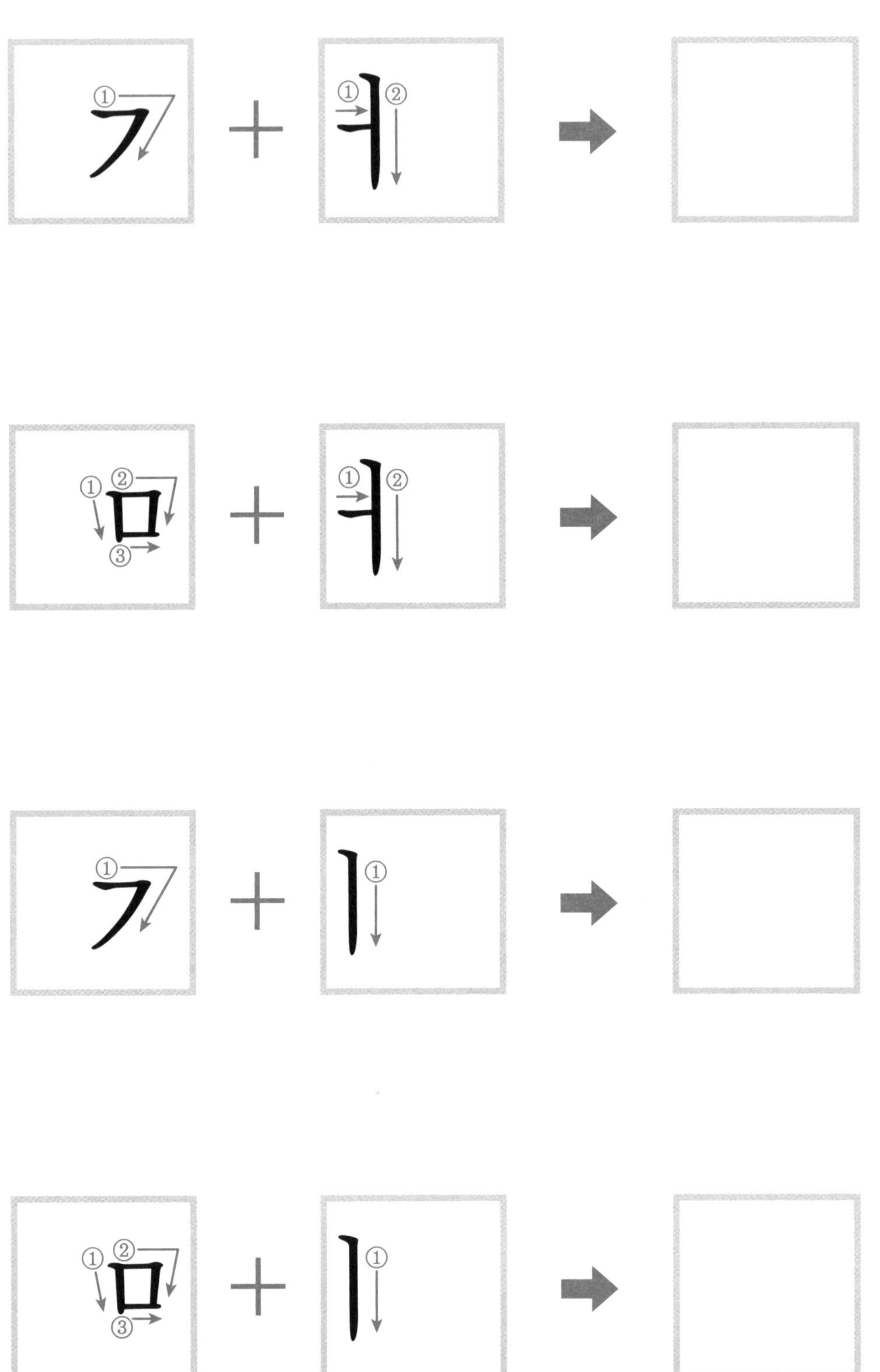

각 글자에 ○를 치면서 읽어 봅시다. 그다음, ○를 친 글자를 가림판으로 가리고 외워서 쓴 후, 맞게 썼는지 확인해 봅시다. 그리고 각 글자를 두 번 더 반복하여 써 봅시다.

글자에 ○를 치면서 읽기	기억하여 쓰기	반복 쓰기	반복 쓰기
거			
머			
기			
미			

다음의 글자를 각각 발음해 봅시다. 그다음, 글자를 합쳐서 단어를 만들어 쓰고 읽어 봅시다.

○ 거 + 미 →

○ 거 + 기 →

○ 기 + 미 →

○ 기 + 구 →

○ 수 + 거 →

○ 수 + 리 →

〈보기〉의 단어를 소리 내어 읽어 봅시다. 그다음, 각 문장에 알맞은 단어를 〈보기〉에서 찾아 써 봅시다.

● 보기 ●

아기, 거기, 기미, 수리, 거미, 수거, 기구

1. ☐☐ 가 줄을 타고 올라간다.

2. 멀리 가지 말고 ☐☐ 에 앉아서 기다려 줘.

3. 비가 올 ☐☐ 가 있으면 우산을 준비해야 한다.

4. 핸드폰 ☐☐ 를 맡겼다.

5. 과학실에는 여러 가지 실험 ☐☐ 가 있다.

6. 오늘은 쓰레기를 ☐☐ 하는 날이다.

7. 귀여운 ☐☐ 가 쌔근쌔근 잠을 자고 있다.

다음 단어를 소리 내어 읽고 써 봅시다.

태어났다

맡겼다

다음 문장을 소리 내어 읽고 써 봅시다.

○ 아기가 태어났다.

가 .

○ 핸드폰 수리를 맡겼다.

핸드폰 를 .

그림을 보고, 알맞은 단어를 써 보세요.

〈보기〉의 단어들을 같은 낱자로 시작되는 단어끼리 단어 카드(✂ 〈부록 8쪽〉)를 사용하여 붙여 봅시다. 그다음, 같은 낱자로 시작되는 단어끼리 소리 내어 읽어 봅시다.

● 보기 ●

아기, 거기, 기미, 수리, 거미, 수거, 기구

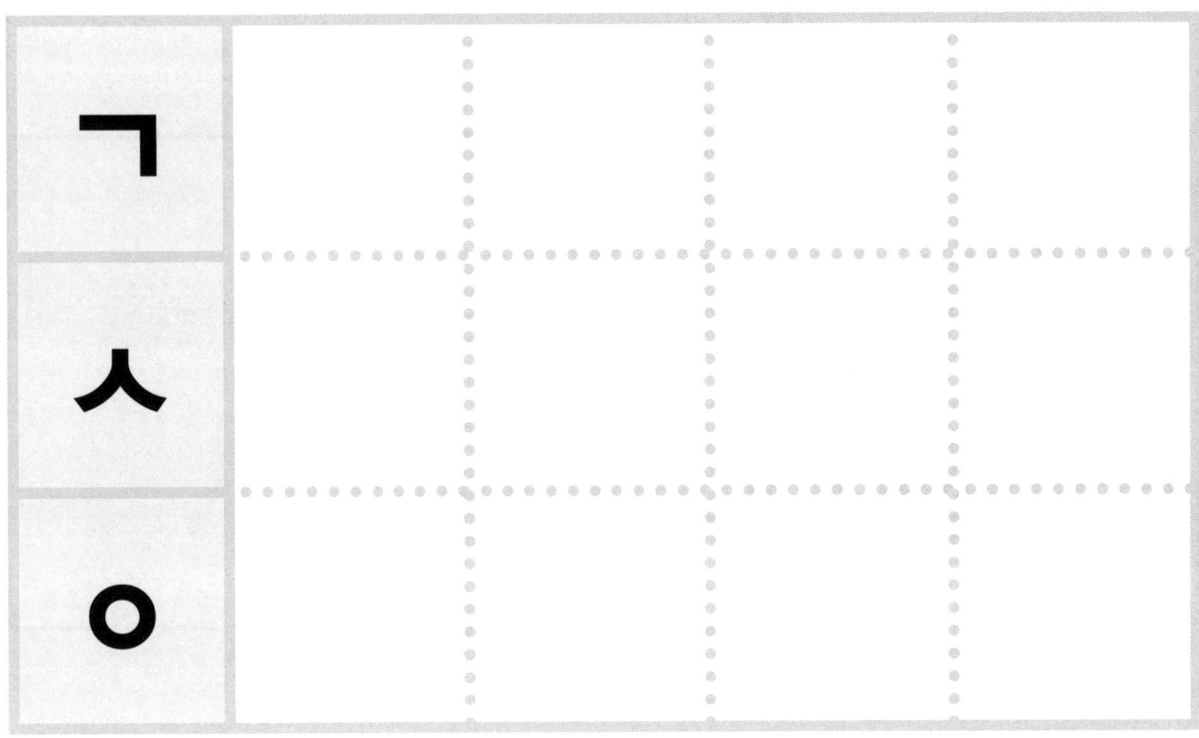

"선생님이 불러 주는 단어를 받아 적는 문제입니다. 잘 듣고, 답안지에 단어를 받아 적어 보세요."

(정답지 p. 331에 평가 문항 제시)

번호	단어
1	
2	
3	
4	
5	
6	
7	
8	

3차시 자음 ㄴ, ㅁ 모음 ㅏ, ㅜ: 나 무

자음 ㄴ, ㅁ과 모음 ㅏ, ㅜ로 이루어진 단어를 정확하게 읽고 쓸 수 있다.

“선생님이 불러 주는 단어를 받아 적는 문제입니다. 잘 듣고, 답안지에 단어를 받아 적어 보세요.”

(정답지 p. 331에 평가 문항 제시)

번호	단어
1	
2	
3	
4	
5	
6	
7	
8	

제목을 살펴봅시다. 제목에서 각 낱자에 ○를 쳐 봅시다.

나 무

낱자의 소리를 알아봅시다.

ㄴ의 소리를 알아봅시다.

1. ㄴ 이것은 '니은'입니다. ㄴ은 무슨 소리가 나나요? '느' 소리([ㄴ])가 납니다.

2. 그림을 보면서 ㄴ 소리를 연습해 봅시다.

[ㄴ] 나무

3. 낱자의 소리를 말하면서 표시된 순서에 따라 써 봅시다.

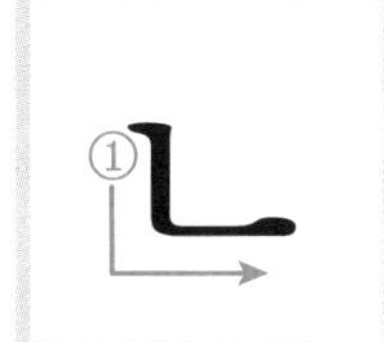

낱자의 소리를 알아봅시다.

 ㅁ의 소리를 알아봅시다.

1. **ㅁ** 이것은 '미음'입니다. ㅁ은 무슨 소리가 나나요? '므' 소리([ㅁ])가 납니다.

2. 그림을 보면서 ㅁ 소리를 연습해 봅시다.

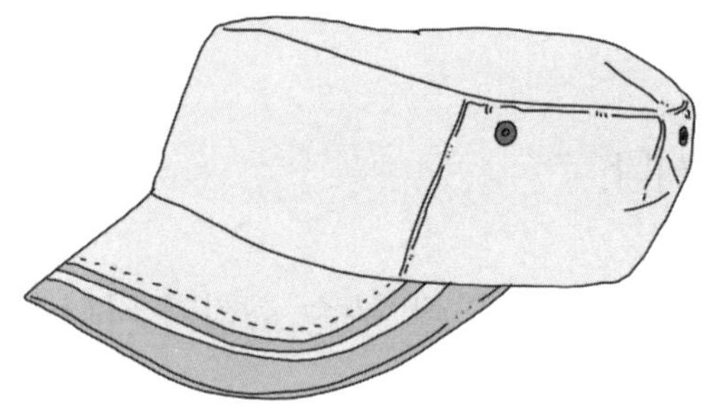

[ㅁ] 모자

3. 낱자의 소리를 말하면서 표시된 순서에 따라 써 봅시다.

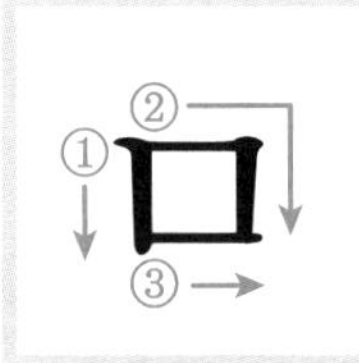

낱자의 소리를 알아봅시다.

ㅏ의 소리를 알아봅시다.

1. ㅏ 이것은 '아'입니다. ㅏ는 무슨 소리가 나나요? '아' 소리([ㅏ])가 납니다.

2. 그림을 보면서 ㅏ 소리를 연습해 봅시다.

[ㅏ] 아기

3. 낱자의 소리를 말하면서 표시된 순서에 따라 써 봅시다.

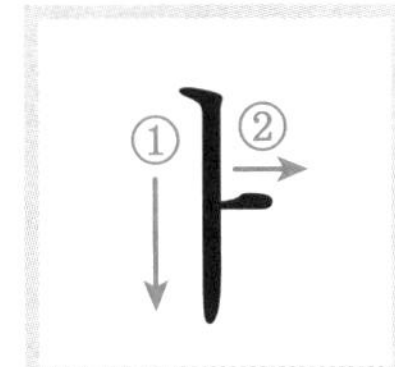

낱자의 소리를 알아봅시다.

 ㅜ의 소리를 알아봅시다.

1. ㅜ 이것은 '우'입니다. ㅜ는 무슨 소리가 나나요? '우' 소리([ㅜ])가 납니다.

2. 그림을 보면서 ㅜ 소리를 연습해 봅시다.

[ㅜ] 우유

3. 낱자의 소리를 말하면서 표시된 순서에 따라 써 봅시다.

3 차시

글자를 만들어 봅시다.

 [ㄴ]와 [ㅏ]를 합치면 무슨 글자가 될까요?

1. 용수철을 사용하여 소리를 합쳐 봅시다.

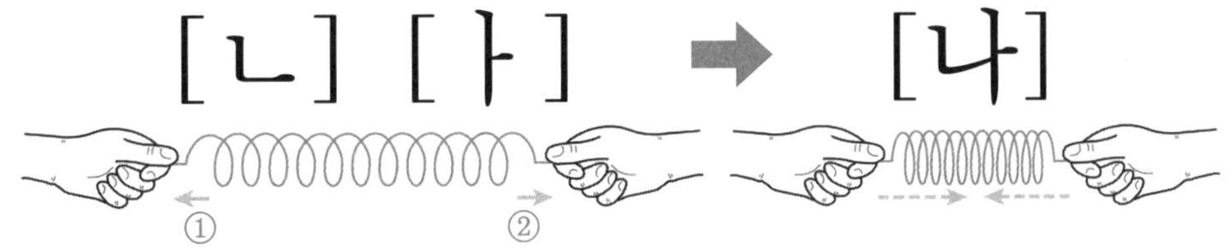

2. 다음 그림처럼 낱자 카드(✄ 〈부록 1쪽〉)를 사용하여 소리를 합쳐 봅시다.

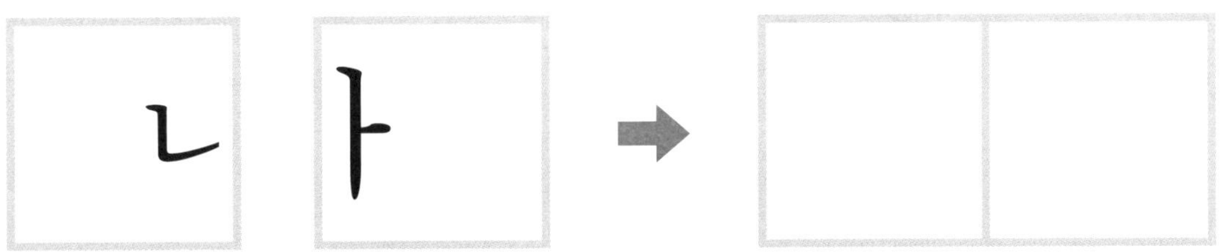

[ㅁ]와 [ㅏ]를 합치면 무슨 글자가 될까요?

1. 용수철을 사용하여 소리를 합쳐 봅시다.

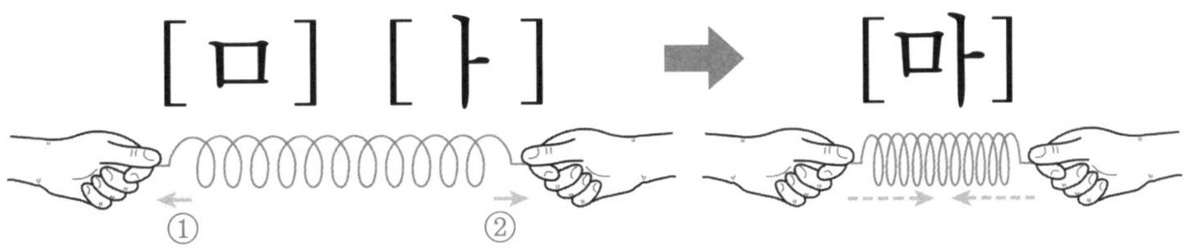

2. 다음 그림처럼 낱자 카드(✄ 〈부록 1쪽〉)를 사용하여 소리를 합쳐 봅시다.

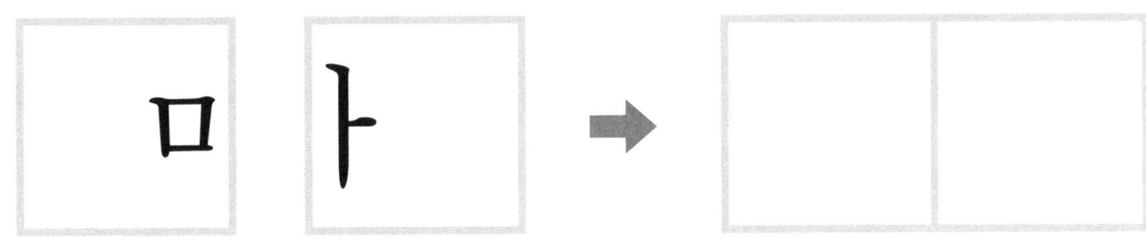

글자를 만들어 봅시다.

[ㄴ]와 [ㅜ]를 합치면 무슨 글자가 될까요?

1. 용수철을 사용하여 소리를 합쳐 봅시다.

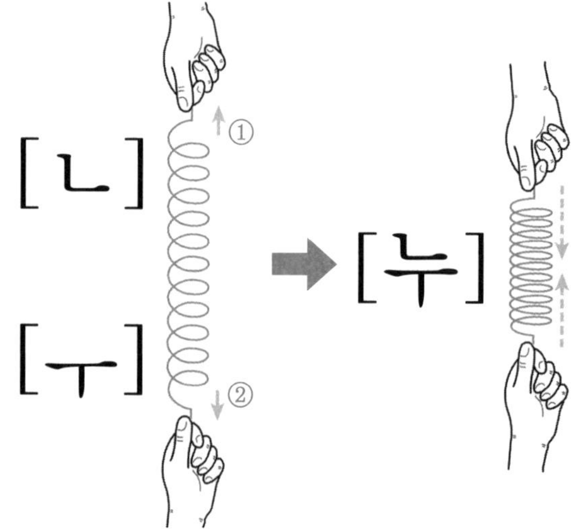

2. 다음 그림처럼 낱자 카드(✂ 〈부록 1쪽〉)를 사용하여 소리를 합쳐 봅시다.

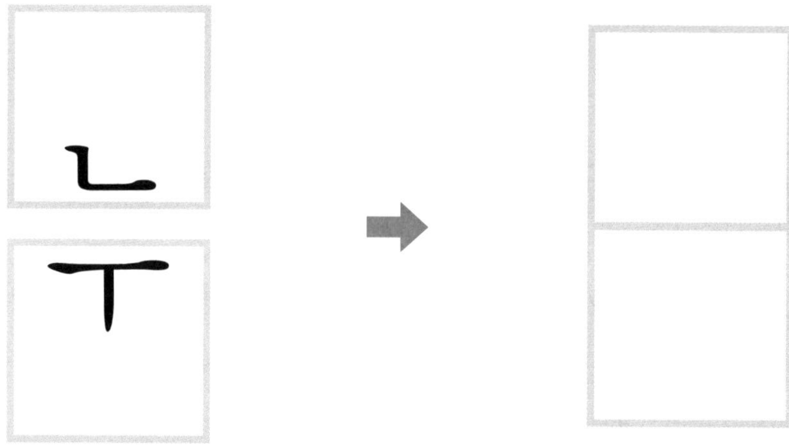

글자를 만들어 봅시다.

[ㅁ]와 [ㅜ]를 합치면 무슨 글자가 될까요?

1. 용수철을 사용하여 소리를 합쳐 봅시다.

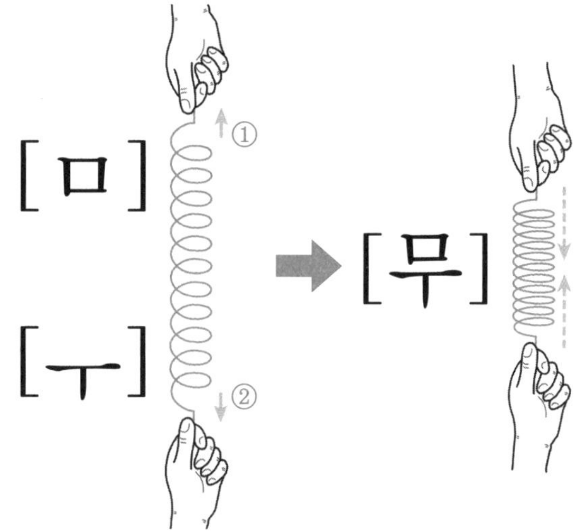

2. 다음 그림처럼 낱자 카드(✂ 〈부록 1쪽〉)를 사용하여 소리를 합쳐 봅시다.

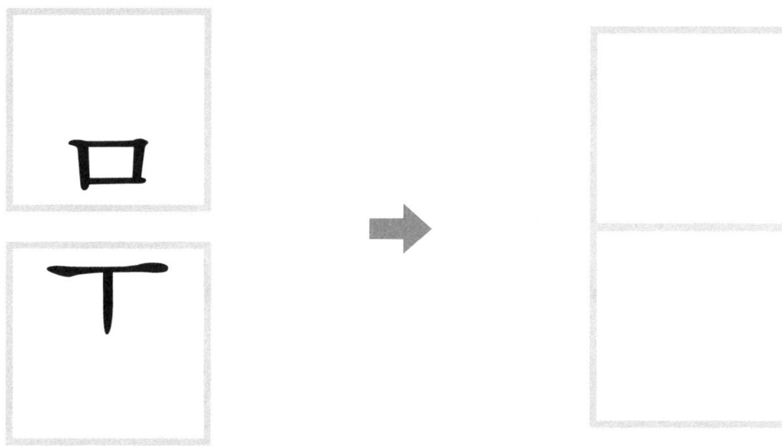

네모 칸에 있는 낱자를 각각 발음해 봅시다. 그다음, 낱자를 합쳐서 글자를 만들어 읽고 써 봅시다.

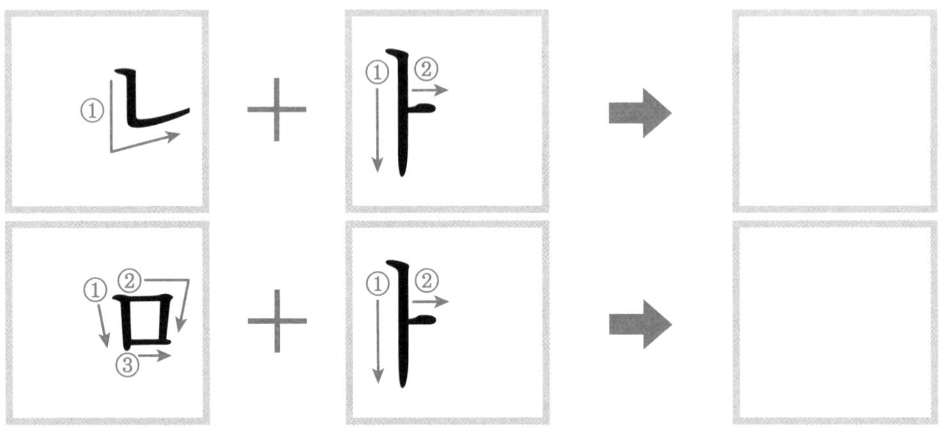

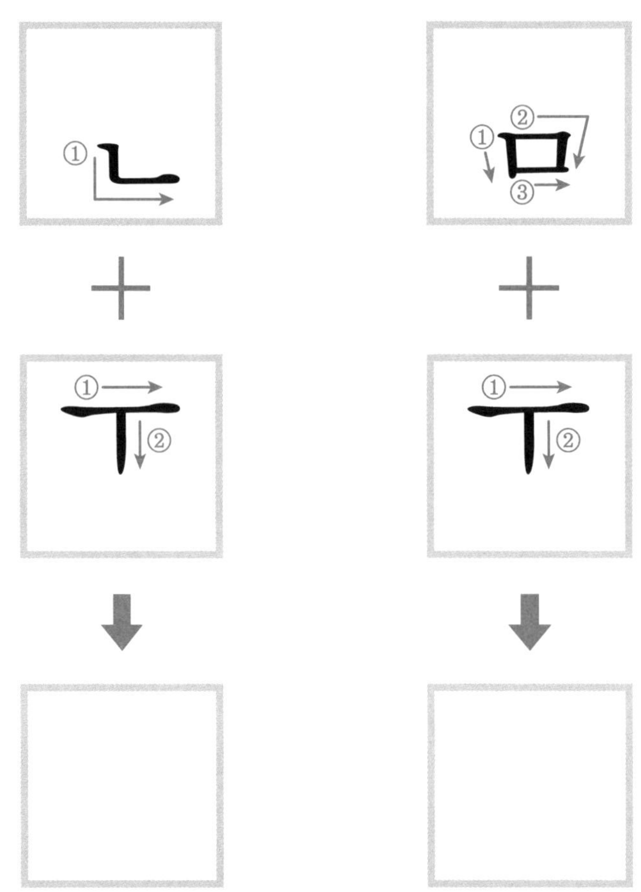

각 글자에 ○를 치면서 읽어 봅시다. 그다음, ○를 친 글자를 가림판으로 가리고 외워서 쓴 후, 맞게 썼는지 확인해 봅시다. 그리고 각 글자를 두 번 더 반복하여 써 봅시다.

글자에 ○를 치면서 읽기	기억하여 쓰기	반복 쓰기	반복 쓰기
나			
마			
누			
무			

다음의 글자를 각각 발음해 봅시다. 그다음, 글자를 합쳐서 단어를 만들어 쓰고 읽어 봅시다.

○ 나 + 무 ➡ ☐

○ 누 + 나 ➡ ☐

○ 가 + 마 ➡ ☐

○ 나 + 사 ➡ ☐

○ 무 + 사 ➡ ☐

○ 기 + 사 ➡ ☐

○ 나 + 누 + 다 ➡ ☐

〈보기〉의 단어를 소리 내어 읽어 봅시다. 그다음, 각 문장에 알맞은 단어를 〈보기〉에서 찾아 써 봅시다.

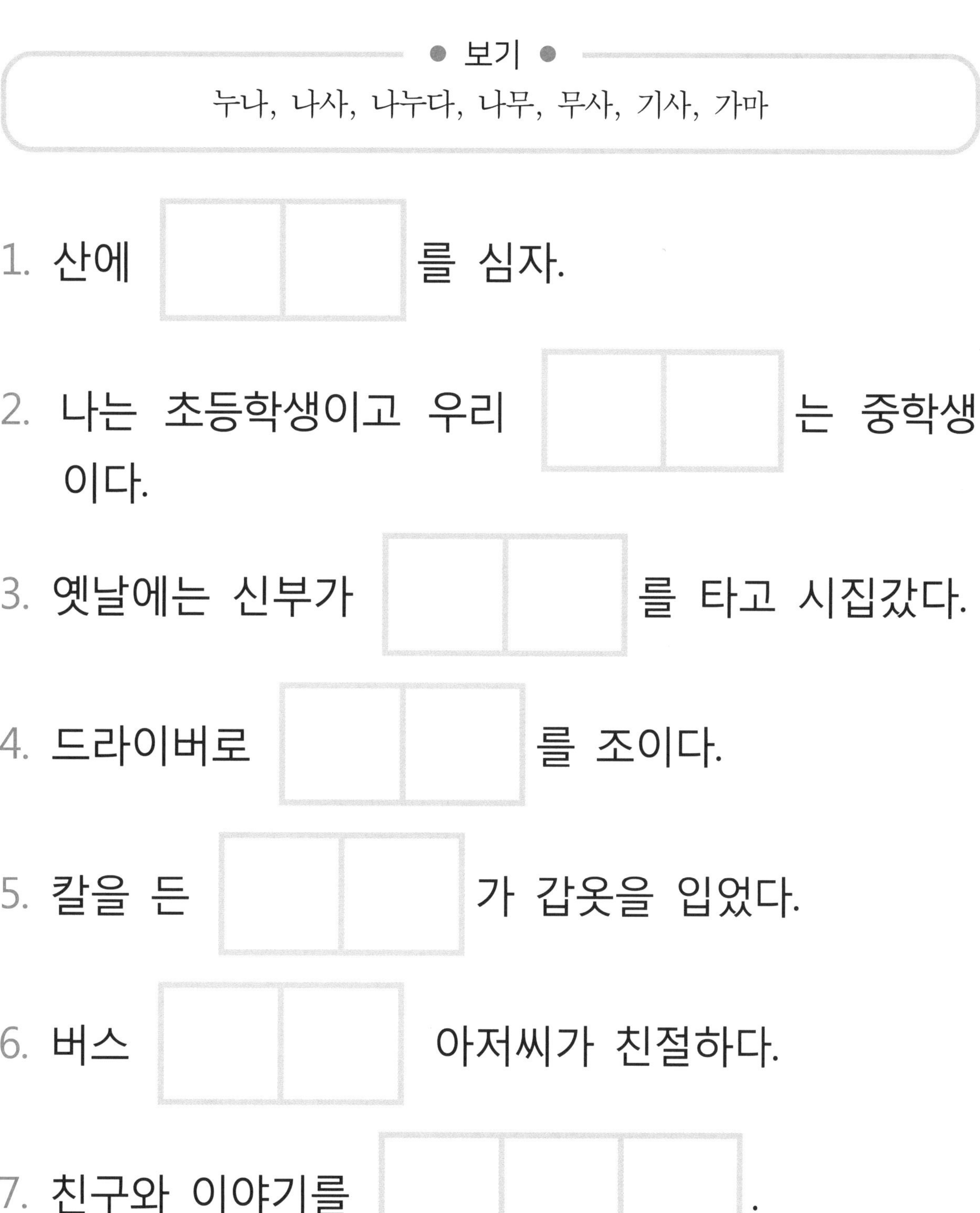

● 보기 ●

누나, 나사, 나누다, 나무, 무사, 기사, 가마

1. 산에 ＿＿ 를 심자.

2. 나는 초등학생이고 우리 ＿＿ 는 중학생이다.

3. 옛날에는 신부가 ＿＿ 를 타고 시집갔다.

4. 드라이버로 ＿＿ 를 조이다.

5. 칼을 든 ＿＿ 가 갑옷을 입었다.

6. 버스 ＿＿ 아저씨가 친절하다.

7. 친구와 이야기를 ＿＿＿ .

3 차시

다음 단어를 소리 내어 읽고 써 봅시다.

입었다

친절하다

다음 문장을 소리 내어 읽고 써 봅시다.

○ 칼을 든 무사가 갑옷을 입었다.

칼을 든 ____가 갑옷을 ______.

○ 버스 기사 아저씨가 친절하다.

버스 ____ 아저씨가 ________.

그림을 보고, 알맞은 단어를 써 보세요.

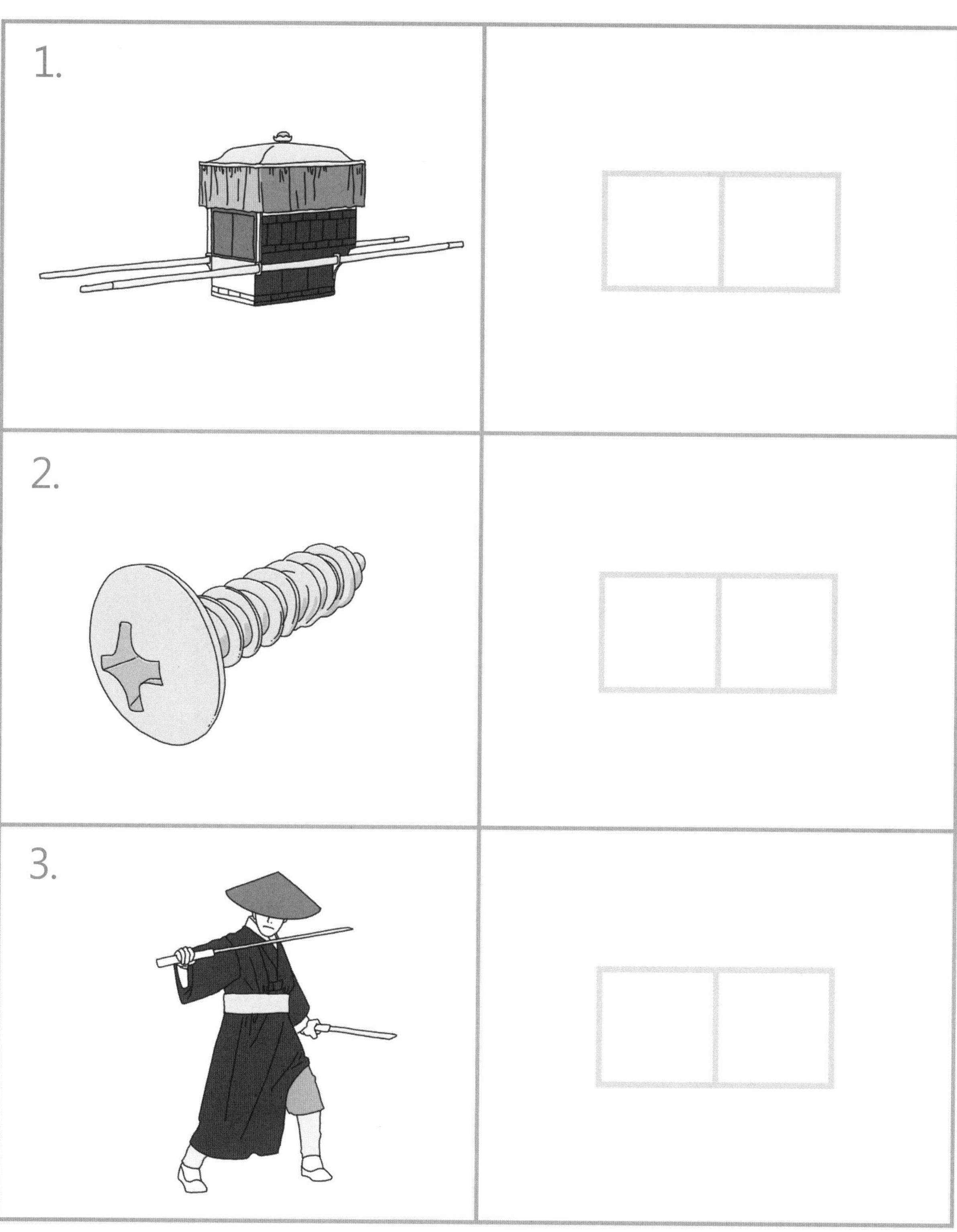

〈보기〉의 단어들을 같은 낱자로 시작되는 단어끼리 단어 카드(✂ 〈부록 8쪽〉)를 사용하여 붙여 봅시다. 그다음, 같은 낱자로 시작되는 단어끼리 소리 내어 읽어 봅시다.

● 보기 ●

누나, 나사, 나누다, 나무, 무사, 기사, 가마

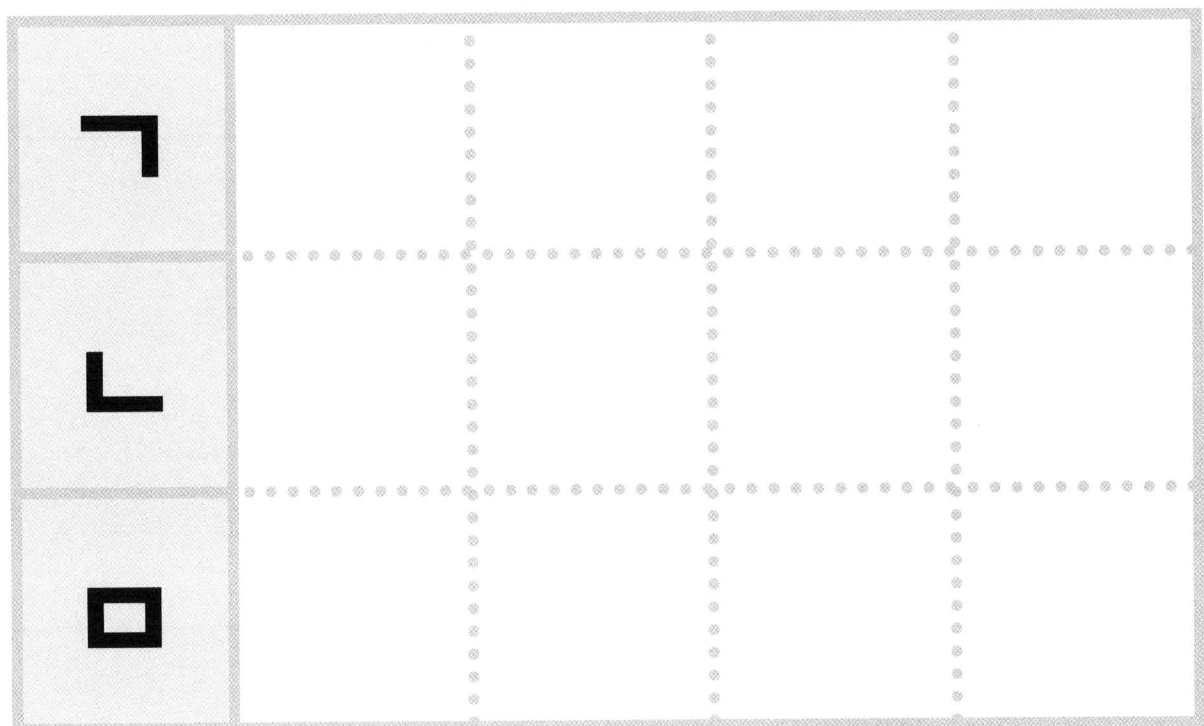

"선생님이 불러 주는 단어를 받아 적는 문제입니다. 잘 듣고, 답안지에 단어를 받아 적어 보세요."

(정답지 p. 332에 평가 문항 제시)

번호	단어
1	
2	
3	
4	
5	
6	
7	
8	

4차시 자음 ㄴ, ㄹ 모음 ㅗ, ㅜ: 노 루

자음 ㄴ, ㄹ과 모음 ㅗ, ㅜ로 이루어진 단어를 정확하게 읽고 쓸 수 있다.

“선생님이 불러 주는 단어를 받아 적는 문제입니다. 잘 듣고, 답안지에 단어를 받아 적어 보세요.”

(정답지 p. 332에 평가 문항 제시)

번호	단어
1	
2	
3	
4	
5	
6	
7	
8	

수업

제목을 살펴봅시다. 제목에서 각 낱자에 ○를 쳐 봅시다.

노 루

낱자의 소리를 알아봅시다.

 ㄴ의 소리를 알아봅시다.

1. ㄴ 이것은 '니은'입니다. ㄴ은 무슨 소리가 나나요? '느' 소리([ㄴ])가 납니다.

2. 그림을 보면서 ㄴ 소리를 연습해 봅시다.

[ㄴ] 나무

3. 낱자의 소리를 말하면서 표시된 순서에 따라 써 봅시다.

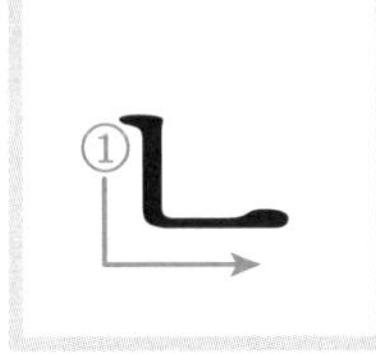

낱자의 소리를 알아봅시다.

 ㄹ의 소리를 알아봅시다.

1. ㄹ 이것은 '리을'입니다. ㄹ은 무슨 소리가 나나요? '르' 소리([ㄹ])가 납니다.

2. 그림을 보면서 ㄹ 소리를 연습해 봅시다.

[ㄹ] 로봇

3. 낱자의 소리를 말하면서 표시된 순서에 따라 써 봅시다.

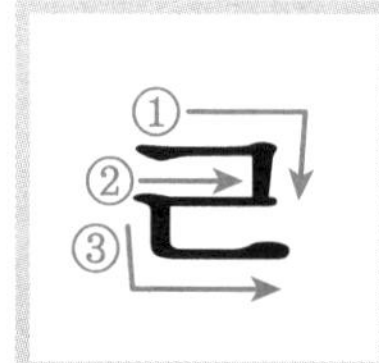

낱자의 소리를 알아봅시다.

 ㅗ의 소리를 알아봅시다.

1. ㅗ 이것은 '오'입니다. ㅗ는 무슨 소리가 나나요? '오' 소리([ㅗ])가 납니다.

2. 그림을 보면서 ㅗ 소리를 연습해 봅시다.

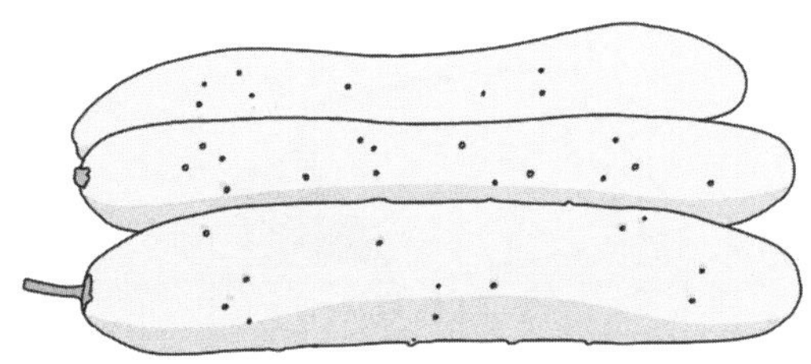

[ㅗ] 오이

3. 낱자의 소리를 말하면서 표시된 순서에 따라 써 봅시다.

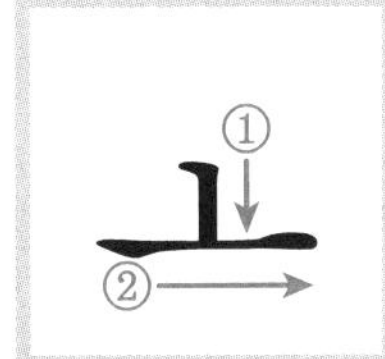

낱자의 소리를 알아봅시다.

 ㅜ의 소리를 알아봅시다.

1. ㅜ 이것은 '우'입니다. ㅜ는 무슨 소리가 나나요? '우' 소리([ㅜ])가 납니다.

2. 그림을 보면서 ㅜ 소리를 연습해 봅시다.

[ㅜ] 우유

3. 낱자의 소리를 말하면서 표시된 순서에 따라 써 봅시다.

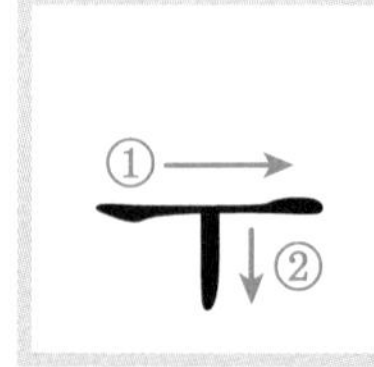

글자를 만들어 봅시다.

[ㄴ]와 [ㅗ]를 합치면 무슨 글자가 될까요?

1. 용수철을 사용하여 소리를 합쳐 봅시다.

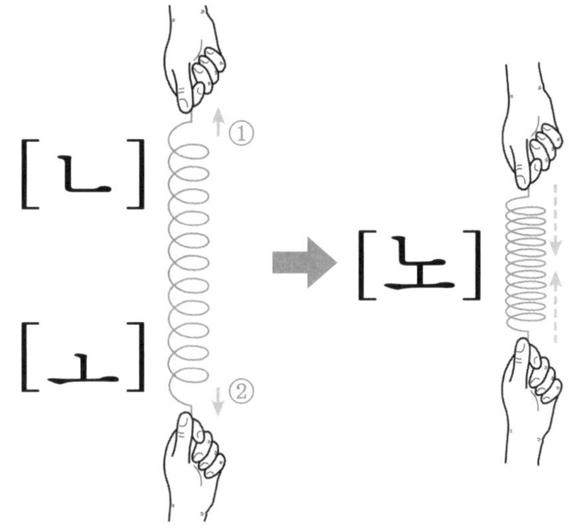

2. 다음 그림처럼 낱자 카드(✂ 〈부록 2쪽〉)를 사용하여 소리를 합쳐 봅시다.

글자를 만들어 봅시다.

 [ㄹ]와 [ㅗ]를 합치면 무슨 글자가 될까요?

1. 용수철을 사용하여 소리를 합쳐 봅시다.

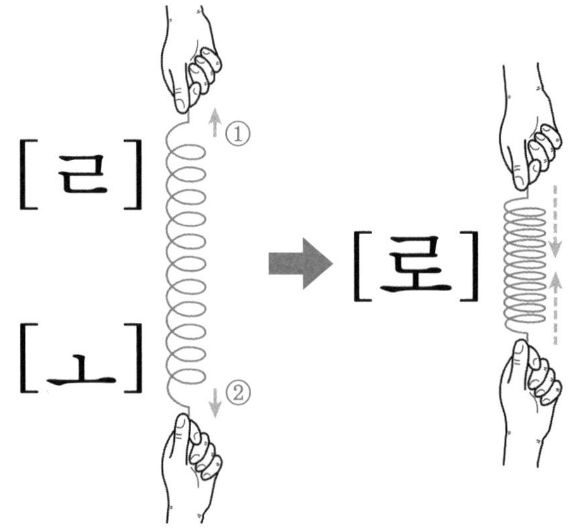

2. 다음 그림처럼 낱자 카드(✂ 〈부록 2쪽〉)를 사용하여 소리를 합쳐 봅시다.

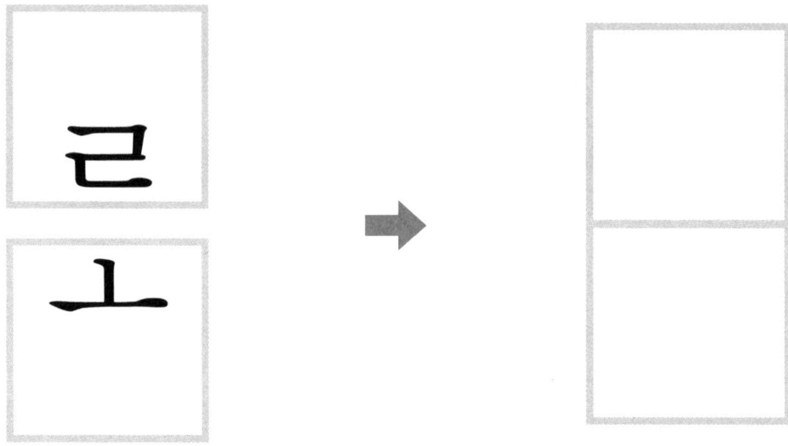

글자를 만들어 봅시다.

 [ㄴ]와 [ㅜ]를 합치면 무슨 글자가 될까요?

1. 용수철을 사용하여 소리를 합쳐 봅시다.

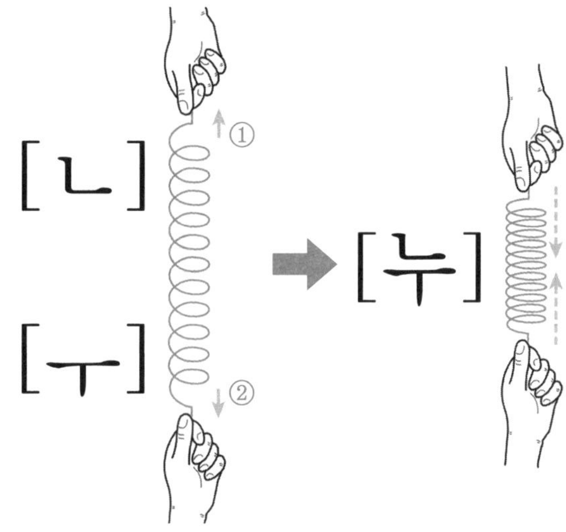

2. 다음 그림처럼 낱자 카드(✂ 〈부록 2쪽〉)를 사용하여 소리를 합쳐 봅시다.

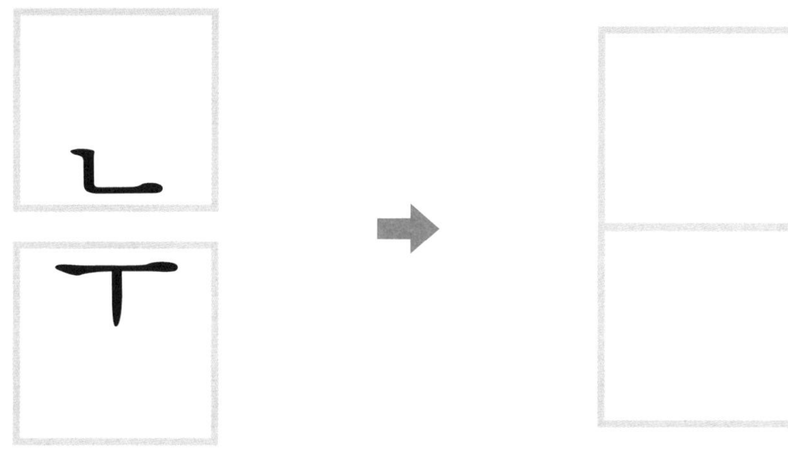

글자를 만들어 봅시다.

 [ㄹ]와 [ㅜ]를 합치면 무슨 글자가 될까요?

1. 용수철을 사용하여 소리를 합쳐 봅시다.

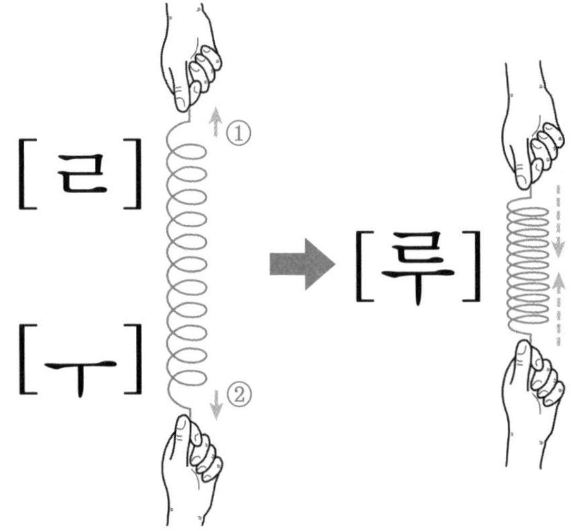

2. 다음 그림처럼 낱자 카드(✂ 〈부록 2쪽〉)를 사용하여 소리를 합쳐 봅시다.

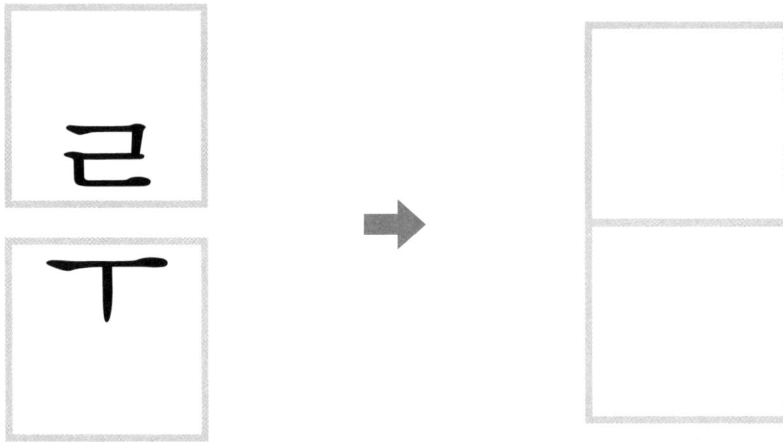

네모 칸에 있는 낱자를 각각 발음해 봅시다. 그다음, 낱자를 합쳐서 글자를 만들어 읽고 써 봅시다.

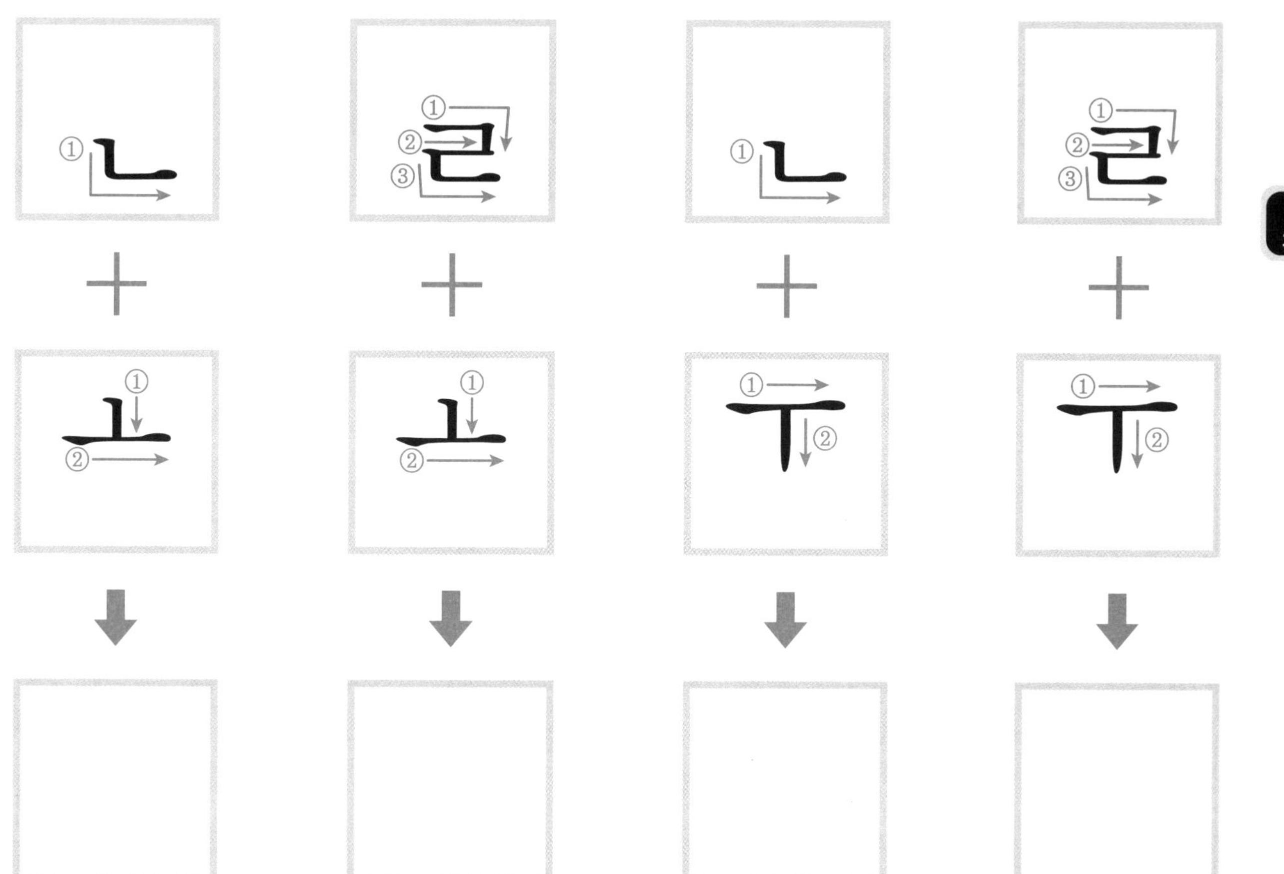

각 글자에 ○를 치면서 읽어 봅시다. 그다음, ○를 친 글자를 가림판으로 가리고 외워서 쓴 후, 맞게 썼는지 확인해 봅시다. 그리고 각 글자를 두 번 더 반복하여 써 봅시다.

글자에 ○를 치면서 읽기	기억하여 쓰기	반복 쓰기	반복 쓰기
노			
누			
로			
루			

다음의 글자를 각각 발음해 봅시다. 그다음, 글자를 합쳐서 단어를 만들어 쓰고 읽어 봅시다.

- 노 + 루 →
- 그 + 루 →
- 가 + 루 →
- 마 + 루 →
- 두 + 루 →
- 로 + 마 →
- 누 + 다 →
- 누 + 가 →
- 두 + 루 + 미 →

〈보기〉의 단어를 소리 내어 읽어 봅시다. 그다음, 각 문장에 알맞은 단어를 〈보기〉에서 찾아 써 봅시다.

● 보기 ●

가루, 두루미, 노루, 누가, 누다, 로마, 마루, 그루

1. 사냥꾼이 [ ][ ] 를 잡았다.
2. 나무 한 [ ][ ] 를 심었다.
3. 더러워진 [ ][ ] 를 깨끗이 닦았다.
4. 이탈리아 [ ][ ] 에 놀러 갔다.
5. 쌀 [ ][ ] 로 맛있는 떡을 만들었다.
6. [ ][ ] 술래를 할지 정했다.
7. 오줌을 [ ][ ] .
8. 동물원에서 [ ][ ][ ] 를 보았다.

다음 단어를 소리 내어 읽고 써 봅시다.

놀았다   

심었다  

4 차시

다음 문장을 소리 내어 읽고 써 봅시다.

○ 친구와 **마루**에서 **놀았다.**

친구와  에서  .

○ 나무 한 **그루**를 **심었다.**

나무 한  를  .

그림을 보고, 알맞은 단어를 써 보세요.

1.	
2.	
3.	

〈보기〉의 단어들을 같은 낱자로 시작되는 단어끼리 단어 카드(✂ 〈부록 8쪽〉)를 사용하여 붙여 봅시다. 그다음, 같은 낱자로 시작되는 단어끼리 소리 내어 읽어 봅시다.

● 보기 ●

가루, 노루, 누가, 누다, 로마, 마루, 그루, 두루미

ㄱ				
ㄴ				
ㄷ				
ㄹ				
ㅁ				

"선생님이 불러 주는 단어를 받아 적는 문제입니다. 잘 듣고, 답안지에 단어를 받아 적어 보세요."

(정답지 p. 333에 평가 문항 제시)

번호	단어
1	
2	
3	
4	
5	
6	
7	
8	

5차시 자음 ㄷ, ㄹ 모음 ㅏ, ㅣ : 다 리

자음 ㄷ, ㄹ과 모음 ㅏ, ㅣ로 이루어진 단어를 정확하게 읽고 쓸 수 있다.

"선생님이 불러 주는 단어를 받아 적는 문제입니다. 잘 듣고, 답안지에 단어를 받아 적어 보세요."

(정답지 p. 333에 평가 문항 제시)

번호	단어
1	
2	
3	
4	
5	
6	
7	
8	

수업

제목을 살펴봅시다. 제목에서 각 낱자에 ○를 쳐 봅시다.

다 리

낱자의 소리를 알아봅시다.

ㄷ의 소리를 알아봅시다.

1. ㄷ 이것은 '디귿'입니다. ㄷ은 무슨 소리가 나나요? '드' 소리([ㄷ])가 납니다.

2. 그림을 보면서 ㄷ 소리를 연습해 봅시다.

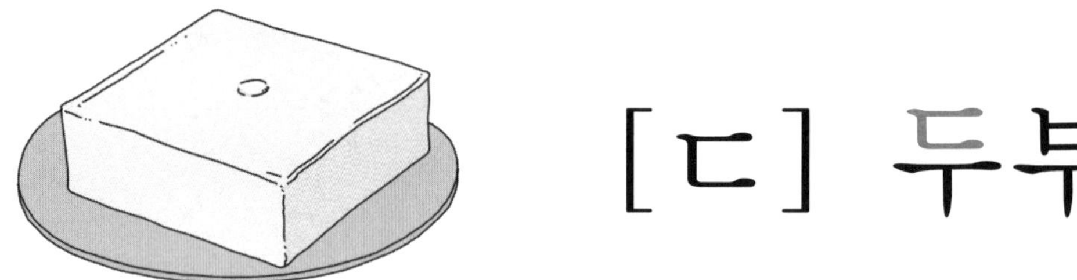

3. 낱자의 소리를 말하면서 표시된 순서에 따라 써 봅시다.

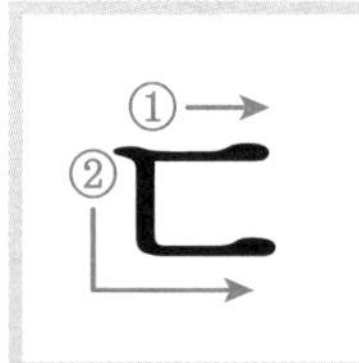

낱자의 소리를 알아봅시다.

 ㄹ의 소리를 알아봅시다.

1. ㄹ 이것은 '리을'입니다. ㄹ은 무슨 소리가 나나요? '르' 소리([ㄹ])가 납니다.

2. 그림을 보면서 ㄹ 소리를 연습해 봅시다.

[ㄹ] 로봇

3. 낱자의 소리를 말하면서 표시된 순서에 따라 써 봅시다.

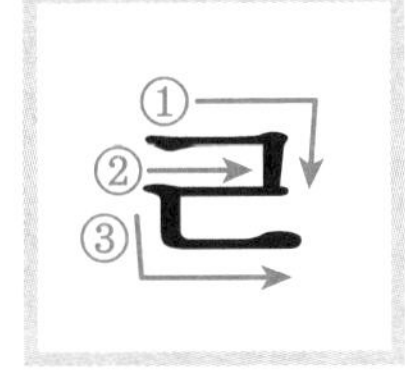

낱자의 소리를 알아봅시다.

 ㅏ의 소리를 알아봅시다.

1. ㅏ 이것은 '아'입니다. ㅏ는 무슨 소리가 나나요? '아' 소리([ㅏ])가 납니다.

2. 그림을 보면서 ㅏ 소리를 연습해 봅시다.

[ㅏ] 아기

3. 낱자의 소리를 말하면서 표시된 순서에 따라 써 봅시다.

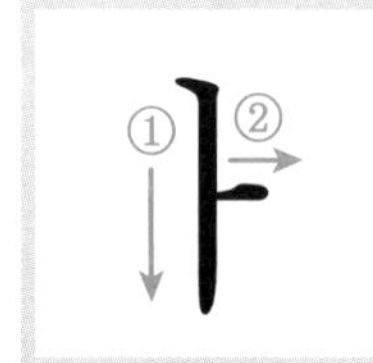

낱자의 소리를 알아봅시다.

 ㅣ의 소리를 알아봅시다.

1. ㅣ 이것은 '이'입니다. ㅣ는 무슨 소리가 나나요? '이' 소리([ㅣ])가 납니다.

2. 그림을 보면서 ㅣ 소리를 연습해 봅시다.

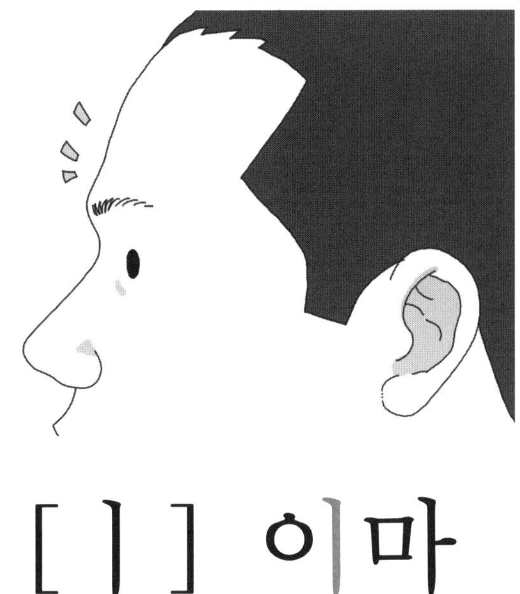

[ㅣ] 이마

3. 낱자의 소리를 말하면서 표시된 순서에 따라 써 봅시다.

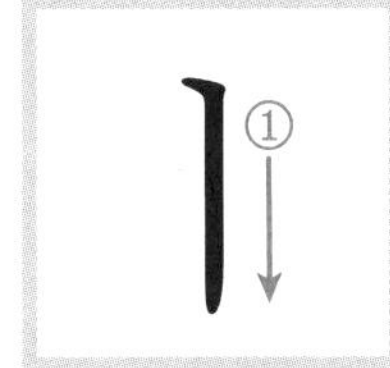

글자를 만들어 봅시다.

[ㄷ]와 [ㅏ]를 합치면 무슨 글자가 될까요?

1. 용수철을 사용하여 소리를 합쳐 봅시다.

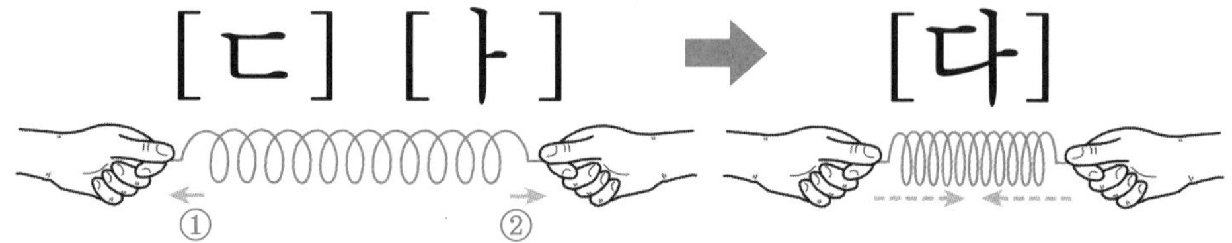

2. 다음 그림처럼 낱자 카드(✂ 〈부록 2쪽〉)를 사용하여 소리를 합쳐 봅시다.

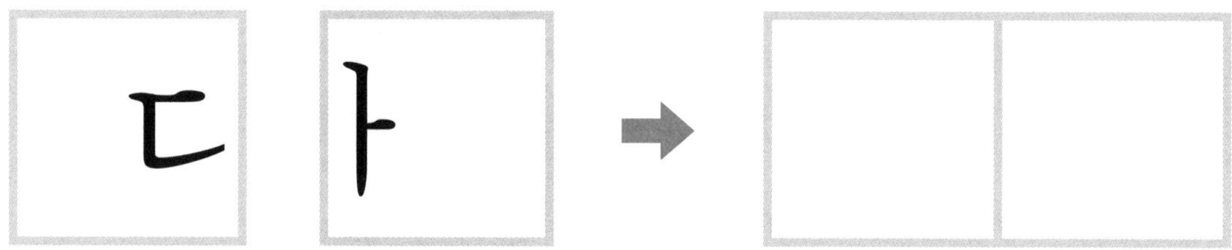

[ㄹ]와 [ㅏ]를 합치면 무슨 글자가 될까요?

1. 용수철을 사용하여 소리를 합쳐 봅시다.

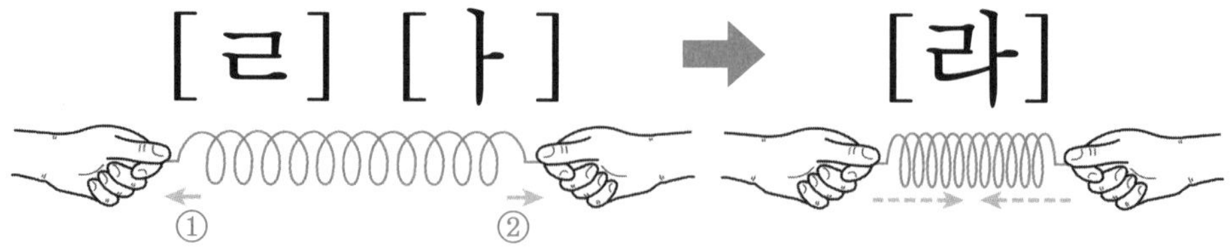

2. 다음 그림처럼 낱자 카드(✂ 〈부록 2쪽〉)를 사용하여 소리를 합쳐 봅시다.

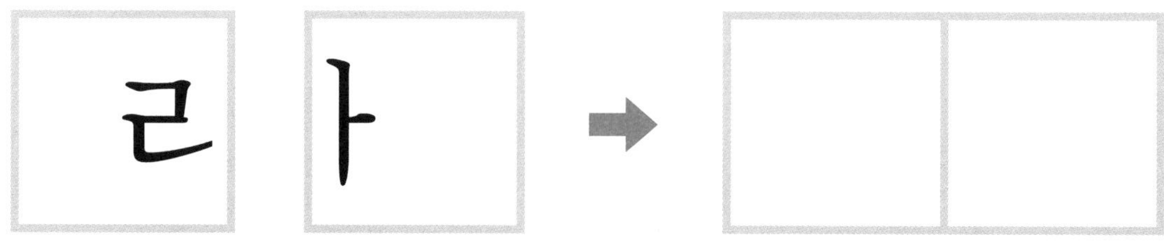

글자를 만들어 봅시다.

[ㄷ]와 [ㅣ]를 합치면 무슨 글자가 될까요?

1. 용수철을 사용하여 소리를 합쳐 봅시다.

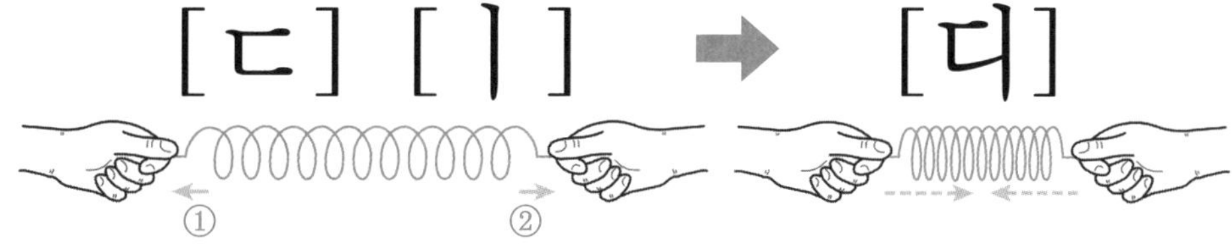

2. 다음 그림처럼 낱자 카드(✂ 〈부록 2쪽〉)를 사용하여 소리를 합쳐 봅시다.

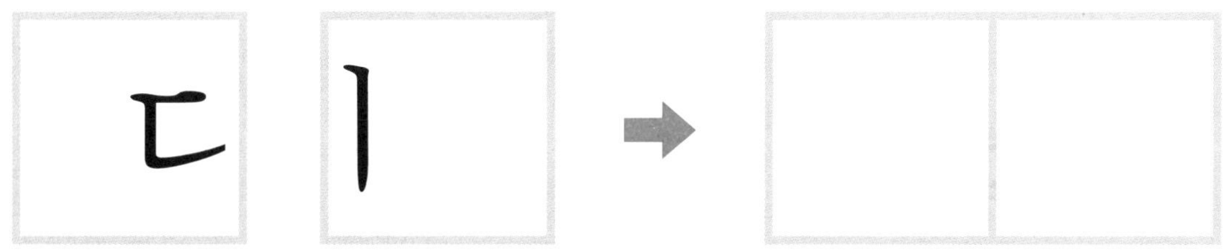

[ㄹ]와 [ㅣ]를 합치면 무슨 글자가 될까요?

1. 용수철을 사용하여 소리를 합쳐 봅시다.

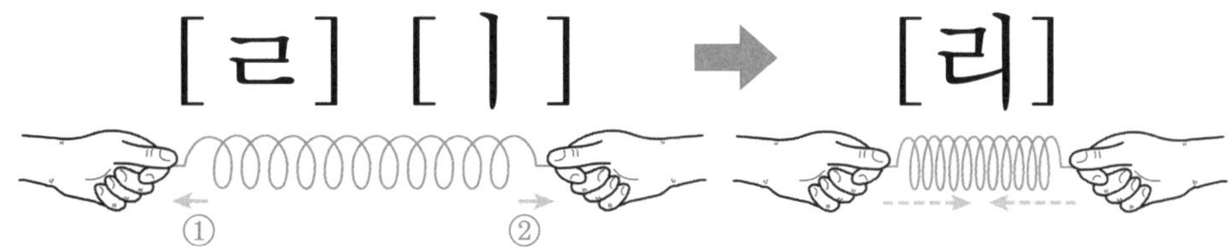

2. 다음 그림처럼 낱자 카드(✂ 〈부록 2쪽〉)를 사용하여 소리를 합쳐 봅시다.

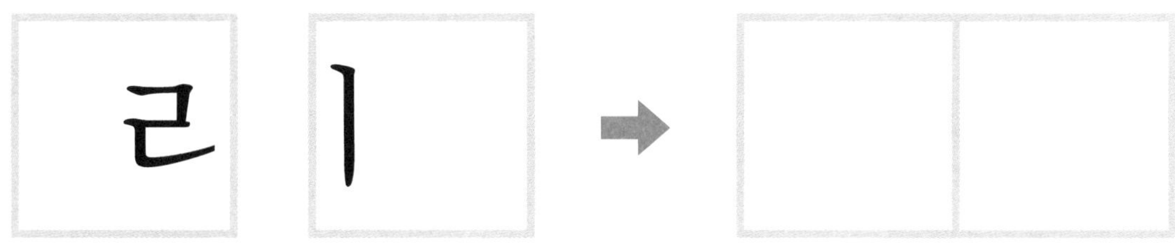

네모 칸에 있는 낱자를 각각 발음해 봅시다. 그다음, 낱자를 합쳐서 글자를 만들어 읽고 써 봅시다.

ㄷ + ㅑ →

ㄹ + ㅑ →

ㄷ + ㅣ →

ㄹ + ㅣ →

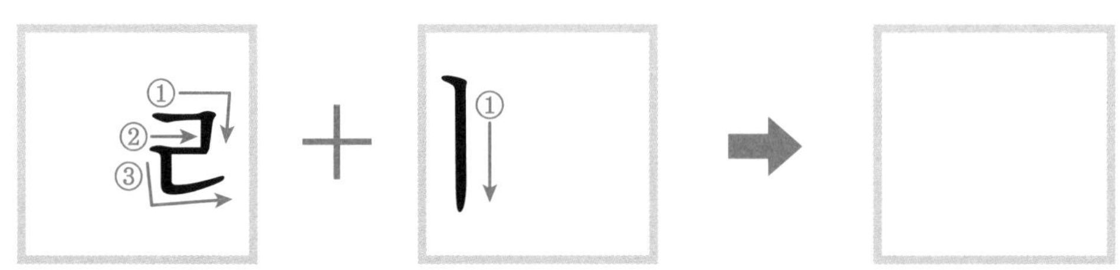

각 글자에 ○를 치면서 읽어 봅시다. 그다음, ○를 친 글자를 가림판으로 가리고 외워서 쓴 후, 맞게 썼는지 확인해 봅시다. 그리고 각 글자를 두 번 더 반복하여 써 봅시다.

글자에 ○를 치면서 읽기	기억하여 쓰기	반복 쓰기	반복 쓰기
다			
디			
라			
리			

다음의 글자를 각각 발음해 봅시다. 그다음, 글자를 합쳐서 단어를 만들어 쓰고 읽어 봅시다.

- 다 + 리 →
- 나 + 라 →
- 마 + 디 →
- 머 + 리 →
- 거 + 리 →
- 어 + 디 →
- 오 + 디 →
- 가 + 리 + 다 →
- 디 + 디 + 다 →
- 드 + 리 + 다 →

〈보기〉의 단어를 소리 내어 읽어 봅시다. 그다음, 각 문장에 알맞은 단어를 〈보기〉에서 찾아 써 봅시다.

● 보기 ●

가리다, 나라, 디디다, 마디, 머리, 오디, 거리, 드리다, 다리, 어디

1. □□ 를 건넜다.
2. 손가락 □□ 가 굵다.
3. 계단에 발을 □□□.
4. 보지 못하게 눈을 □□□.
5. 붉은 □□ 를 따 먹었다.
6. 선생님께 인사를 □□□.
7. □□ 마다 국기가 다르다.
8. □□ 에 모자를 쓰다.
9. □□ 에 휴지를 버리는 사람이 많다.
10. 지하철역이 □□ 있나요?

다음 단어를 소리 내어 읽고 써 봅시다.

굵다

붉은

다음 문장을 소리 내어 읽고 써 봅시다.

○ 손가락 마디가 굵다.

손가락 가 .

○ 붉은 오디를 따 먹었다.

를 따 먹었다.

그림을 보고, 알맞은 단어를 써 보세요.

1.	
2.	
3.	

〈보기〉의 단어들을 같은 낱자로 시작되는 단어끼리 단어 카드(✂ 〈부록 8쪽〉)를 사용하여 붙여 봅시다. 그다음, 같은 낱자로 시작되는 단어끼리 소리 내어 읽어 봅시다.

● 보기 ●

가리다, 나라, 디디다, 마디, 머리, 오디, 거리, 다리, 어디, 드리다

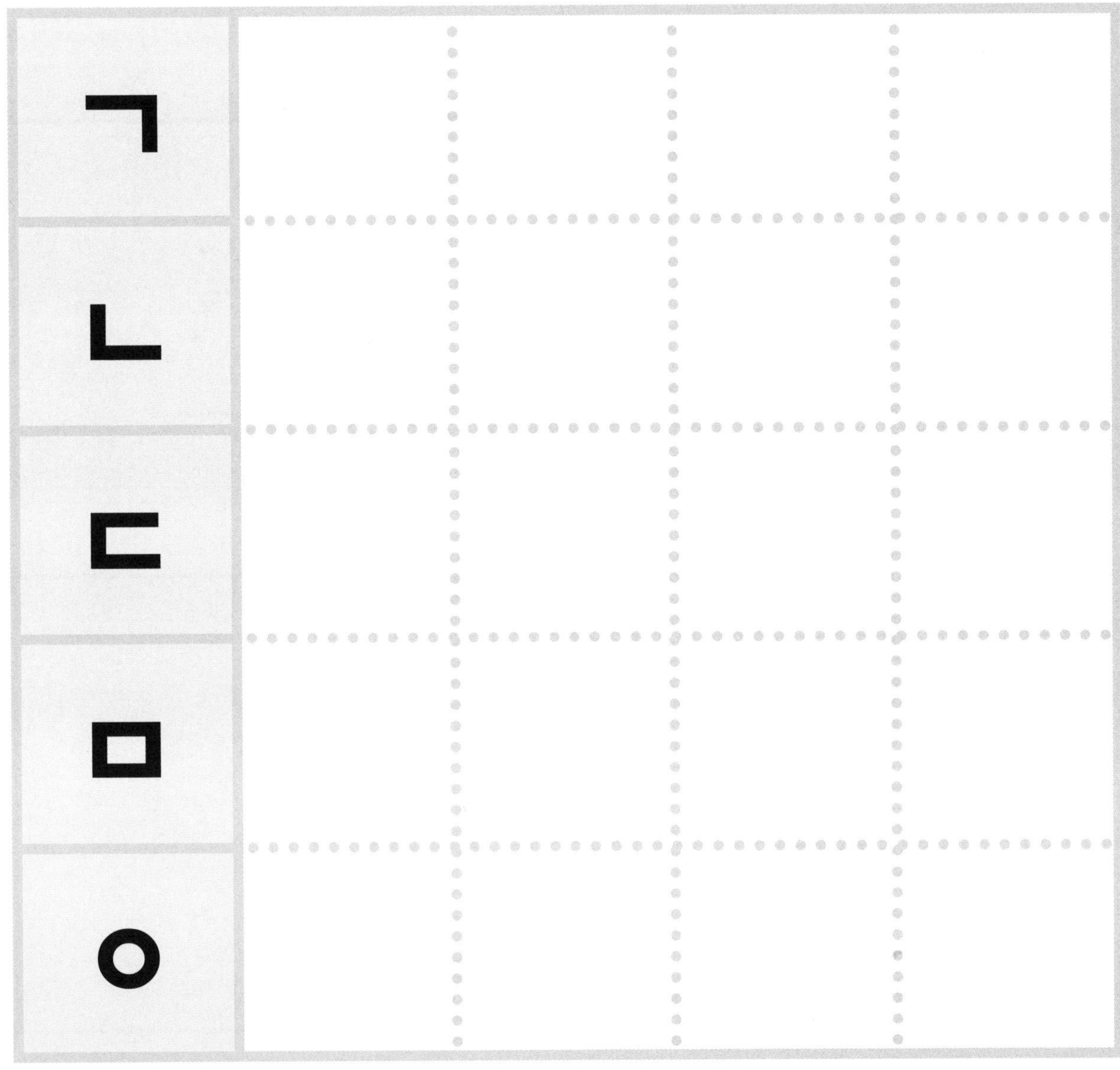

"선생님이 불러 주는 단어를 받아 적는 문제입니다. 잘 듣고, 답안지에 단어를 받아 적어 보세요."

(정답지 p. 333에 평가 문항 제시)

번호	단어
1	
2	
3	
4	
5	
6	
7	
8	

6차시 자음 ㄷ, ㅁ 모음 ㅗ, ㅏ : 도 마

학습목표

자음 ㄷ, ㅁ과 모음 ㅗ, ㅏ로 이루어진 단어를 정확하게 읽고 쓸 수 있다.

사전평가

“선생님이 불러 주는 단어를 받아 적는 문제입니다. 잘 듣고, 답안지에 단어를 받아 적어 보세요.”

(정답지 p. 334에 평가 문항 제시)

번호	단어
1	
2	
3	
4	
5	
6	
7	
8	

수업

제목을 살펴봅시다. 제목에서 각 낱자에 ○를 쳐 봅시다.

도 마

낱자의 소리를 알아봅시다.

ㄷ의 소리를 알아봅시다.

1. ㄷ 이것은 '디귿'입니다. ㄷ은 무슨 소리가 나나요? '드' 소리([ㄷ])가 납니다.

2. 그림을 보면서 ㄷ 소리를 연습해 봅시다.

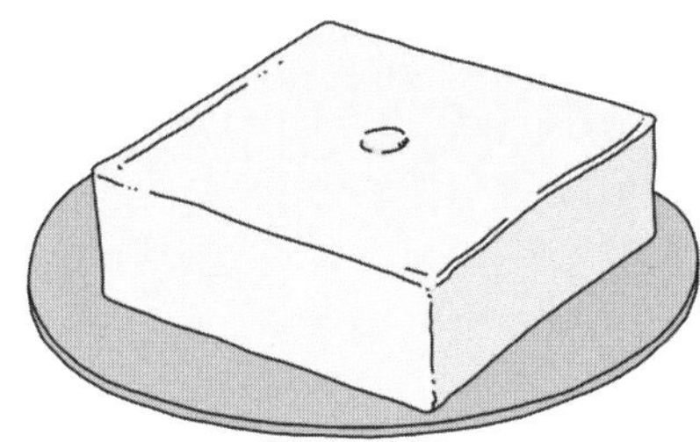

[ㄷ] 두부

3. 낱자의 소리를 말하면서 표시된 순서에 따라 써 봅시다.

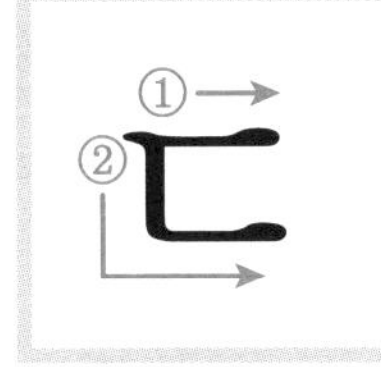

낱자의 소리를 알아봅시다.

 ㅁ의 소리를 알아봅시다.

1. ㅁ 이것은 '미음'입니다. ㅁ은 무슨 소리가 나나요? '므' 소리([ㅁ])가 납니다.

2. 그림을 보면서 ㅁ 소리를 연습해 봅시다.

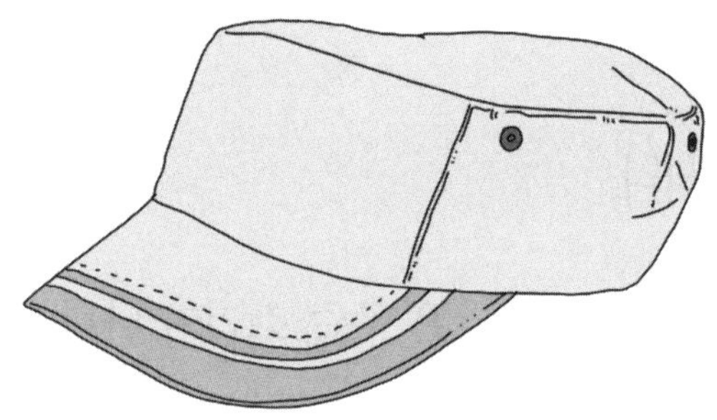

[ㅁ] 모자

3. 낱자의 소리를 말하면서 표시된 순서에 따라 써 봅시다.

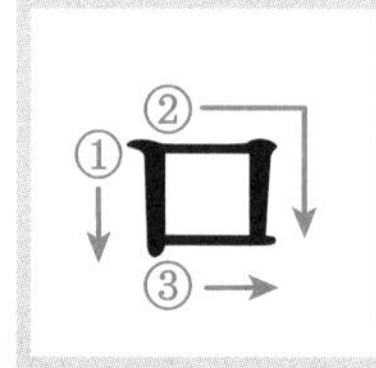

낱자의 소리를 알아봅시다.

 ㅗ의 소리를 알아봅시다.

1. ㅗ 이것은 '오'입니다. ㅗ는 무슨 소리가 나나요? '오' 소리([ㅗ])가 납니다.

2. 그림을 보면서 ㅗ 소리를 연습해 봅시다.

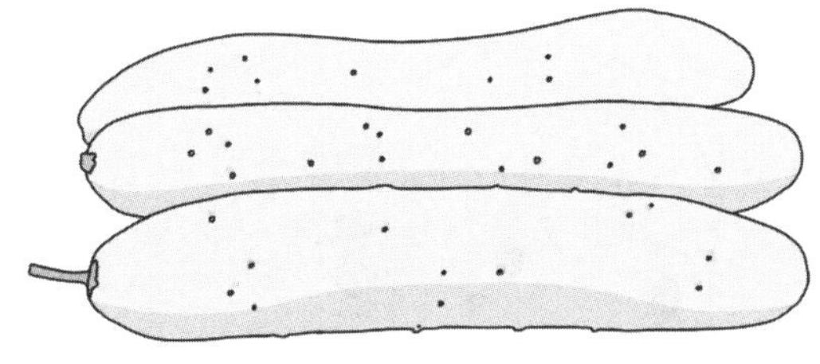

[ㅗ] 오이

3. 낱자의 소리를 말하면서 표시된 순서에 따라 써 봅시다.

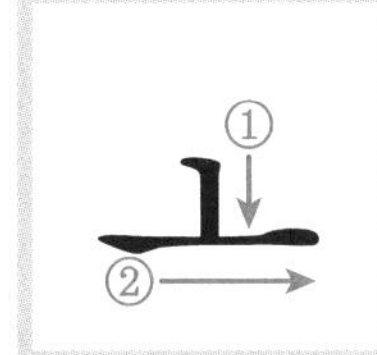

낱자의 소리를 알아봅시다.

ㅏ의 소리를 알아봅시다.

1. ㅏ 이것은 '아'입니다. ㅏ는 무슨 소리가 나나요? '아' 소리([ㅏ])가 납니다.

2. 그림을 보면서 ㅏ 소리를 연습해 봅시다.

[ㅏ] 아기

3. 낱자의 소리를 말하면서 표시된 순서에 따라 써 봅시다.

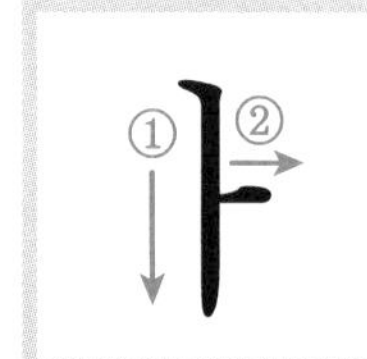

글자를 만들어 봅시다.

[ㄷ]와 [ㅗ]를 합치면 무슨 글자가 될까요?

1. 용수철을 사용하여 소리를 합쳐 봅시다.

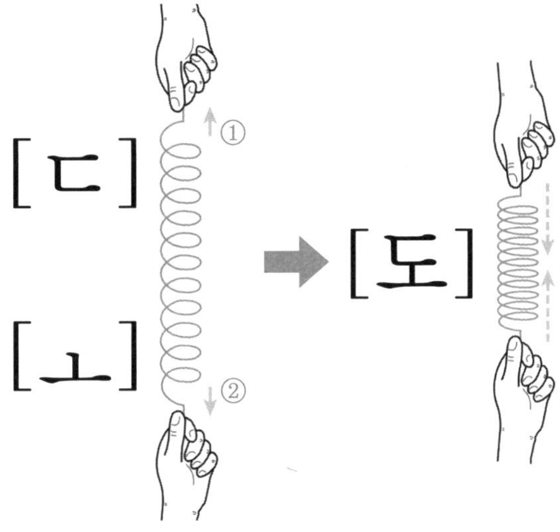

2. 다음 그림처럼 낱자 카드(✂ 〈부록 2쪽〉)를 사용하여 소리를 합쳐 봅시다.

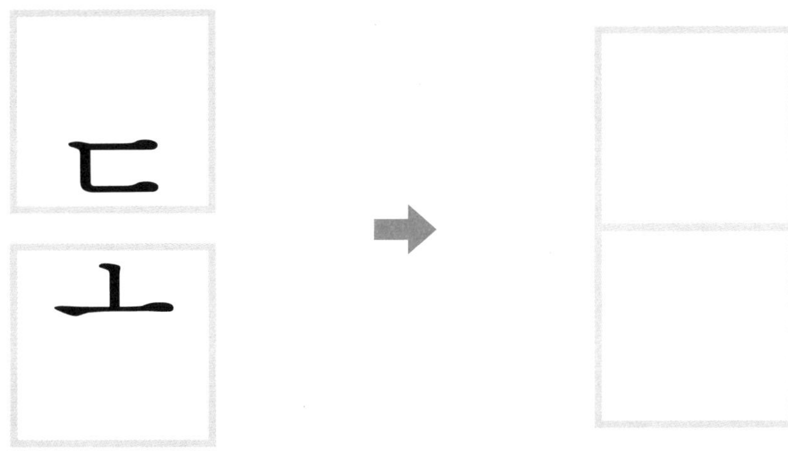

글자를 만들어 봅시다.

 [ㅁ]와 [ㅗ]를 합치면 무슨 글자가 될까요?

1. 용수철을 사용하여 소리를 합쳐 봅시다.

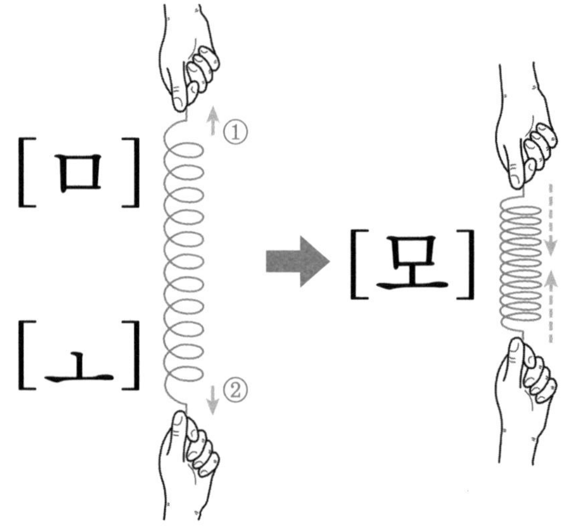

2. 다음 그림처럼 낱자 카드(✂ 〈부록 2쪽〉)를 사용하여 소리를 합쳐 봅시다.

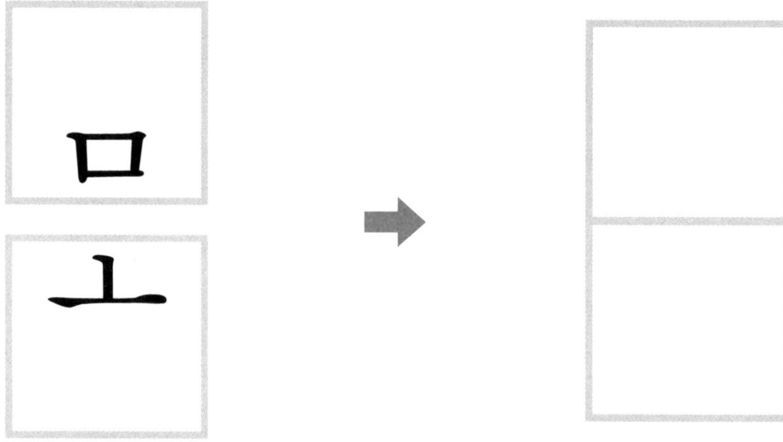

글자를 만들어 봅시다.

 [ㄷ]와 [ㅏ]를 합치면 무슨 글자가 될까요?

1. 용수철을 사용하여 소리를 합쳐 봅시다.

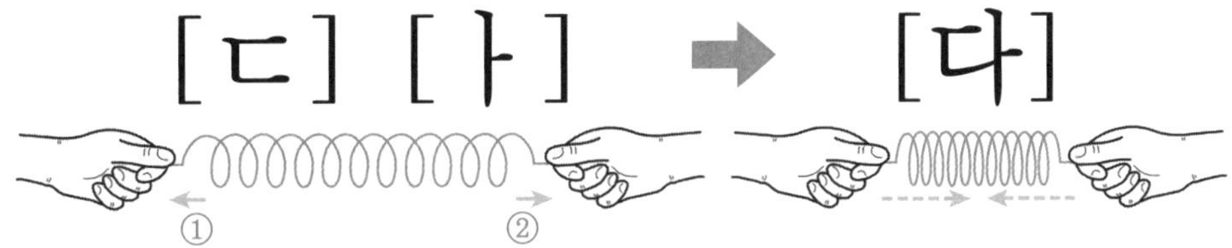

2. 다음 그림처럼 낱자 카드(✂ 〈부록 2쪽〉)를 사용하여 소리를 합쳐 봅시다.

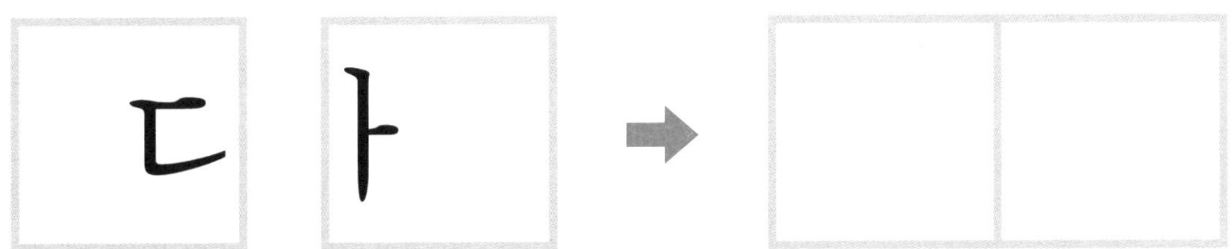

[ㅁ]와 [ㅏ]를 합치면 무슨 글자가 될까요?

1. 용수철을 사용하여 소리를 합쳐 봅시다.

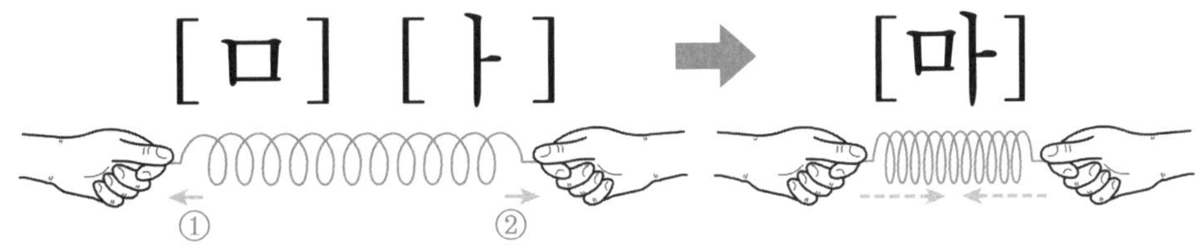

2. 다음 그림처럼 낱자 카드(✂ 〈부록 2쪽〉)를 사용하여 소리를 합쳐 봅시다.

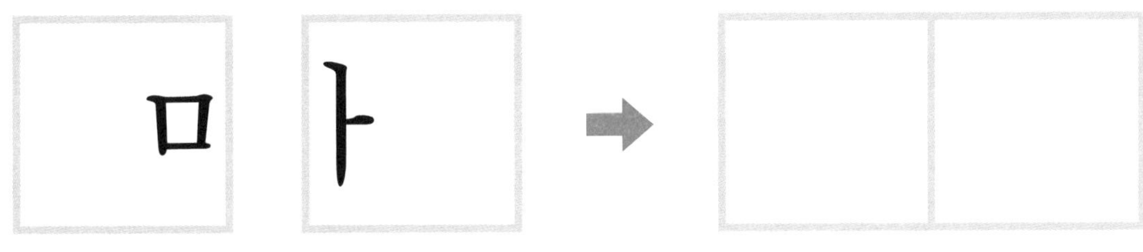

네모 칸에 있는 낱자를 각각 발음해 봅시다. 그다음, 낱자를 합쳐서 글자를 만들어 읽고 써 봅시다.

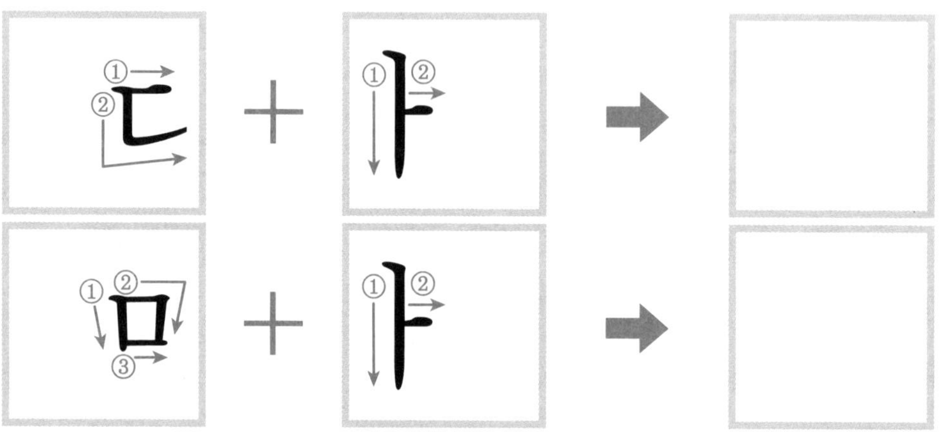

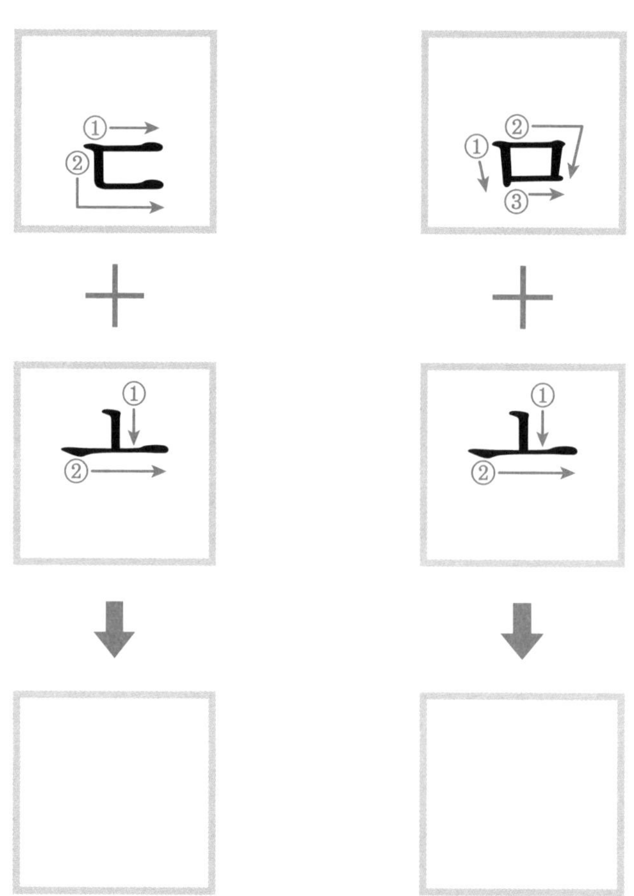

각 글자에 ○를 치면서 읽어 봅시다. 그다음, ○를 친 글자를 가림판으로 가리고 외워서 쓴 후, 맞게 썼는지 확인해 봅시다. 그리고 각 글자를 두 번 더 반복하여 써 봅시다.

글자에 ○를 치면서 읽기	기억하여 쓰기	반복 쓰기	반복 쓰기
도			
모			
다			
마			

다음의 글자를 각각 발음해 봅시다. 그다음, 글자를 합쳐서 단어를 만들어 쓰고 읽어 봅시다.

○ 도 + 마 ➔ ☐

○ 도 + 로 ➔ ☐

○ 도 + 구 ➔ ☐

○ 모 + 기 ➔ ☐

○ 모 + 두 ➔ ☐

○ 고 + 모 ➔ ☐

○ 마 + 구 ➔ ☐

○ 마 + 리 ➔ ☐

○ 모 + 이 + 다 ➔ ☐

〈보기〉의 단어를 소리 내어 읽어 봅시다. 그다음, 각 문장에 알맞은 단어를 〈보기〉에서 찾아 써 봅시다.

● 보기 ●

도마, 도로, 도구, 모기, 모두, 고모, 마구, 마리, 모이다

1. ☐☐ 가 꽉 막혔다.
2. 청소 ☐☐ 를 청소함에 넣었다.
3. 설날에 친척들이 우리집에 ☐☐☐ .
4. 식구 ☐☐ 가 바다로 여행을 떠났다.
5. ☐☐ 는 아버지의 누나이다.
6. 나는 고양이 두 ☐☐ 를 키운다.
7. 눈물이 ☐☐ 쏟아진다.
8. 파를 ☐☐ 에 놓고 썰었다.
9. ☐☐ 에 물려 간지러웠다.

다음 단어를 소리 내어 읽고 써 봅시다.

넣었다

썰었다

다음 문장을 소리 내어 읽고 써 봅시다.

○ 청소 도구를 청소함에 넣었다.

청소 ☐☐ 를 청소함에 ☐☐☐ .

○ 파를 도마에 놓고 썰었다.

파를 ☐☐ 에 놓고 ☐☐☐ .

그림을 보고, 알맞은 단어를 써 보세요.

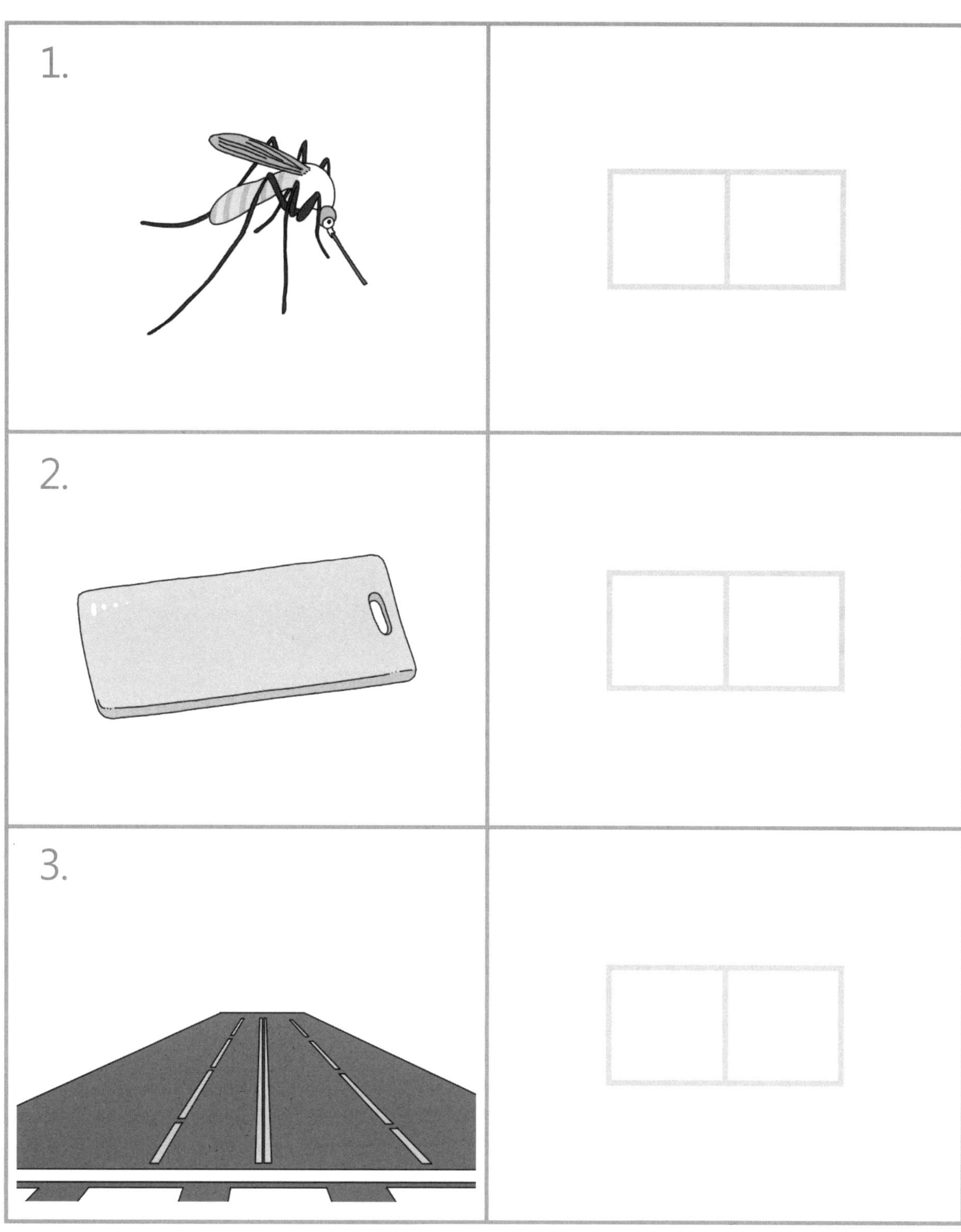

〈보기〉의 단어들을 같은 낱자로 시작되는 단어끼리 단어 카드(✂ 〈부록 8쪽〉)를 사용하여 붙여 봅시다. 그다음, 같은 낱자로 시작되는 단어끼리 소리 내어 읽어 봅시다.

● 보기 ●

도마, 도로, 도구, 모기, 고모, 마구, 마리, 모이다, 모두

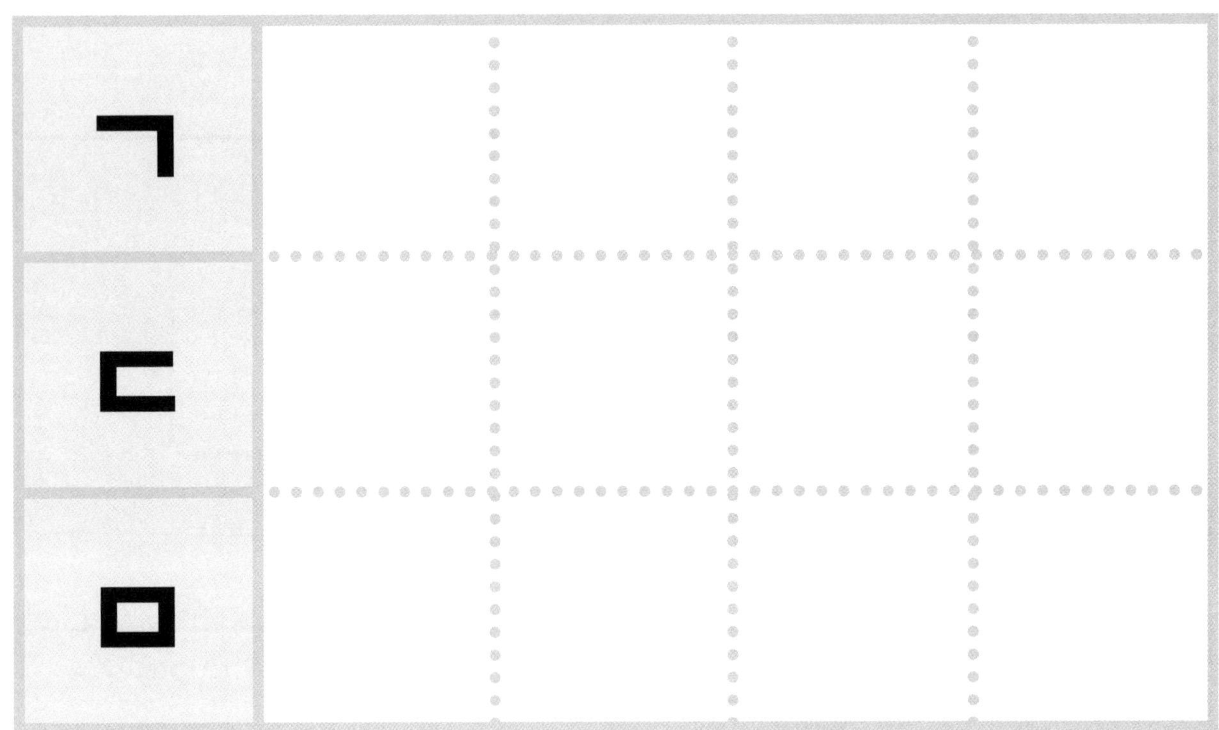

ㄱ				
ㄷ				
ㅁ				

"선생님이 불러 주는 단어를 받아 적는 문제입니다. 잘 듣고, 답안지에 단어를 받아 적어 보세요."

(정답지 p. 334에 평가 문항 제시)

번호	단어
1	
2	
3	
4	
5	
6	
7	
8	

7차시 자음 ㅁ, ㄹ 모음 ㅓ, ㅣ: 머리

자음 ㅁ, ㄹ과 모음 ㅓ, ㅣ로 이루어진 단어를 정확하게 읽고 쓸 수 있다.

"선생님이 불러 주는 단어를 받아 적는 문제입니다. 잘 듣고, 답안지에 단어를 받아 적어 보세요."

(정답지 p. 335에 평가 문항 제시)

번호	단어
1	
2	
3	
4	
5	
6	
7	
8	

수업

제목을 살펴봅시다. 제목에서 각 낱자에 ○를 쳐 봅시다.

머 리

낱자의 소리를 알아봅시다.

7 차시

 ㅁ의 소리를 알아봅시다.

1. ㅁ 이것은 '미음'입니다. ㅁ은 무슨 소리가 나나요? '므' 소리([ㅁ])가 납니다.

2. 그림을 보면서 ㅁ 소리를 연습해 봅시다.

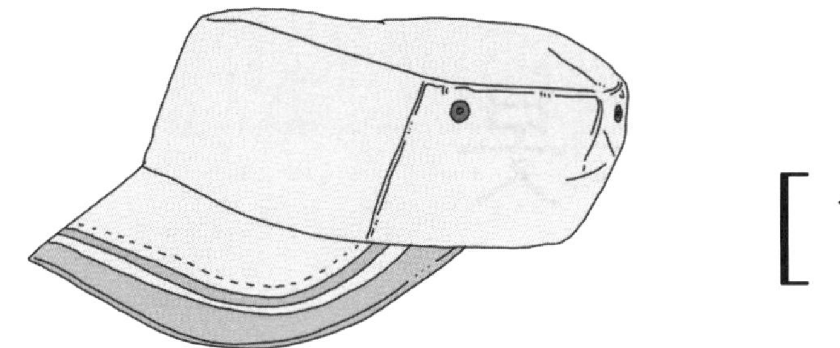

[ㅁ] 모자

3. 낱자의 소리를 말하면서 표시된 순서에 따라 써 봅시다.

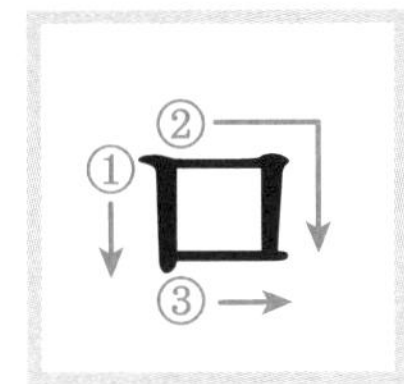

낱자의 소리를 알아봅시다.

 ㄹ의 소리를 알아봅시다.

1. ㄹ 이것은 '리을'입니다. ㄹ은 무슨 소리가 나나요? '르' 소리([ㄹ])가 납니다.

2. 그림을 보면서 ㄹ 소리를 연습해 봅시다.

[ㄹ] 로봇

3. 낱자의 소리를 말하면서 표시된 순서에 따라 써 봅시다.

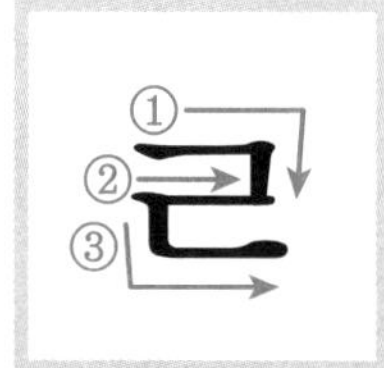

낱자의 소리를 알아봅시다.

 ㅓ의 소리를 알아봅시다.

1. ㅓ 이것은 '어'입니다. ㅓ는 무슨 소리가 나나요? '어' 소리([ㅓ])가 납니다.

2. 그림을 보면서 ㅓ 소리를 연습해 봅시다.

[ㅓ] 어머니

3. 낱자의 소리를 말하면서 표시된 순서에 따라 써 봅시다.

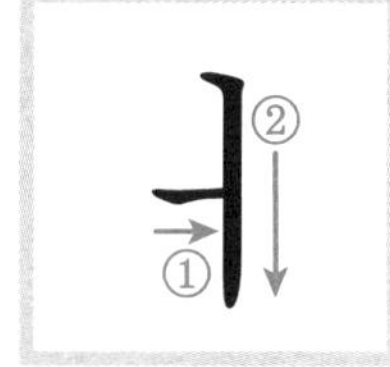

낱자의 소리를 알아봅시다.

ㅣ의 소리를 알아봅시다.

1. ㅣ 이것은 '이'입니다. ㅣ는 무슨 소리가 나나요? '이' 소리([ㅣ])가 납니다.

2. 그림을 보면서 ㅣ 소리를 연습해 봅시다.

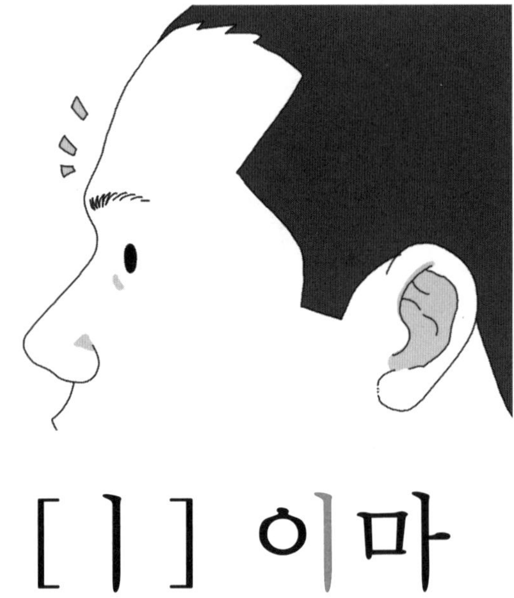

[ㅣ] 이마

3. 낱자의 소리를 말하면서 표시된 순서에 따라 써 봅시다.

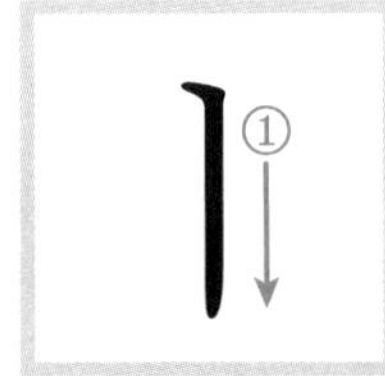

글자를 만들어 봅시다.

[ㅁ]와 [ㅓ]를 합치면 무슨 글자가 될까요?

1. 용수철을 사용하여 소리를 합쳐 봅시다.

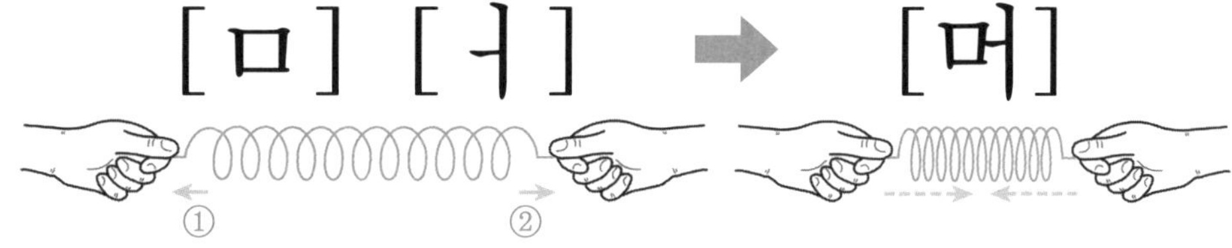

2. 다음 그림처럼 낱자 카드(✂ 〈부록 3쪽〉)를 사용하여 소리를 합쳐 봅시다.

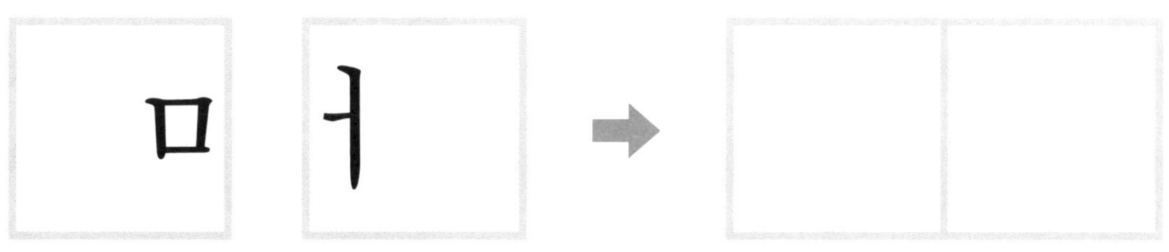

[ㄹ]와 [ㅓ]를 합치면 무슨 글자가 될까요?

1. 용수철을 사용하여 소리를 합쳐 봅시다.

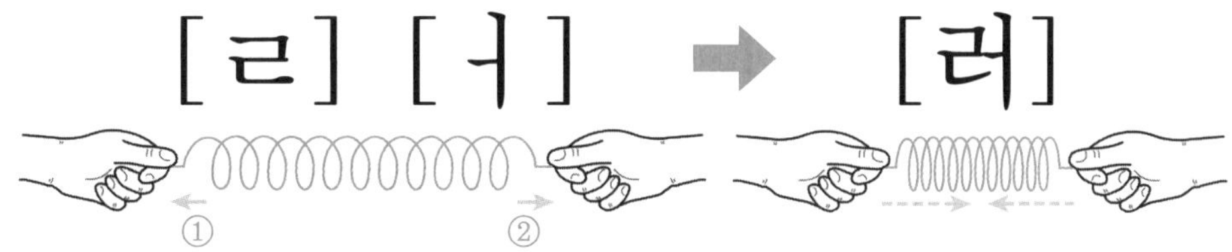

2. 다음 그림처럼 낱자 카드(✂ 〈부록 3쪽〉)를 사용하여 소리를 합쳐 봅시다.

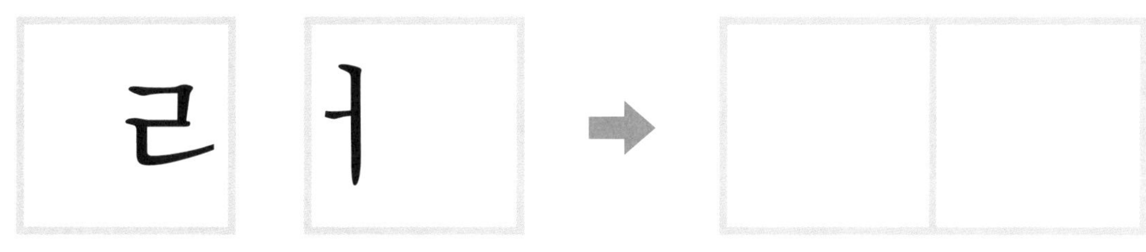

글자를 만들어 봅시다.

 [ㄹ]와 [ㅣ]를 합치면 무슨 글자가 될까요?

1. 용수철을 사용하여 소리를 합쳐 봅시다.

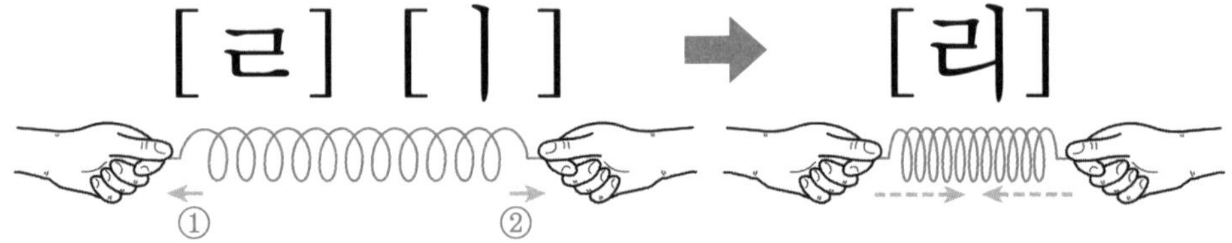

2. 다음 그림처럼 낱자 카드(✂ 〈부록 3쪽〉)를 사용하여 소리를 합쳐 봅시다.

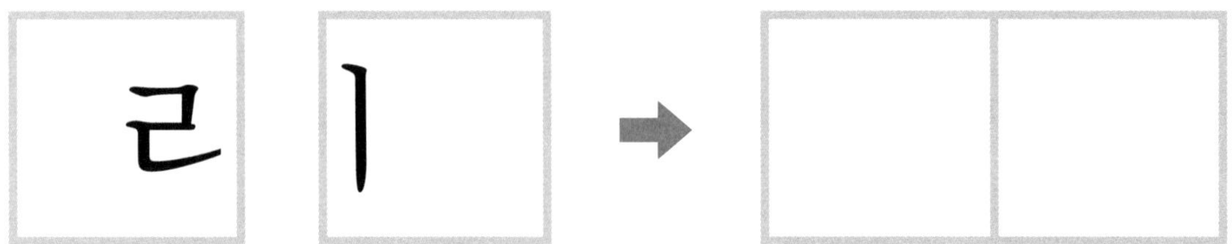

[ㅁ]와 [ㅣ]를 합치면 무슨 글자가 될까요?

1. 용수철을 사용하여 소리를 합쳐 봅시다.

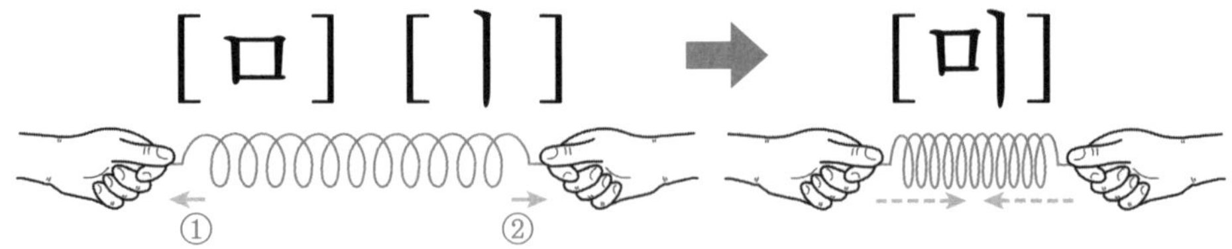

2. 다음 그림처럼 낱자 카드(✂ 〈부록 3쪽〉)를 사용하여 소리를 합쳐 봅시다.

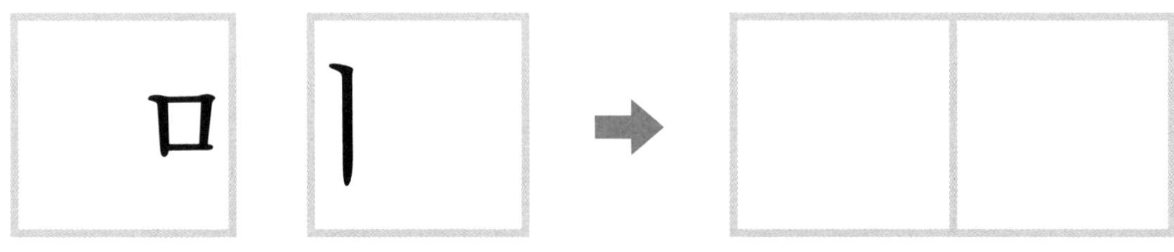

네모 칸에 있는 낱자를 각각 발음해 봅시다. 그다음, 낱자를 합쳐서 글자를 만들어 읽고 써 봅시다.

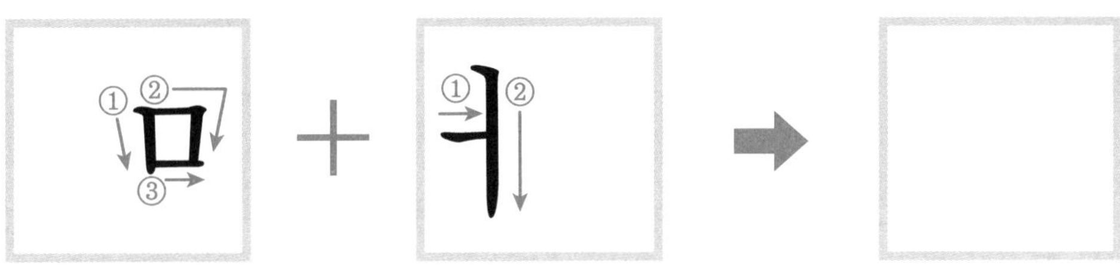

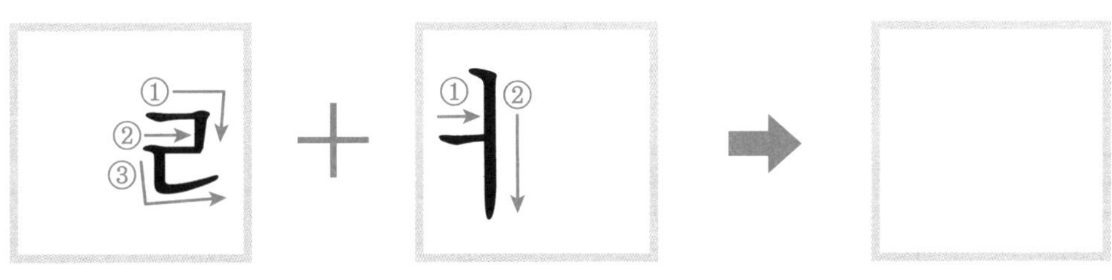

ㄹ + ㅣ →

ㅁ + ㅣ →

각 글자에 ○를 치면서 읽어 봅시다. 그다음, ○를 친 글자를 가림판으로 가리고 외워서 쓴 후, 맞게 썼는지 확인해 봅시다. 그리고 각 글자를 두 번 더 반복하여 써 봅시다.

글자에 ○를 치면서 읽기	기억하여 쓰기	반복 쓰기	반복 쓰기
머			
러			
리			
미			

다음의 글자를 각각 발음해 봅시다. 그다음, 글자를 합쳐서 단어를 만들어 쓰고 읽어 봅시다.

○ 머 + 리 →

○ 너 + 머 →

○ 미 + 리 →

○ 더 + 러 →

○ 그 + 러 + 나 →

○ 기 + 러 + 기 →

○ 어 + 머 + 니 →

○ 나 + 머 + 지 →

○ 다 + 리 + 미 →

〈보기〉의 단어를 소리 내어 읽어 봅시다. 그다음, 각 문장에 알맞은 단어를 〈보기〉에서 찾아 써 봅시다.

● 보기 ●

어머니, 다리미, 더러, 나머지, 미리, 너머, 기러기, 머리, 그러나

1. 하늘 위로 ☐☐☐ 가 날아간다.
2. 그중에 하나는 키가 크고요, ☐☐☐ 는 작대요.
3. 늦지 않도록 ☐☐ 가서 기다렸다.
4. 학교에는 외국인 친구도 ☐☐ 있다.
5. 저 산 ☐☐ 에 외갓집이 있다.
6. ☐☐ 에 예쁜 핀을 꽂았다.
7. ☐☐☐ 께서 심부름을 시키셨다.
8. 형은 키가 매우 크다. ☐☐☐ 나는 키가 작다.
9. ☐☐☐ 로 옷을 다리다.

다음 단어를 소리 내어 읽고 써 봅시다.

외갓집  

뽑아

다음 문장을 소리 내어 읽고 써 봅시다.

○ 저 산 **너머**에 **외갓집**이 있다.

저 산 ☐☐ 에  이 있다.

○ **어머니**의 흰머리를 **뽑아** 드렸다.

 의 흰머리를  드렸다.

그림을 보고, 알맞은 단어를 써 보세요.

1. 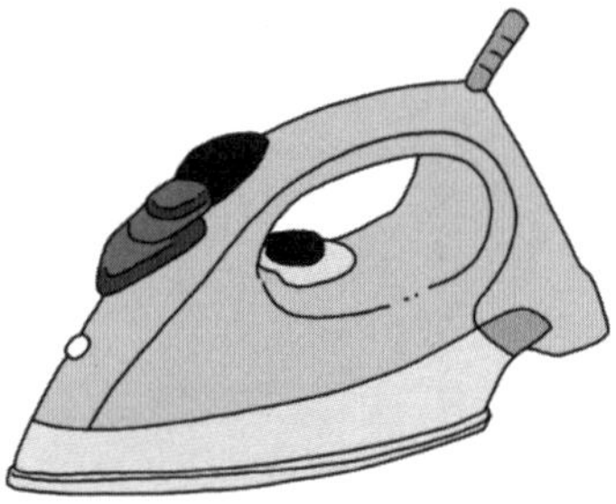	
2. 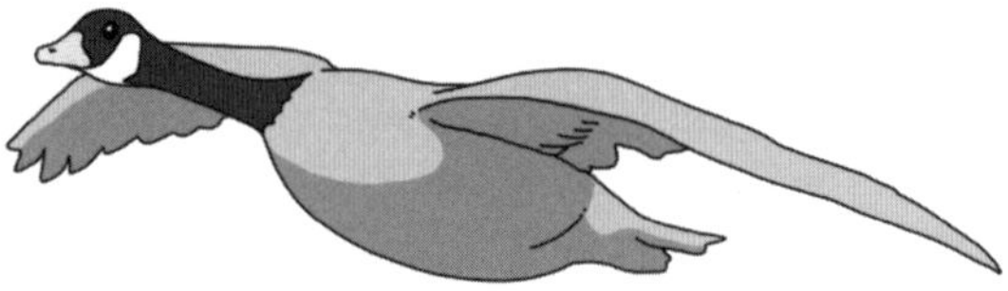	
3. 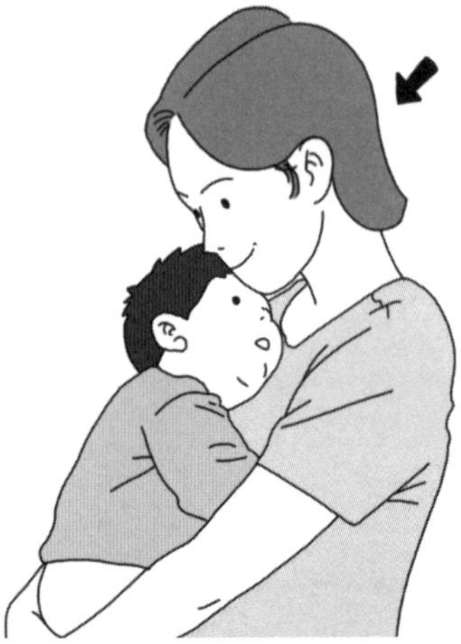	

〈보기〉의 단어들을 같은 낱자로 시작되는 단어끼리 단어 카드(✂ 〈부록 8~9쪽〉)를 사용하여 붙여 봅시다. 그다음, 같은 낱자로 시작되는 단어끼리 소리 내어 읽어 봅시다.

● 보기 ●

어머니, 다리미, 더러, 나머지, 미리, 너머, 기러기, 머리, 그러나

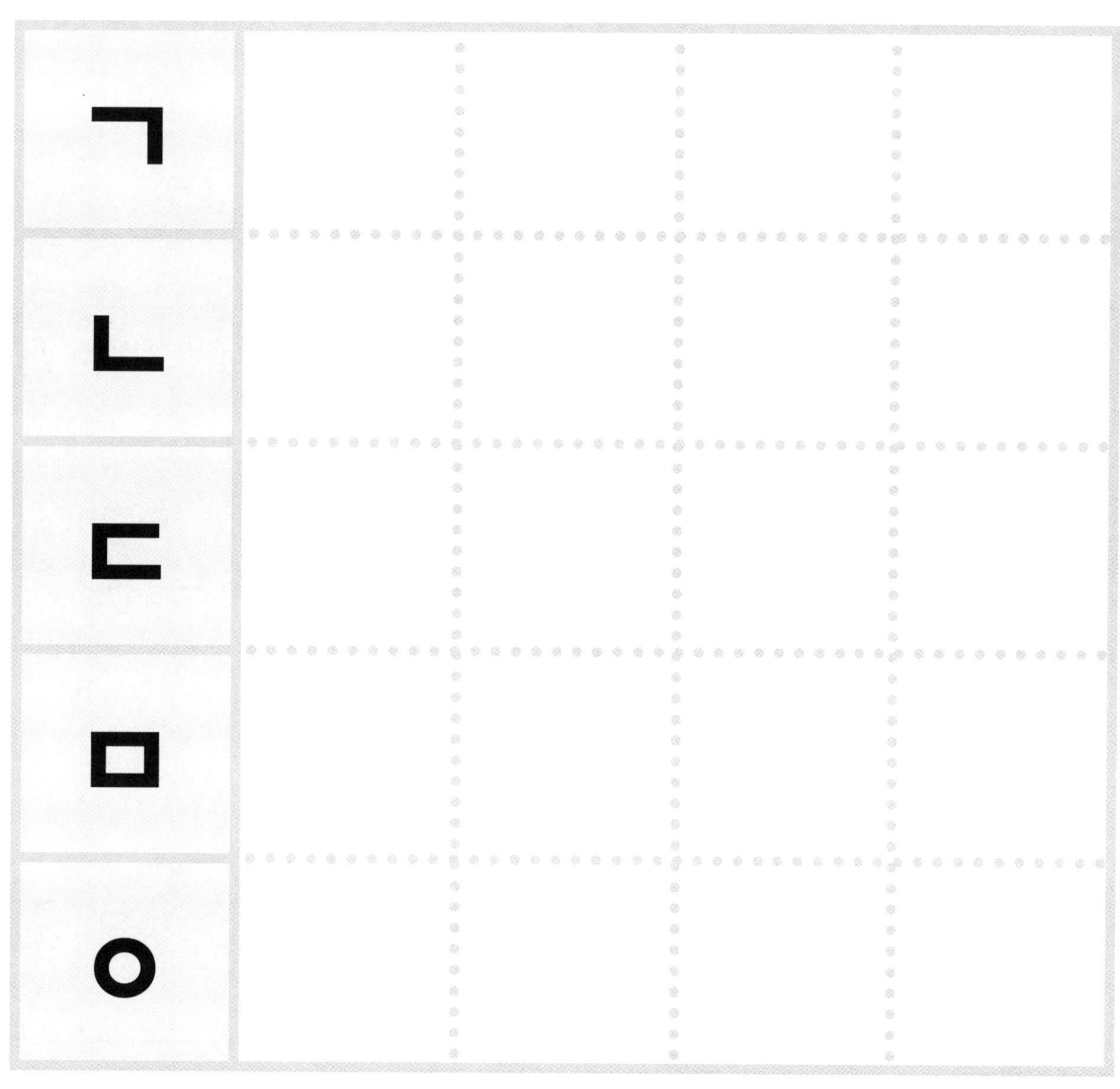

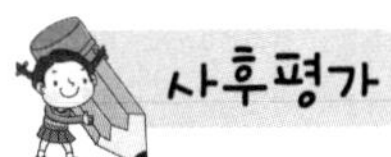

"선생님이 불러 주는 단어를 받아 적는 문제입니다. 잘 듣고, 답안지에 단어를 받아 적어 보세요."

(정답지 p. 335에 평가 문항 제시)

번호	단어
1	
2	
3	
4	
5	
6	
7	
8	

8차시 자음 ㅁ, ㅈ 모음 ㅗ, ㅏ: 모 자

자음 ㅁ, ㅈ과 모음 ㅗ, ㅏ로 이루어진 단어를 정확하게 읽고 쓸 수 있다.

"선생님이 불러 주는 단어를 받아 적는 문제입니다. 잘 듣고, 답안지에 단어를 받아 적어 보세요."

(정답지 p. 336에 평가 문항 제시)

번호	단어
1	
2	
3	
4	
5	
6	
7	
8	

수업

제목을 살펴봅시다. 제목에서 각 낱자에 ○를 쳐 봅시다.

모 자

낱자의 소리를 알아봅시다.

ㅁ의 소리를 알아봅시다.

1. ㅁ 이것은 '미음'입니다. ㅁ은 무슨 소리가 나나요? '므' 소리([ㅁ])가 납니다.

2. 그림을 보면서 ㅁ 소리를 연습해 봅시다.

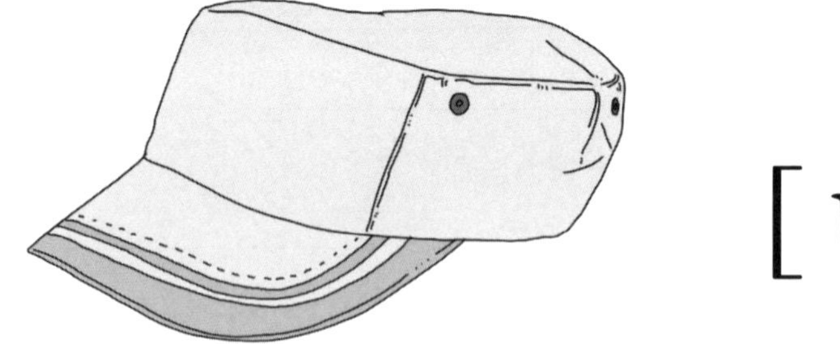

[ㅁ] 모자

3. 낱자의 소리를 말하면서 표시된 순서에 따라 써 봅시다.

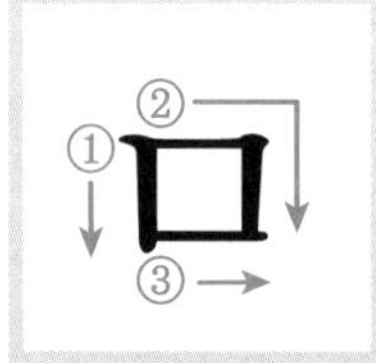

낱자의 소리를 알아봅시다.

 ㅈ의 소리를 알아봅시다.

1. ㅈ 이것은 '지읒'입니다. ㅈ은 무슨 소리가 나나요? '즈' 소리([ㅈ])가 납니다.

2. 그림을 보면서 ㅈ 소리를 연습해 봅시다.

[ㅈ] 자두

3. 낱자의 소리를 말하면서 표시된 순서에 따라 써 봅시다.

낱자의 소리를 알아봅시다.

 ㅗ의 소리를 알아봅시다.

1. ㅗ 이것은 '오'입니다. ㅗ는 무슨 소리가 나나요? '오' 소리([ㅗ])가 납니다.

2. 그림을 보면서 ㅗ 소리를 연습해 봅시다.

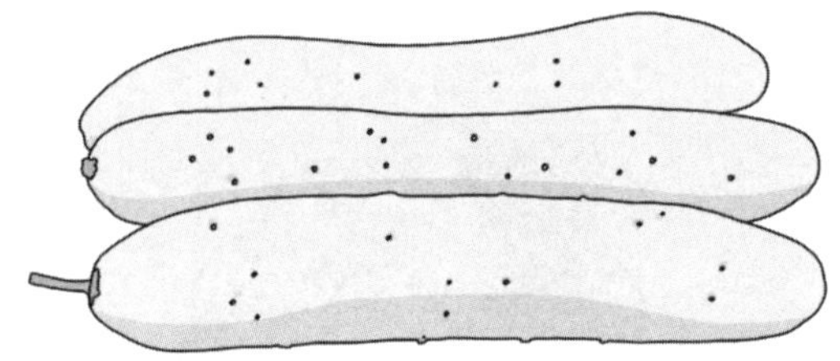

[ㅗ] 오이

3. 낱자의 소리를 말하면서 표시된 순서에 따라 써 봅시다.

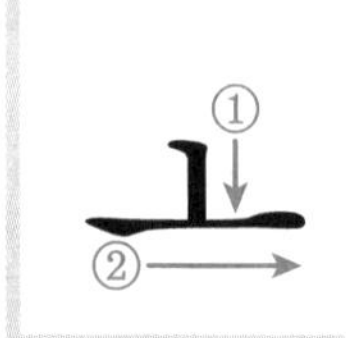

낱자의 소리를 알아봅시다.

 ㅏ의 소리를 알아봅시다.

1. ㅏ 이것은 '아'입니다. ㅏ는 무슨 소리가 나나요? '아' 소리([ㅏ])가 납니다.

2. 그림을 보면서 ㅏ 소리를 연습해 봅시다.

[ㅏ] 아기

3. 낱자의 소리를 말하면서 표시된 순서에 따라 써 봅시다.

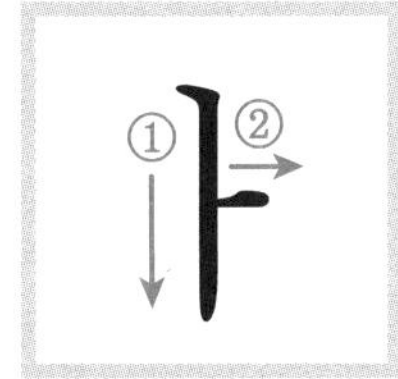

글자를 만들어 봅시다.

 [ㅁ]와 [ㅏ]를 합치면 무슨 글자가 될까요?

1. 용수철을 사용하여 소리를 합쳐 봅시다.

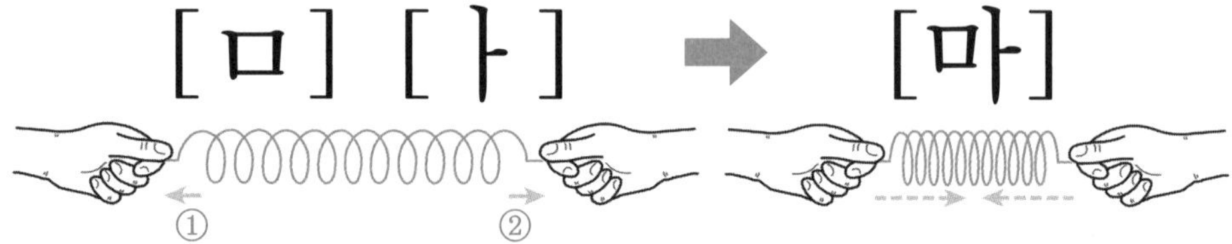

2. 다음 그림처럼 낱자 카드(✂ 〈부록 3쪽〉)를 사용하여 소리를 합쳐 봅시다.

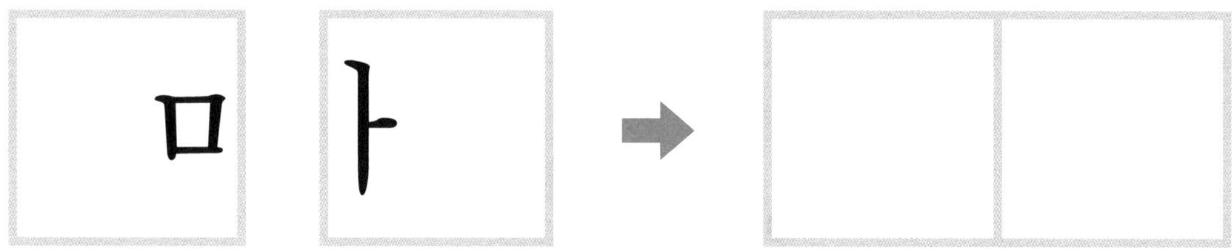

[ㅈ]와 [ㅏ]를 합치면 무슨 글자가 될까요?

1. 용수철을 사용하여 소리를 합쳐 봅시다.

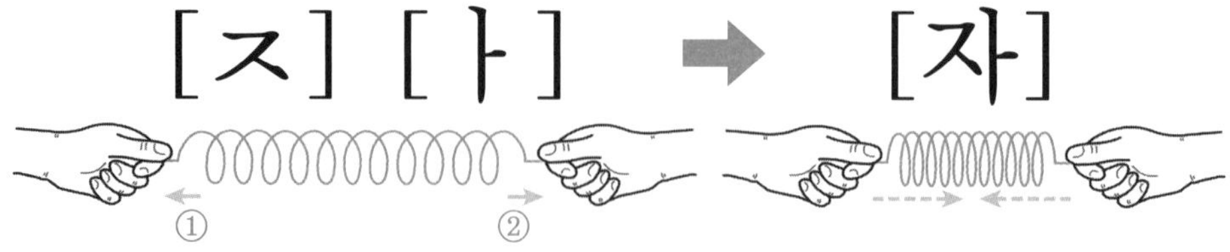

2. 다음 그림처럼 낱자 카드(✂ 〈부록 3쪽〉)를 사용하여 소리를 합쳐 봅시다.

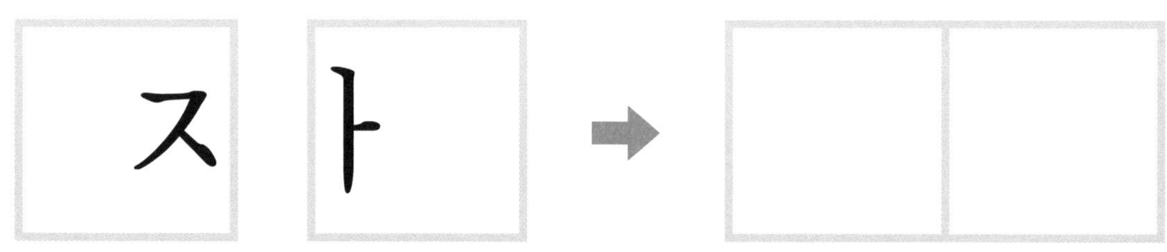

글자를 만들어 봅시다.

[ㅈ]와 [ㅗ]를 합치면 무슨 글자가 될까요?

1. 용수철을 사용하여 소리를 합쳐 봅시다.

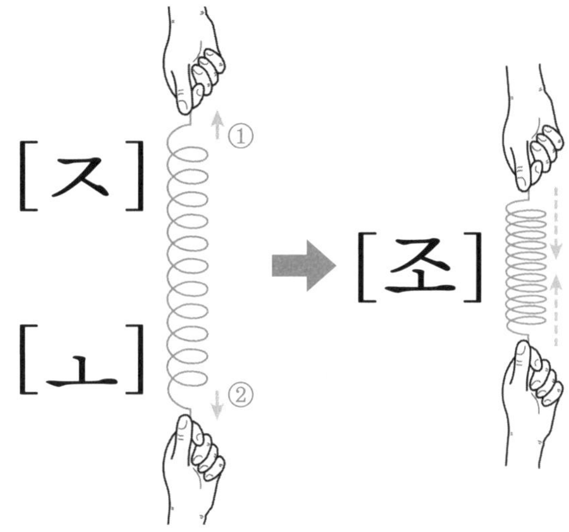

2. 다음 그림처럼 낱자 카드(✂ 〈부록 3쪽〉)를 사용하여 소리를 합쳐 봅시다.

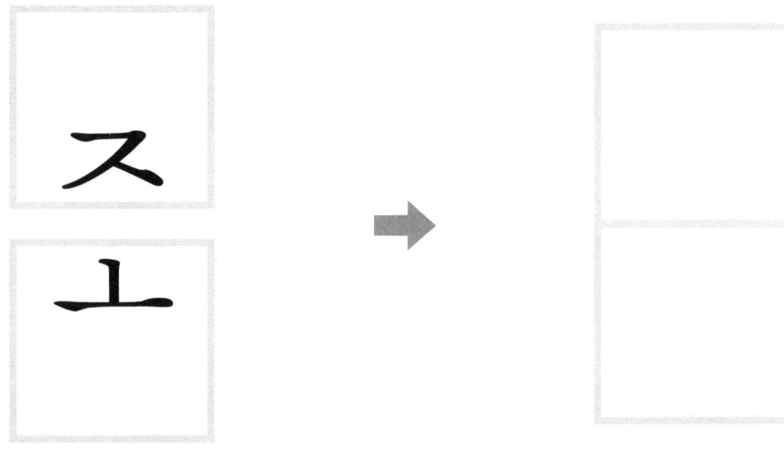

글자를 만들어 봅시다.

 [ㅁ]와 [ㅗ]를 합치면 무슨 글자가 될까요?

1. 용수철을 사용하여 소리를 합쳐 봅시다.

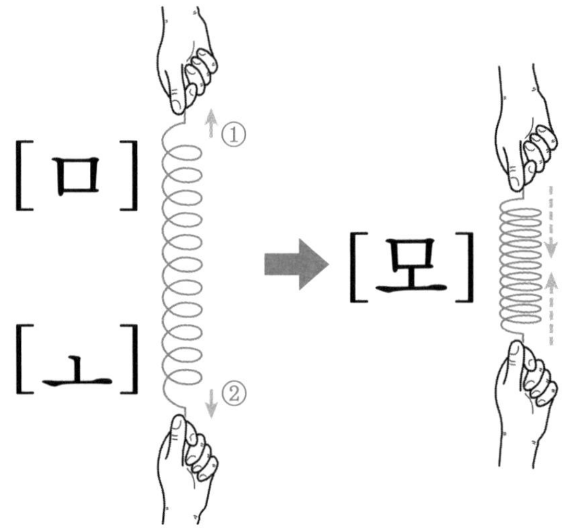

2. 다음 그림처럼 낱자 카드(✂ 〈부록 3쪽〉)를 사용하여 소리를 합쳐 봅시다.

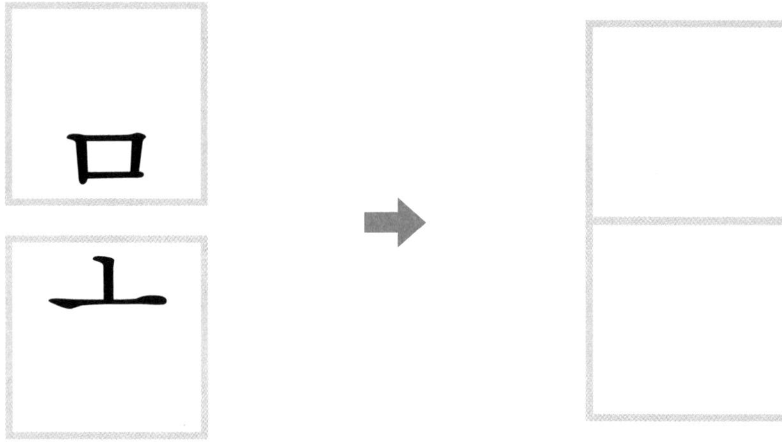

네모 칸에 있는 낱자를 각각 발음해 봅시다. 그다음, 낱자를 합쳐서 글자를 만들어 읽고 써 봅시다.

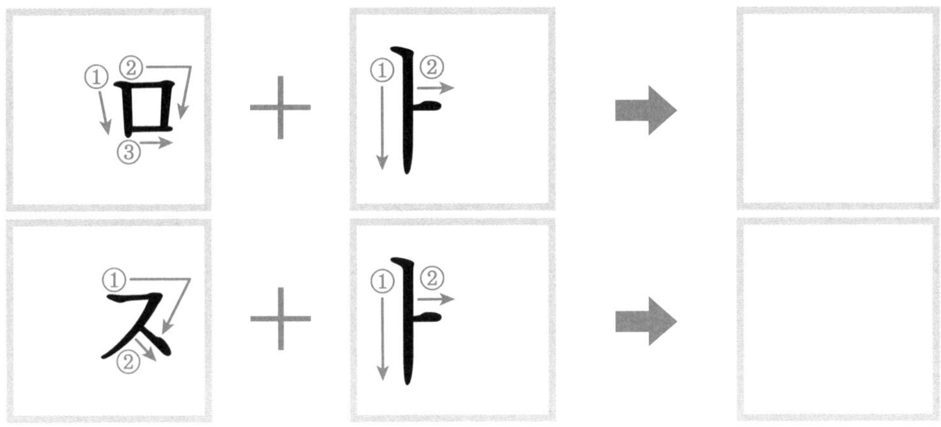

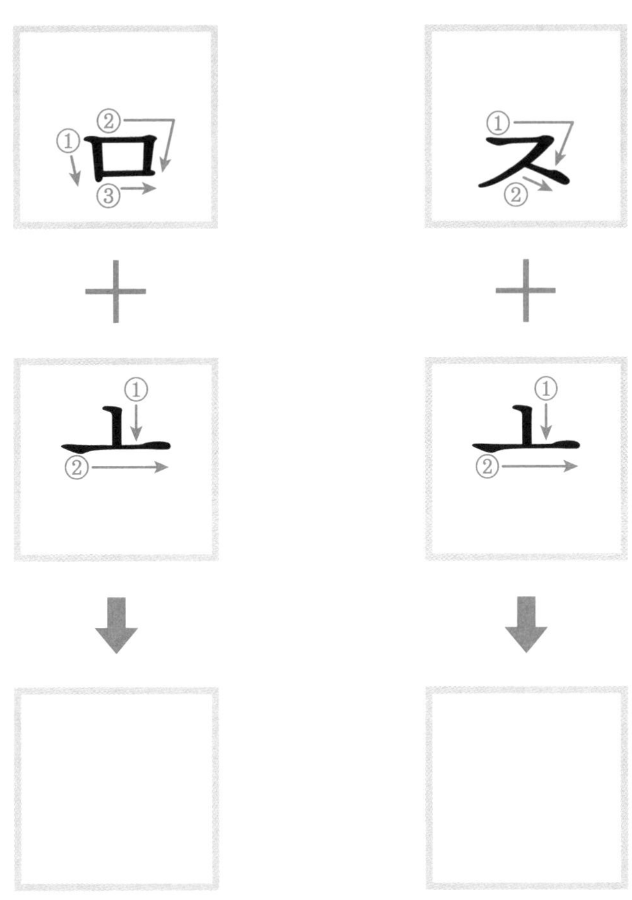

각 글자에 ○를 치면서 읽어 봅시다. 그다음, ○를 친 글자를 가림판으로 가리고 외워서 쓴 후, 맞게 썼는지 확인해 봅시다. 그리고 각 글자를 두 번 더 반복하여 써 봅시다.

글자에 ○를 치면서 읽기	기억하여 쓰기	반복 쓰기	반복 쓰기
모			
마			
자			
조			

다음의 글자를 각각 발음해 봅시다. 그다음, 글자를 합쳐서 단어를 만들어 쓰고 읽어 봅시다.

○ 모 + 자 ➡ ☐

○ 조 + 사 ➡ ☐

○ 조 + 기 ➡ ☐

○ 자 + 리 ➡ ☐

○ 고 + 리 ➡ ☐

○ 모 + 조 + 리 ➡ ☐

○ 고 + 사 + 리 ➡ ☐

○ 고 + 구 + 마 ➡ ☐

○ 마 + 무 + 리 ➡ ☐

○ 자 + 르 + 다 ➡ ☐

〈보기〉의 단어를 소리 내어 읽어 봅시다. 그다음, 각 문장에 알맞은 단어를 〈보기〉에서 찾아 써 봅시다.

● 보기 ●

고사리, 모조리, 조사, 자르다, 자리, 고구마, 마무리, 조기, 고리, 모자

1. 칼로 케익을 [ ][ ][ ] .
2. [ ][ ][ ] 나물을 먹었다.
3. 바람이 세게 불어 나뭇잎이 [ ][ ][ ] 떨어졌다.
4. 오늘 하루를 잘 [ ][ ][ ] 하였다.
5. 방으로 들어가서 방 문 [ ][ ] 를 잠갔다.
6. 할머니께서 [ ][ ][ ] 를 삶아 주셨다.
7. 친구들이 무슨 과일을 좋아하는지 [ ][ ] 하였다.
8. 아버지는 매일 아침 [ ][ ] 축구를 하신다.
9. [ ][ ] 가 좁아서 불편하다.
10. 바람이 불어서 [ ][ ] 가 날아갔다.

다음 단어를 소리 내어 읽고 써 봅시다.

좁아서 

8 차시

다음 문장을 소리 내어 읽고 써 봅시다.

○ **자리**가 **좁아서** 불편하다.

가 불편하다.

○ 나뭇잎들이 **모조리 떨어졌다**.

나뭇잎들이  .

그림을 보고, 알맞은 단어를 써 보세요.

1.	
2.	
3.	

〈보기〉의 단어들을 같은 낱자로 시작되는 단어끼리 단어 카드(✂ 〈부록 9쪽〉)를 사용하여 붙여 봅시다. 그다음, 같은 낱자로 시작되는 단어끼리 소리 내어 읽어 봅시다.

● 보기 ●

고사리, 모조리, 조사, 자르다, 자리, 고구마, 마무리, 조기, 고리, 모자

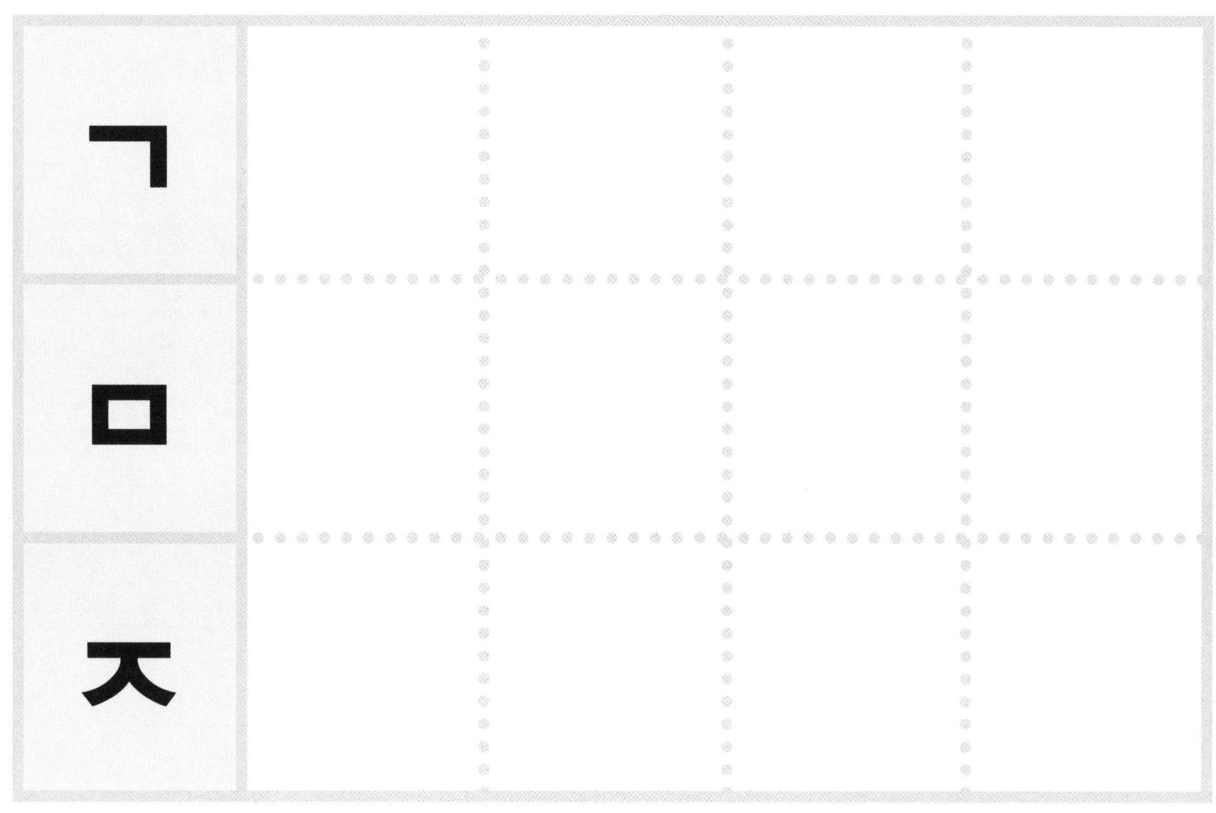

"선생님이 불러 주는 단어를 받아 적는 문제입니다. 잘 듣고, 답안지에 단어를 받아 적어 보세요."

(정답지 p. 336에 평가 문항 제시)

번호	단어
1	
2	
3	
4	
5	
6	
7	
8	

9차시 자음 ㅂ, ㅈ 모음 ㅏ, ㅣ: 바 지

자음 ㅂ, ㅈ과 모음 ㅏ, ㅣ로 이루어진 단어를 정확하게 읽고 쓸 수 있다.

사전평가

"선생님이 불러 주는 단어를 받아 적는 문제입니다. 잘 듣고, 답안지에 단어를 받아 적어 보세요."

(정답지 p. 336에 평가 문항 제시)

번호	단어
1	
2	
3	
4	
5	
6	
7	
8	

수업

제목을 살펴봅시다. 제목에서 각 낱자에 ○를 쳐 봅시다.

바 지

낱자의 소리를 알아봅시다.

ㅂ의 소리를 알아봅시다.

1. ㅂ 이것은 '비읍'입니다. ㅂ은 무슨 소리가 나나요? '브' 소리([ㅂ])가 납니다.

2. 그림을 보면서 ㅂ 소리를 연습해 봅시다.

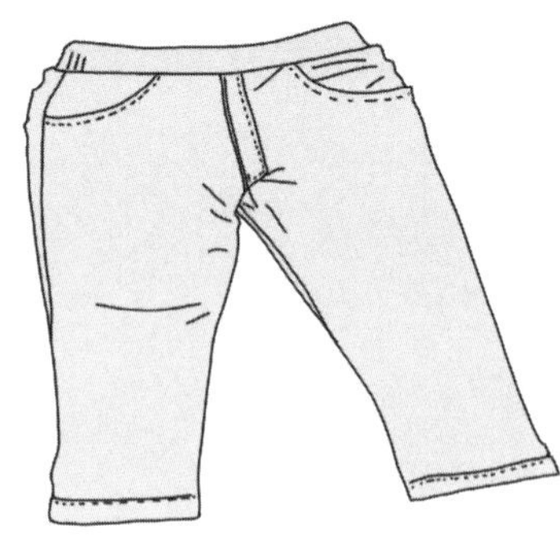

[ㅂ] 바지

3. 낱자의 소리를 말하면서 표시된 순서에 따라 써 봅시다.

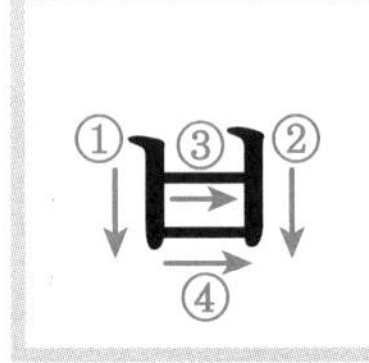

낱자의 소리를 알아봅시다.

ㅈ의 소리를 알아봅시다.

1. ㅈ 이것은 '지읒'입니다. ㅈ은 무슨 소리가 나나요? '즈' 소리([ㅈ])가 납니다.

2. 그림을 보면서 ㅈ 소리를 연습해 봅시다.

[ㅈ] 자두

3. 낱자의 소리를 말하면서 표시된 순서에 따라 써 봅시다.

낱자의 소리를 알아봅시다.

 ㅏ의 소리를 알아봅시다.

1. ㅏ 이것은 '아'입니다. ㅏ는 무슨 소리가 나나요? '아' 소리([ㅏ])가 납니다.

2. 그림을 보면서 ㅏ 소리를 연습해 봅시다.

[ㅏ] 아기

3. 낱자의 소리를 말하면서 표시된 순서에 따라 써 봅시다.

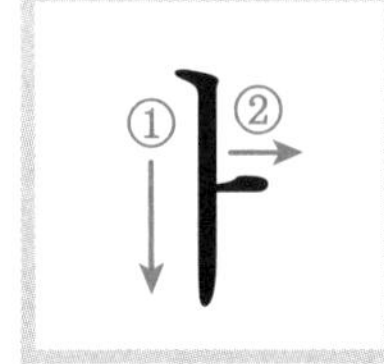

낱자의 소리를 알아봅시다.

 ㅣ의 소리를 알아봅시다.

1. ㅣ 이것은 '이'입니다. ㅣ는 무슨 소리가 나나요? '이' 소리([ㅣ])가 납니다.

2. 그림을 보면서 ㅣ 소리를 연습해 봅시다.

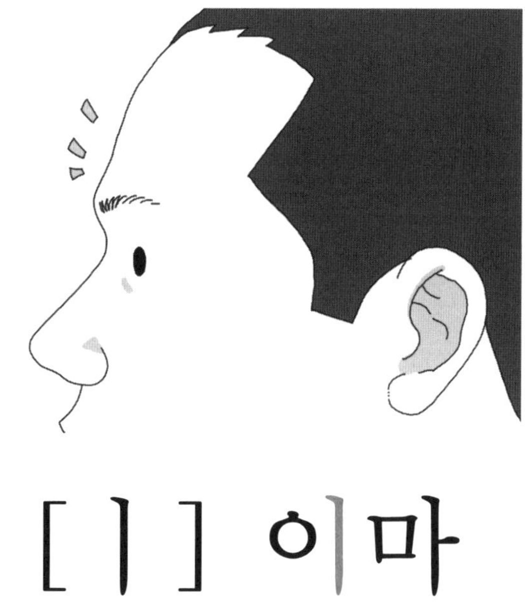

[ㅣ] 이마

3. 낱자의 소리를 말하면서 표시된 순서에 따라 써 봅시다.

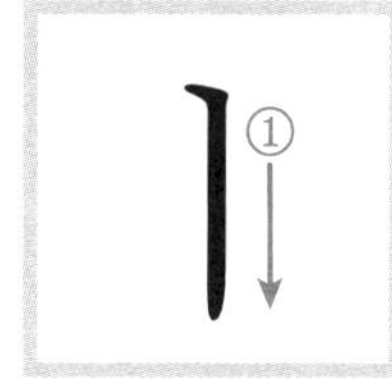

글자를 만들어 봅시다.

 [ㅂ]와 [ㅏ]를 합치면 무슨 글자가 될까요?

1. 용수철을 사용하여 소리를 합쳐 봅시다.

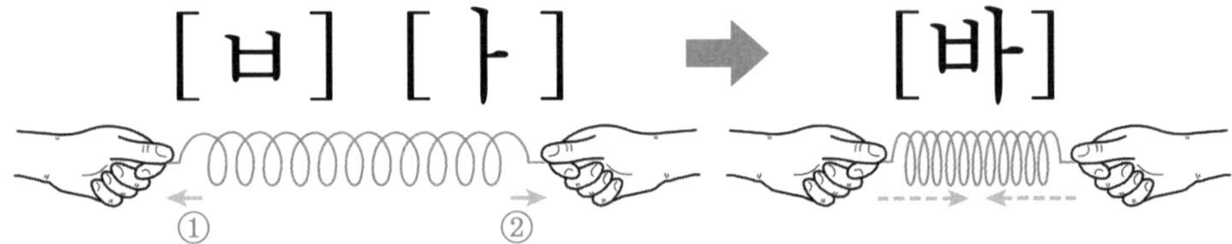

2. 다음 그림처럼 낱자 카드(✂ 〈부록 3쪽〉)를 사용하여 소리를 합쳐 봅시다.

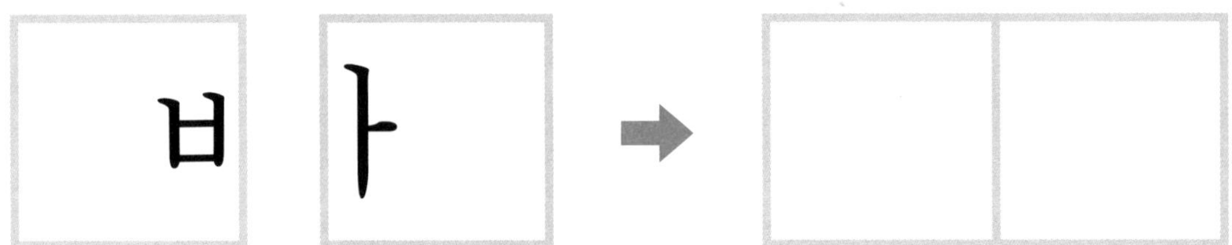

[ㅈ]와 [ㅏ]를 합치면 무슨 글자가 될까요?

1. 용수철을 사용하여 소리를 합쳐 봅시다.

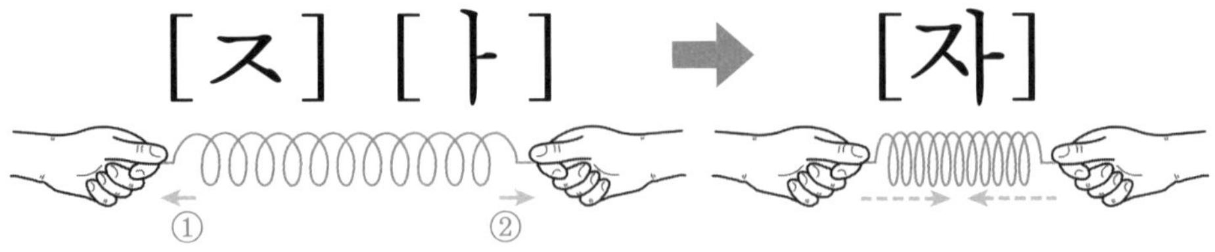

2. 다음 그림처럼 낱자 카드(✂ 〈부록 3쪽〉)를 사용하여 소리를 합쳐 봅시다.

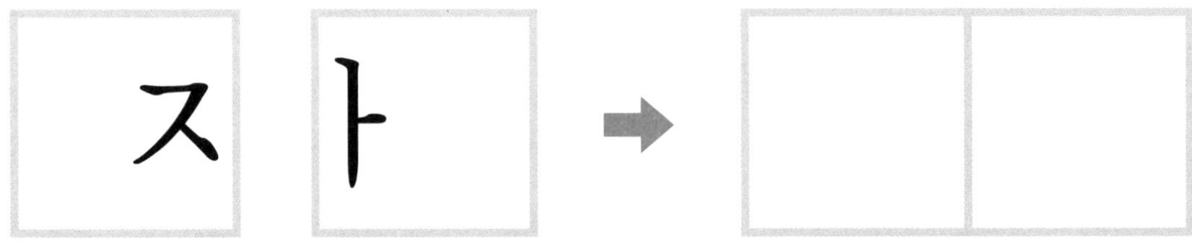

글자를 만들어 봅시다.

[ㅂ]와 [ㅣ]를 합치면 무슨 글자가 될까요?

1. 용수철을 사용하여 소리를 합쳐 봅시다.

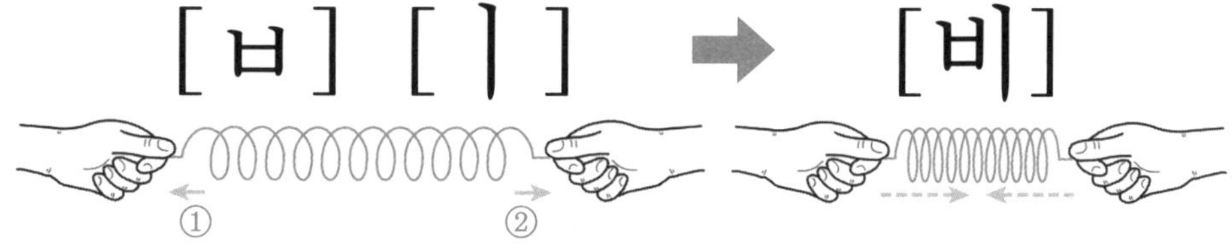

2. 다음 그림처럼 낱자 카드(✄ 〈부록 3쪽〉)를 사용하여 소리를 합쳐 봅시다.

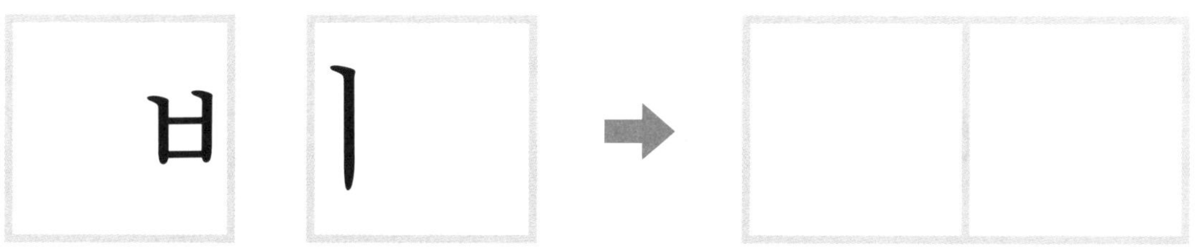

[ㅈ]와 [ㅣ]를 합치면 무슨 글자가 될까요?

1. 용수철을 사용하여 소리를 합쳐 봅시다.

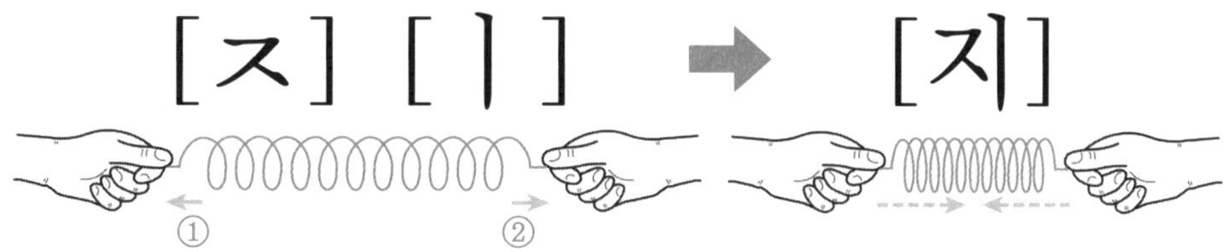

2. 다음 그림처럼 낱자 카드(✄ 〈부록 3쪽〉)를 사용하여 소리를 합쳐 봅시다.

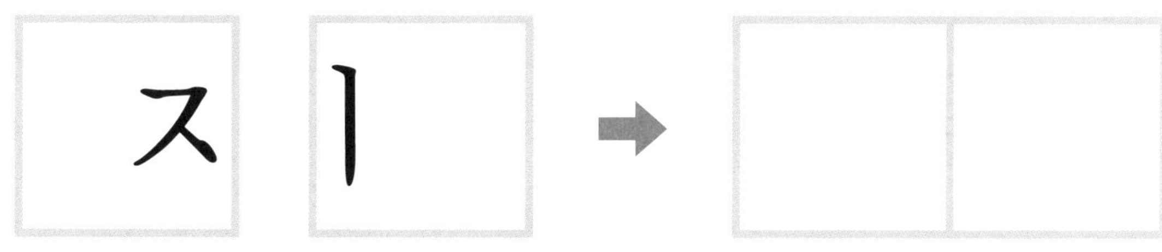

네모 칸에 있는 낱자를 각각 발음해 봅시다. 그다음, 낱자를 합쳐서 글자를 만들어 읽고 써 봅시다.

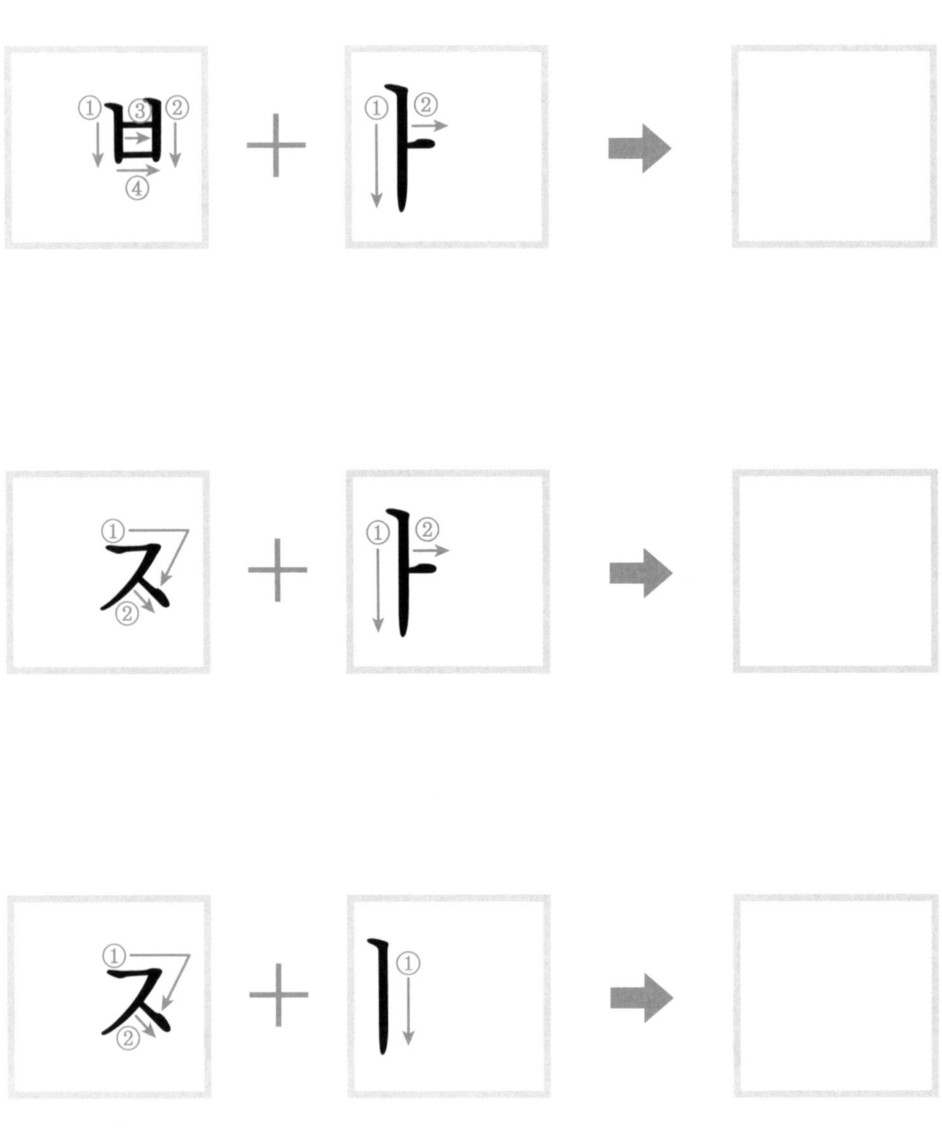

각 글자에 ○를 치면서 읽어 봅시다. 그다음, ○를 친 글자를 가림판으로 가리고 외워서 쓴 후, 맞게 썼는지 확인해 봅시다. 그리고 각 글자를 두 번 더 반복하여 써 봅시다.

글자에 ○를 치면서 읽기	기억하여 쓰기	반복 쓰기	반복 쓰기
바			
자			
비			
지			

다음의 글자를 각각 발음해 봅시다. 그다음, 글자를 합쳐서 단어를 만들어 쓰고 읽어 봅시다.

- 바 + 지 →
- 바 + 다 →
- 비 + 누 →
- 바 + 로 →
- 가 + 지 →
- 자 + 루 →
- 바 + 가 + 지 →
- 도 + 라 + 지 →
- 바 + 르 + 다 →
- 지 + 우 + 다 →

〈보기〉의 단어를 소리 내어 읽어 봅시다. 그다음, 각 문장에 알맞은 단어를 〈보기〉에서 찾아 써 봅시다.

● 보기 ●

바로, 자루, 도라지, 바르다, 바지, 바다, 비누, 가지, 바가지, 지우다

1. 모기 물린 데 약을 [ ][ ][ ].
2. 틀린 글자를 지우개로 [ ][ ][ ].
3. 콩을 [ ][ ]에 가득 채우다.
4. [ ][ ]로 가족 여행을 떠났다.
5. 얼굴이 더러워 [ ][ ]로 씻었다.
6. [ ][ ]에 사과가 주렁주렁 열렸다.
7. 바닷가에서 조개를 한 [ ][ ][ ] 주웠다.
8. 자를 대고 선을 [ ][ ] 그었다.
9. 나는 셔츠와 [ ][ ]를 입었다.
10. 고사리, [ ][ ][ ], 시금치나물을 먹었다.

다음 단어를 소리 내어 읽고 써 봅시다.

넣다

씻었다

다음 문장을 소리 내어 읽고 써 봅시다.

○ 장난감을 **자루**에 **넣다.**

장난감을 ______ 에 ______ .

○ 얼굴이 더러워 **비누**로 **씻었다.**

얼굴이 더러워 ______ 로 ______ .

그림을 보고, 알맞은 단어를 써 보세요.

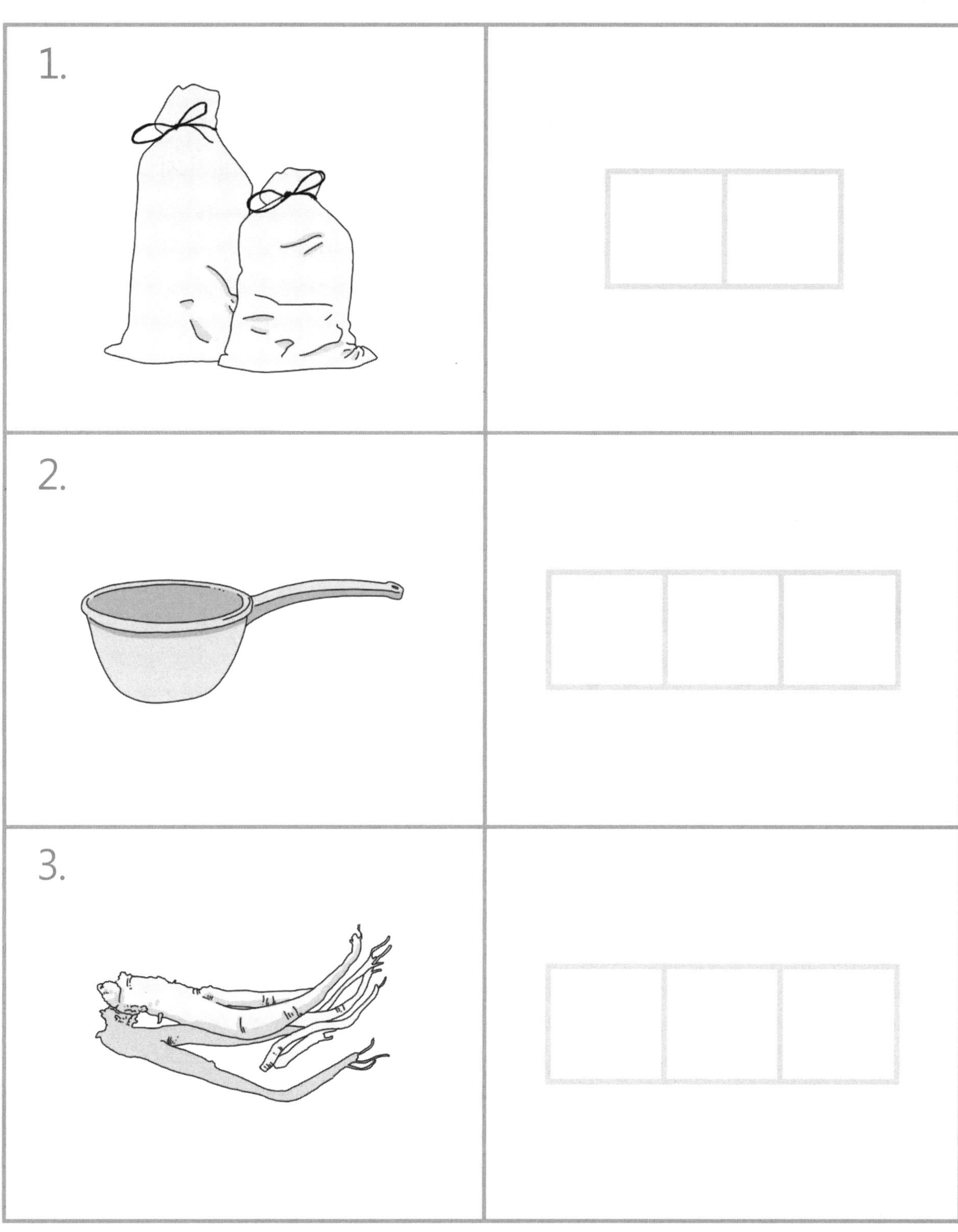

〈보기〉의 단어들을 같은 낱자로 시작되는 단어끼리 단어 카드(✂ 〈부록 9쪽〉)를 사용하여 붙여 봅시다. 그다음, 같은 낱자로 시작되는 단어끼리 소리 내어 읽어 봅시다.

● 보기 ●

바로, 자루, 도라지, 바르다, 바지, 바다, 비누, 가지, 바가지, 지우다

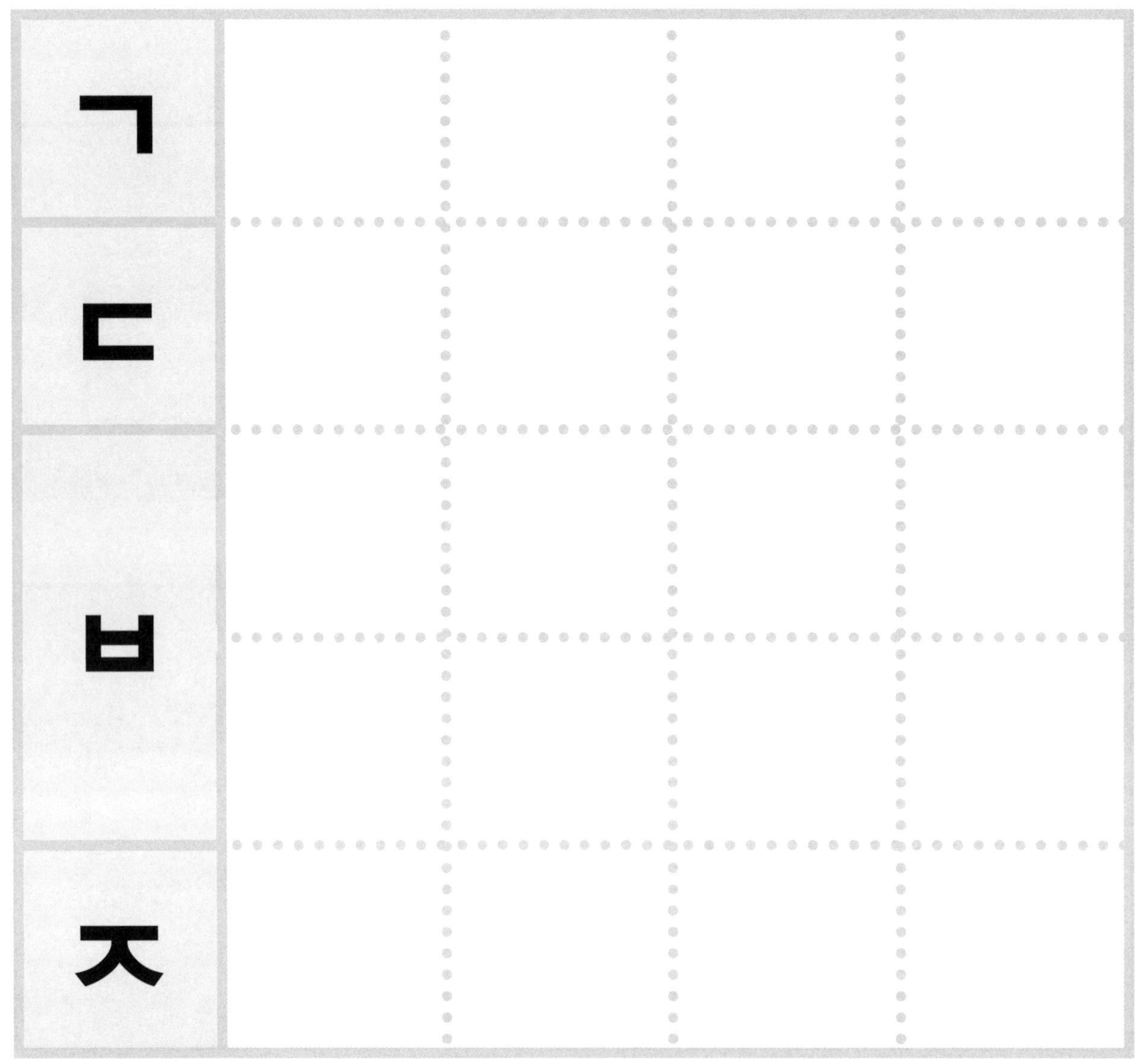

"선생님이 불러 주는 단어를 받아 적는 문제입니다. 잘 듣고, 답안지에 단어를 받아 적어 보세요."

(정답지 p. 337에 평가 문항 제시)

번호	단어
1	
2	
3	
4	
5	
6	
7	
8	

10차시 자음 ㅂ, ㅅ 모음 ㅓ, ㅡ: 버 스

자음 ㅂ, ㅅ과 모음 ㅓ, ㅡ로 이루어진 단어를 정확하게 읽고 쓸 수 있다.

“선생님이 불러 주는 단어를 받아 적는 문제입니다. 잘 듣고, 답안지에 단어를 받아 적어 보세요.”

(정답지 p. 337에 평가 문항 제시)

번호	단어
1	
2	
3	
4	
5	
6	
7	
8	

수업

제목을 살펴봅시다. 제목에서 각 낱자에 ○를 쳐 봅시다.

버 스

낱자의 소리를 알아봅시다.

ㅂ의 소리를 알아봅시다.

1. ㅂ 이것은 '비읍'입니다. ㅂ은 무슨 소리가 나나요? '브' 소리([ㅂ])가 납니다.

10 차시

2. 그림을 보면서 ㅂ 소리를 연습해 봅시다.

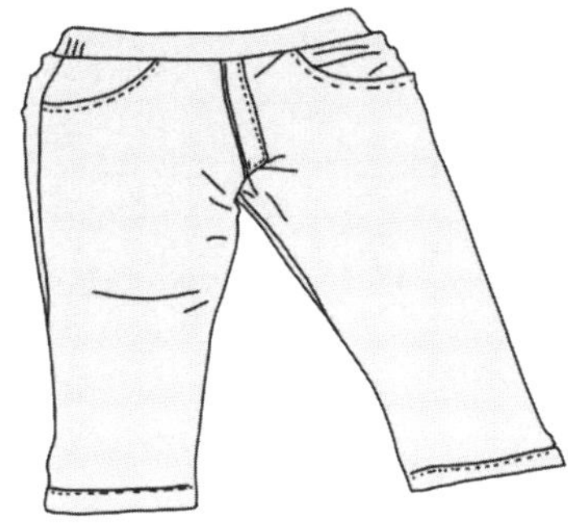

[ㅂ] 바지

3. 낱자의 소리를 말하면서 표시된 순서에 따라 써 봅시다.

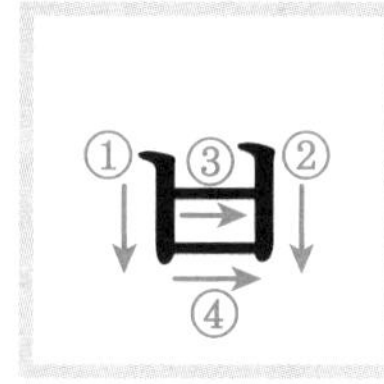

낱자의 소리를 알아봅시다.

 ㅅ의 소리를 알아봅시다.

1. ㅅ 이것은 '시옷'입니다. ㅅ은 무슨 소리가 나나요? '스' 소리([ㅅ])가 납니다.

2. 그림을 보면서 ㅅ 소리를 연습해 봅시다.

[ㅅ] 스키

3. 낱자의 소리를 말하면서 표시된 순서에 따라 써 봅시다.

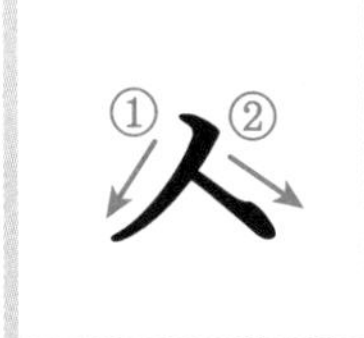

낱자의 소리를 알아봅시다.

ㅓ의 소리를 알아봅시다.

1. ㅓ 이것은 '어'입니다. ㅓ는 무슨 소리가 나나요? '어' 소리([ㅓ])가 납니다.

2. 그림을 보면서 ㅓ 소리를 연습해 봅시다.

[ㅓ] 어머니

3. 낱자의 소리를 말하면서 표시된 순서에 따라 써 봅시다.

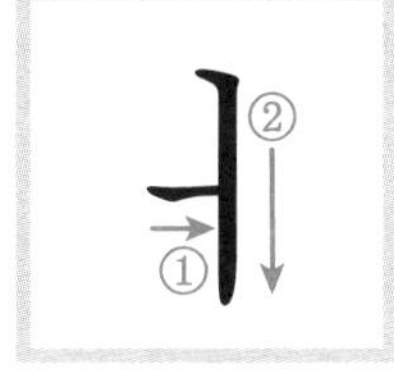

낱자의 소리를 알아봅시다.

ㅡ의 소리를 알아봅시다.

1. ㅡ 이것은 '으'입니다. ㅡ는 무슨 소리가 나나요? '으' 소리([ㅡ])가 납니다.

2. 그림을 보면서 ㅡ 소리를 연습해 봅시다.

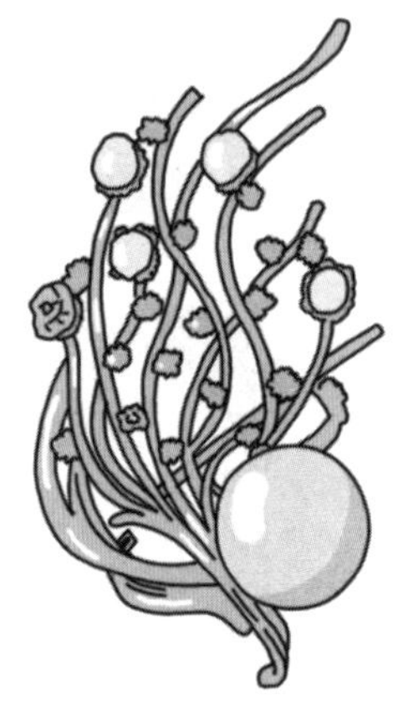

[ㅡ] 브로치

3. 낱자의 소리를 말하면서 표시된 순서에 따라 써 봅시다.

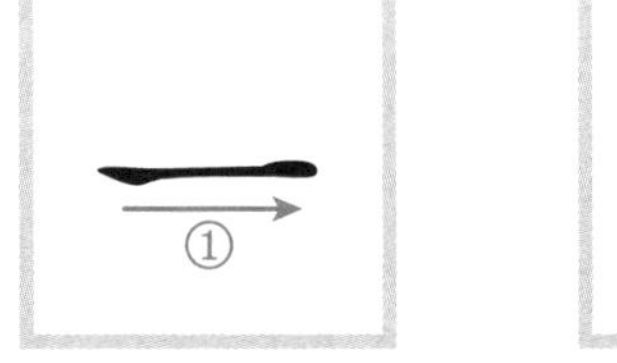

글자를 만들어 봅시다.

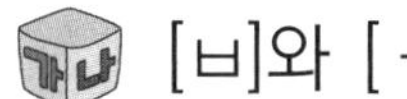

[ㅂ]와 [ㅓ]를 합치면 무슨 글자가 될까요?

1. 용수철을 사용하여 소리를 합쳐 봅시다.

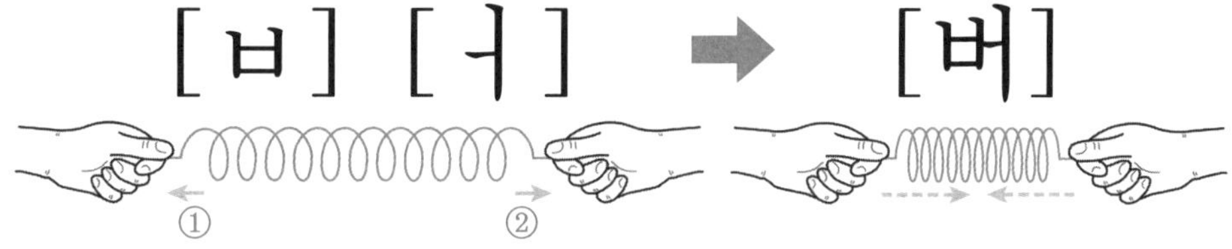

2. 다음 그림처럼 낱자 카드(✂ 〈부록 4쪽〉)를 사용하여 소리를 합쳐 봅시다.

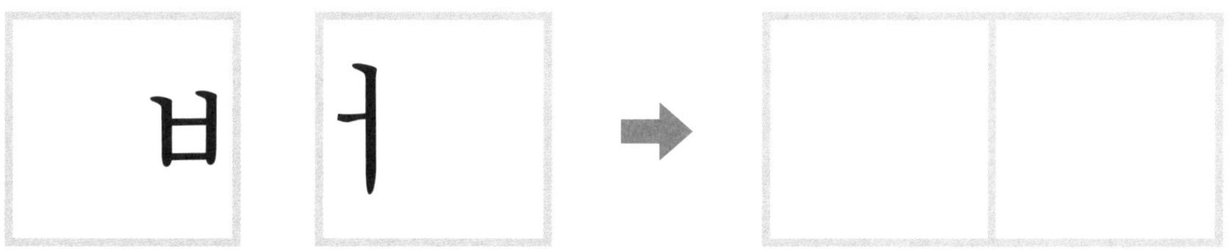

[ㅅ]와 [ㅓ]를 합치면 무슨 글자가 될까요?

1. 용수철을 사용하여 소리를 합쳐 봅시다.

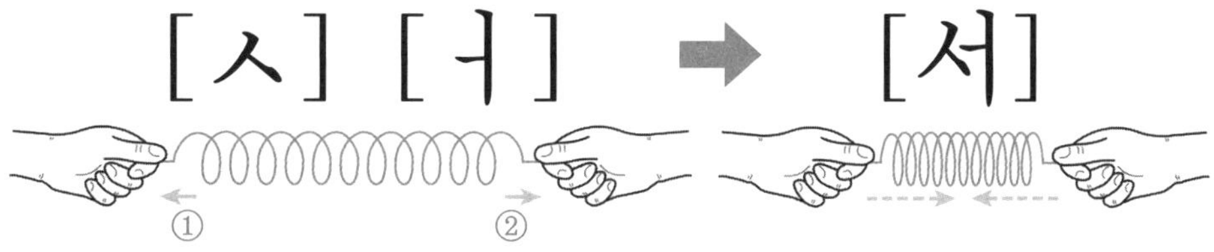

2. 다음 그림처럼 낱자 카드(✂ 〈부록 4쪽〉)를 사용하여 소리를 합쳐 봅시다.

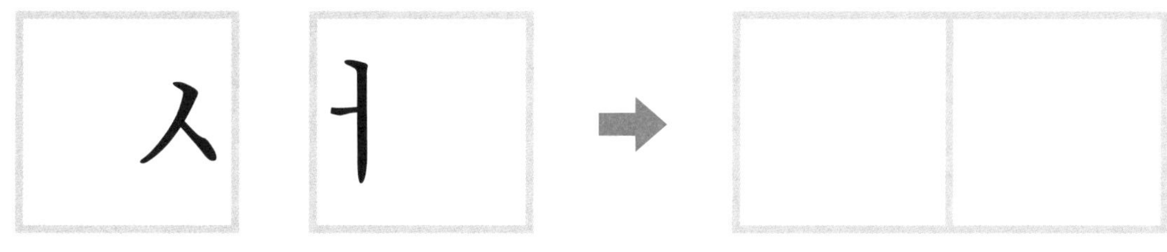

글자를 만들어 봅시다.

 [ㅂ]와 [ㅡ]를 합치면 무슨 글자가 될까요?

1. 용수철을 사용하여 소리를 합쳐 봅시다.

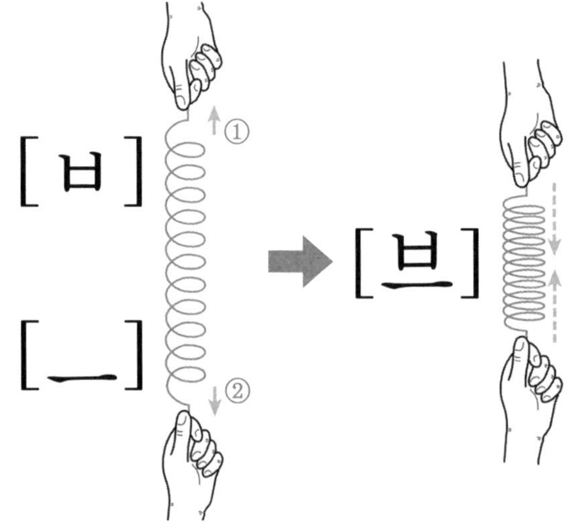

2. 다음 그림처럼 낱자 카드(✄ 〈부록 4쪽〉)를 사용하여 소리를 합쳐 봅시다.

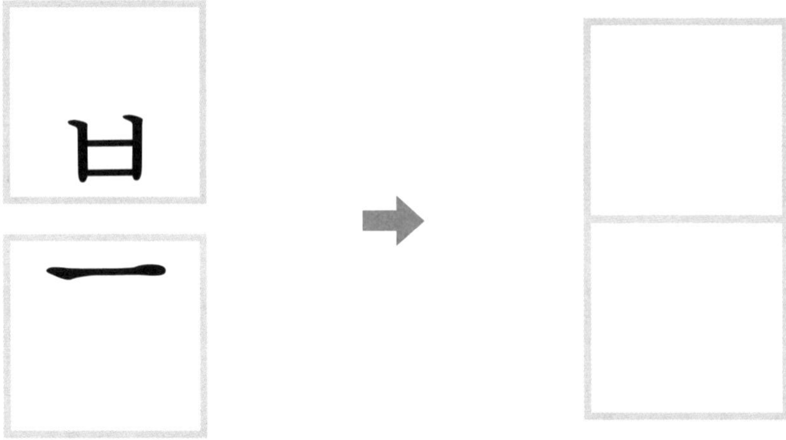

글자를 만들어 봅시다.

[ㅅ]와 [ㅡ]를 합치면 무슨 글자가 될까요?

1. 용수철을 사용하여 소리를 합쳐 봅시다.

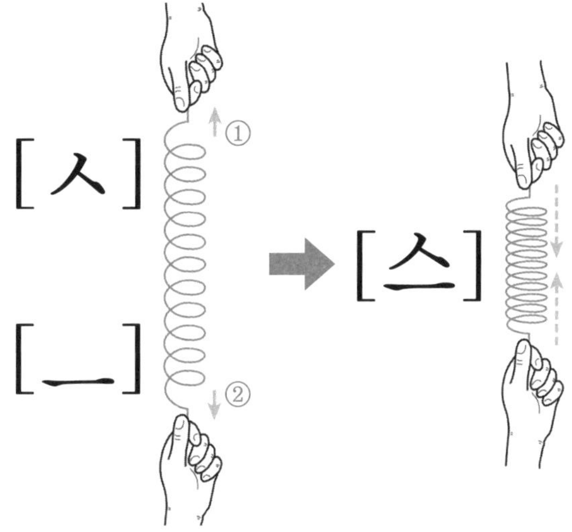

10 차시

2. 다음 그림처럼 낱자 카드(✄ 〈부록 4쪽〉)를 사용하여 소리를 합쳐 봅시다.

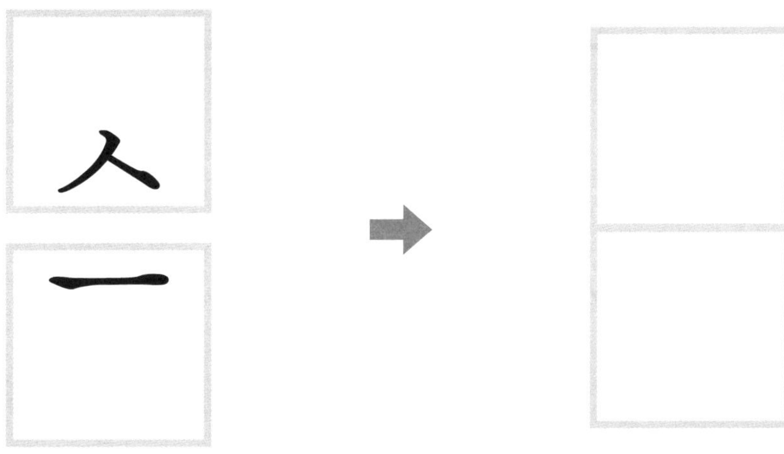

네모 칸에 있는 낱자를 각각 발음해 봅시다. 그다음, 낱자를 합쳐서 글자를 만들어 읽고 써 봅시다.

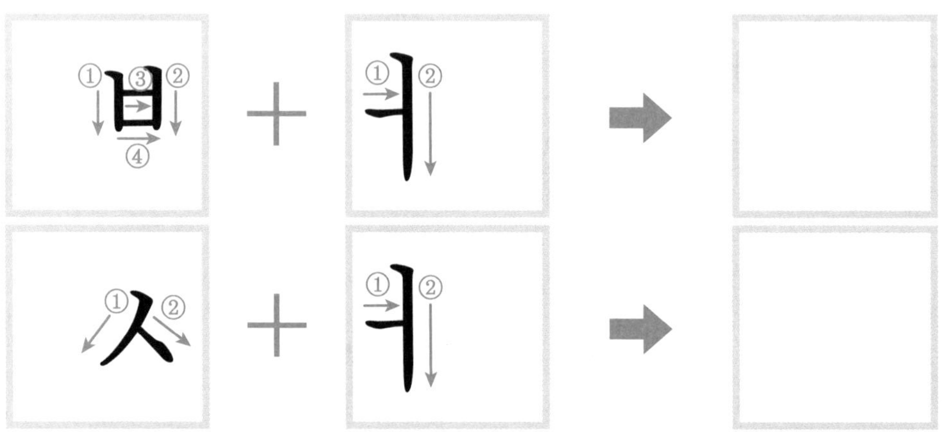

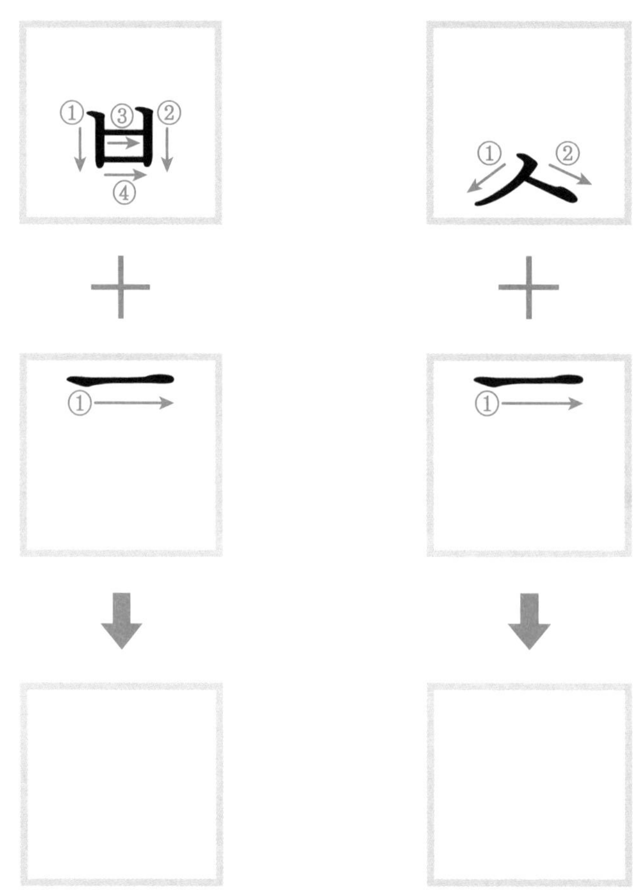

각 글자에 ○를 치면서 읽어 봅시다. 그다음, ○를 친 글자를 가림판으로 가리고 외워서 쓴 후, 맞게 썼는지 확인해 봅시다. 그리고 각 글자를 두 번 더 반복하여 써 봅시다.

글자에 ○를 치면서 읽기	기억하여 쓰기	반복 쓰기	반복 쓰기
버			
서			
스			
브			

다음의 글자를 각각 발음해 봅시다. 그다음, 글자를 합쳐서 단어를 만들어 쓰고 읽어 봅시다.

- 버 + 스 →
- 가 + 스 →
- 서 + 다 →
- 서 + 로 →
- 스 + 무 →
- 버 + 리 + 다 →
- 비 + 디 + 오 →
- 스 + 스 + 로 →
- 마 + 우 + 스 →
- 보 + 너 + 스 →

〈보기〉의 단어를 소리 내어 읽어 봅시다. 그다음, 각 문장에 알맞은 단어를 〈보기〉에서 찾아 써 봅시다.

● 보기 ●

보너스, 서다, 스무, 가스, 버리다, 버스, 서로, 스스로, 마우스, 비디오

1. 나는 뮤직 [ ][ ][ ] 보기를 좋아한다.
2. 쓰레기를 [ ][ ][ ] .
3. 나는 [ ][ ][ ] 일어나서 세수를 한다.
4. 소화가 안 돼서 배에 [ ][ ] 가 찼다.
5. 급식을 받기 위해 한 줄로 [ ][ ] .
6. 컴퓨터 [ ][ ][ ] 가 없어졌다.
7. 우리 누나는 [ ][ ] 살이다.
8. 나는 학교에 갈 때 [ ][ ] 를 탄다.
9. 우리는 [ ][ ] 도와 가며 공부했다.
10. 응원을 열심히 해서 [ ][ ][ ] 점수를 받았다.

다음 단어를 소리 내어 읽고 써 봅시다.

없어졌다

좋아한다

다음 문장을 소리 내어 읽고 써 봅시다.

○ 컴퓨터 마우스가 없어졌다.

컴퓨터 가 .

○ 나는 뮤직 비디오 보기를 좋아한다.

나는 뮤직 보기를 .

그림을 보고, 알맞은 단어를 써 보세요.

1.

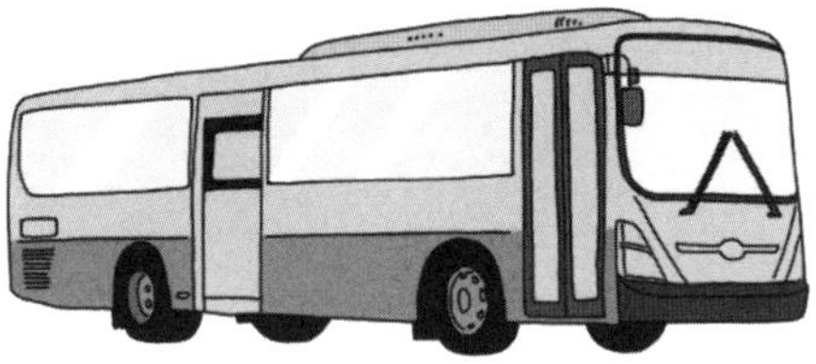

2.

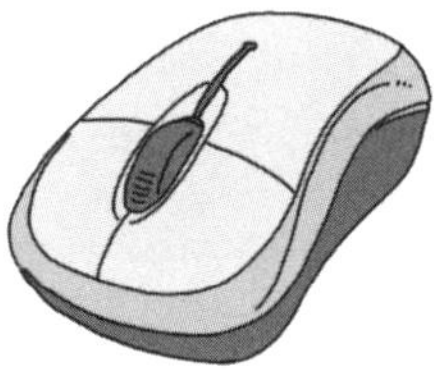

3.

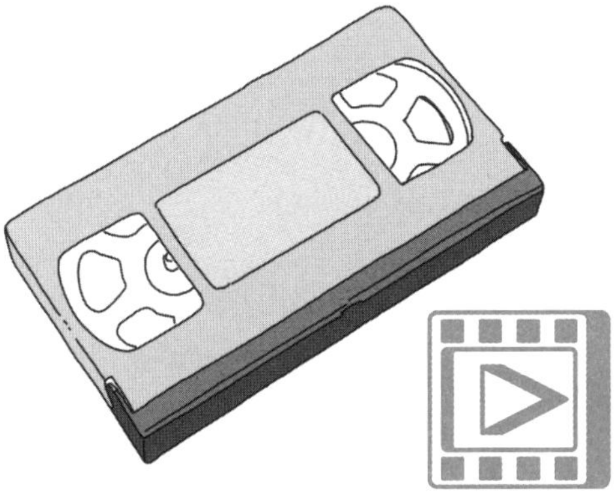

〈보기〉의 단어들을 같은 낱자로 시작되는 단어끼리 단어 카드(✂ 〈부록 9쪽〉)를 사용하여 붙여 봅시다. 그다음, 같은 낱자로 시작되는 단어끼리 소리 내어 읽어 봅시다.

● 보기 ●

보너스, 서다, 스무, 가스, 버리다, 버스, 서로, 스스로, 마우스, 비디오

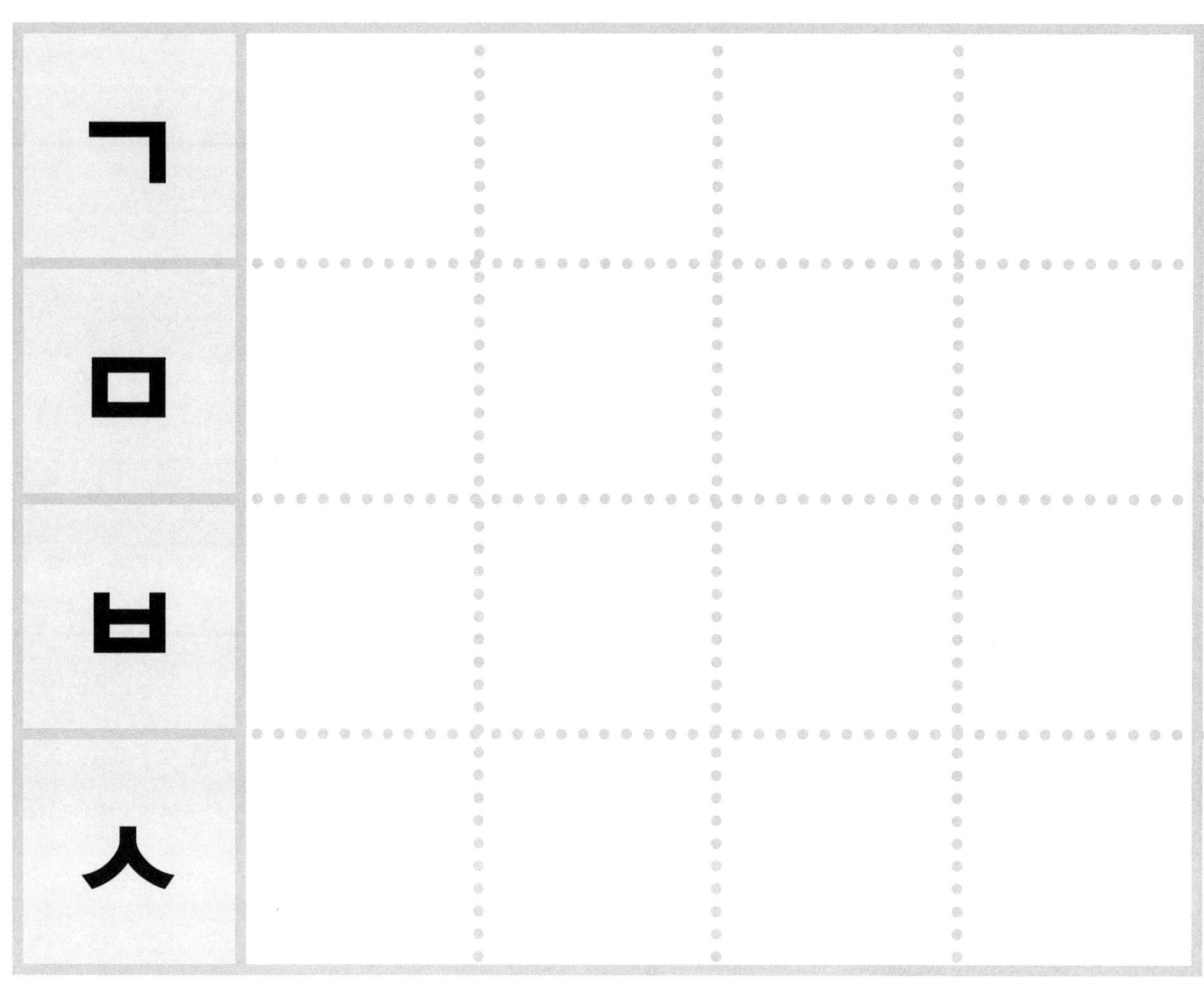

ㄱ				
ㅁ				
ㅂ				
ㅅ				

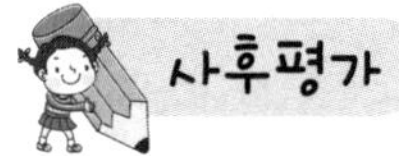

"선생님이 불러 주는 단어를 받아 적는 문제입니다. 잘 듣고, 답안지에 단어를 받아 적어 보세요."

(정답지 p. 338에 평가 문항 제시)

번호	단어
1	
2	
3	
4	
5	
6	
7	
8	

11차시 자음 ㅅ, ㄹ 모음 ㅗ, ㅏ : 소 라

자음 ㅅ, ㄹ과 모음 ㅗ, ㅏ로 이루어진 단어를 정확하게 읽고 쓸 수 있다.

"선생님이 불러 주는 단어를 받아 적는 문제입니다. 잘 듣고, 답안지에 단어를 받아 적어 보세요."

(정답지 p. 338에 평가 문항 제시)

번호	단어
1	
2	
3	
4	
5	
6	
7	
8	

수업

제목을 살펴봅시다. 제목에서 각 낱자에 ○를 쳐 봅시다.

소 라

낱자의 소리를 알아봅시다.

ㅅ의 소리를 알아봅시다.

1. ㅅ 이것은 '시옷'입니다. ㅅ은 무슨 소리가 나나요? '스' 소리([ㅅ])가 납니다.

2. 그림을 보면서 ㅅ 소리를 연습해 봅시다.

[ㅅ] 스키

3. 낱자의 소리를 말하면서 표시된 순서에 따라 써 봅시다.

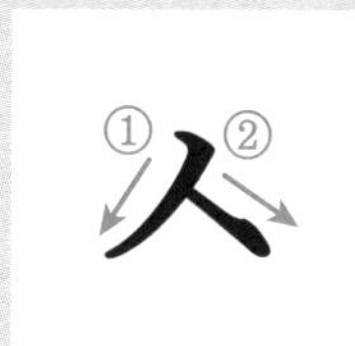

낱자의 소리를 알아봅시다.

 ㄹ의 소리를 알아봅시다.

1. ㄹ 이것은 '리을'입니다. ㄹ은 무슨 소리가 나나요? '르' 소리([ㄹ])가 납니다.

2. 그림을 보면서 ㄹ 소리를 연습해 봅시다.

[ㄹ] 로봇

3. 낱자의 소리를 말하면서 표시된 순서에 따라 써 봅시다.

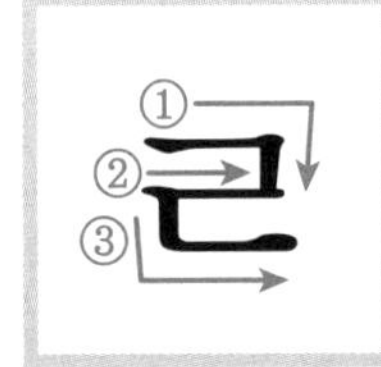

낱자의 소리를 알아봅시다.

 ㅗ의 소리를 알아봅시다.

1. ㅗ 이것은 '오'입니다. ㅗ는 무슨 소리가 나나요? '오' 소리([ㅗ])가 납니다.

2. 그림을 보면서 ㅗ 소리를 연습해 봅시다.

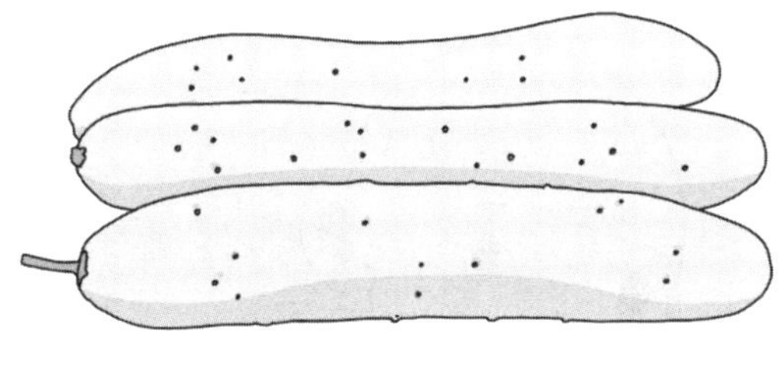

[ㅗ] 오이

3. 낱자의 소리를 말하면서 표시된 순서에 따라 써 봅시다.

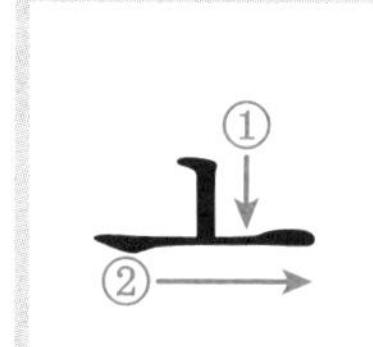

낱자의 소리를 알아봅시다.

 ㅏ의 소리를 알아봅시다.

1. ㅏ 이것은 '아'입니다. ㅏ는 무슨 소리가 나나요? '아' 소리([ㅏ])가 납니다.

2. 그림을 보면서 ㅏ 소리를 연습해 봅시다.

[ㅏ] 아기

3. 낱자의 소리를 말하면서 표시된 순서에 따라 써 봅시다.

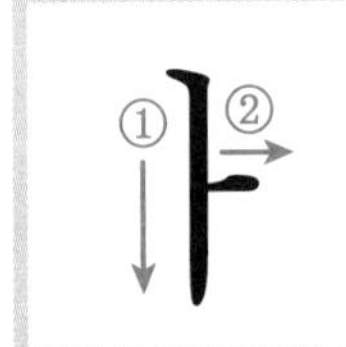

글자를 만들어 봅시다.

 [ㅅ]와 [ㅏ]를 합치면 무슨 글자가 될까요?

1. 용수철을 사용하여 소리를 합쳐 봅시다.

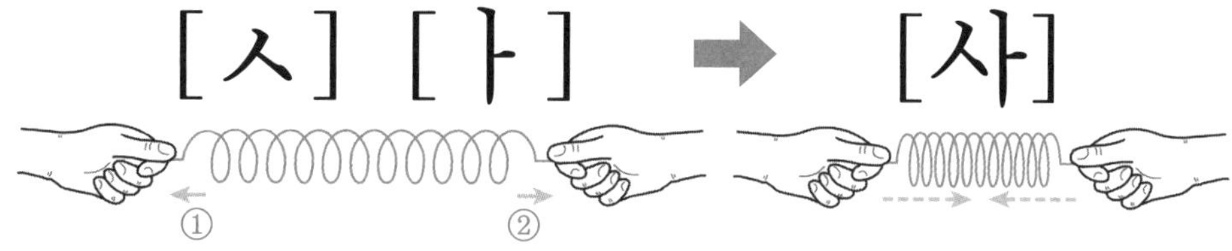

2. 다음 그림처럼 낱자 카드(✂ 〈부록 4쪽〉)를 사용하여 소리를 합쳐 봅시다.

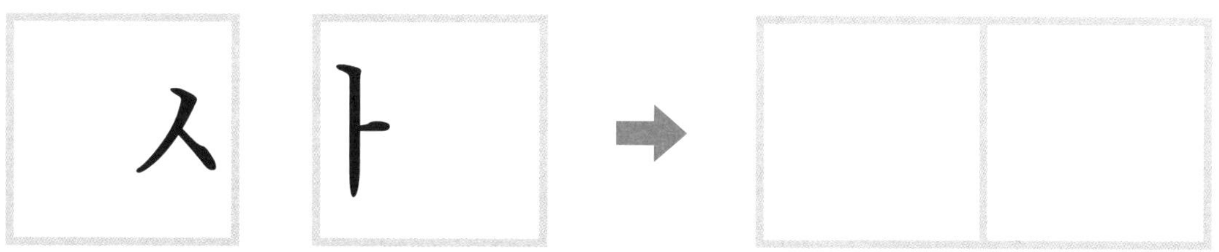

[ㄹ]와 [ㅏ]를 합치면 무슨 글자가 될까요?

1. 용수철을 사용하여 소리를 합쳐 봅시다.

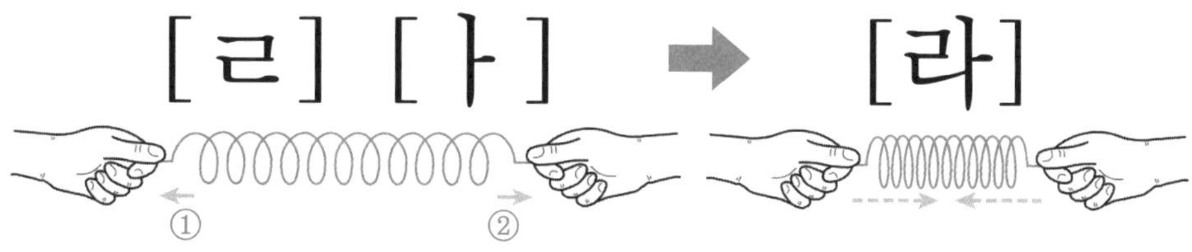

2. 다음 그림처럼 낱자 카드(✂ 〈부록 4쪽〉)를 사용하여 소리를 합쳐 봅시다.

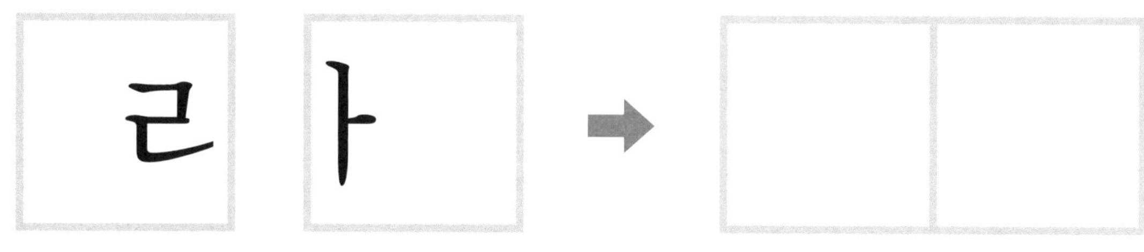

글자를 만들어 봅시다.

 [ㅅ]와 [ㅗ]를 합치면 무슨 글자가 될까요?

1. 용수철을 사용하여 소리를 합쳐 봅시다.

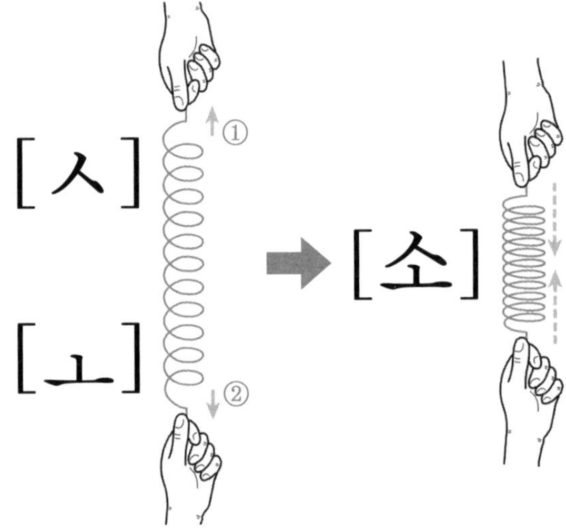

2. 다음 그림처럼 낱자 카드(✂ 〈부록 4쪽〉)를 사용하여 소리를 합쳐 봅시다.

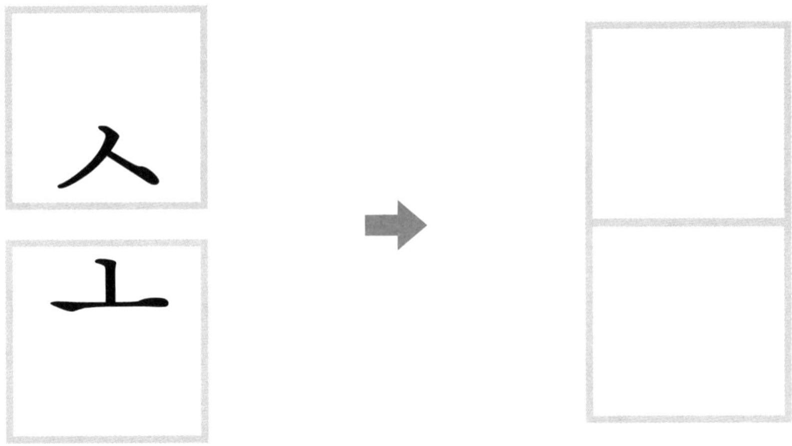

글자를 만들어 봅시다.

[ㄹ]와 [ㅗ]를 합치면 무슨 글자가 될까요?

1. 용수철을 사용하여 소리를 합쳐 봅시다.

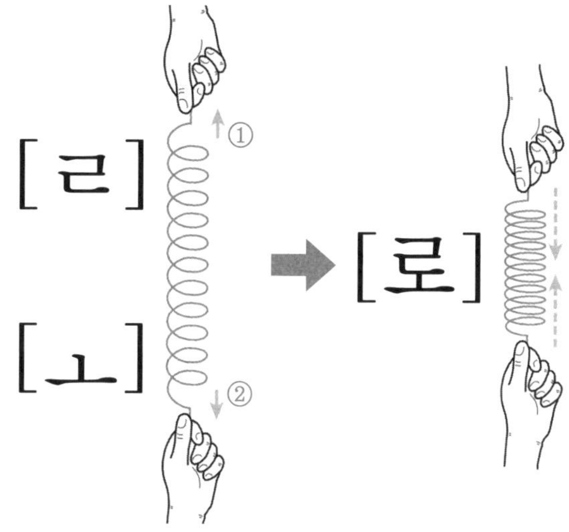

2. 다음 그림처럼 낱자 카드(✂ 〈부록 4쪽〉)를 사용하여 소리를 합쳐 봅시다.

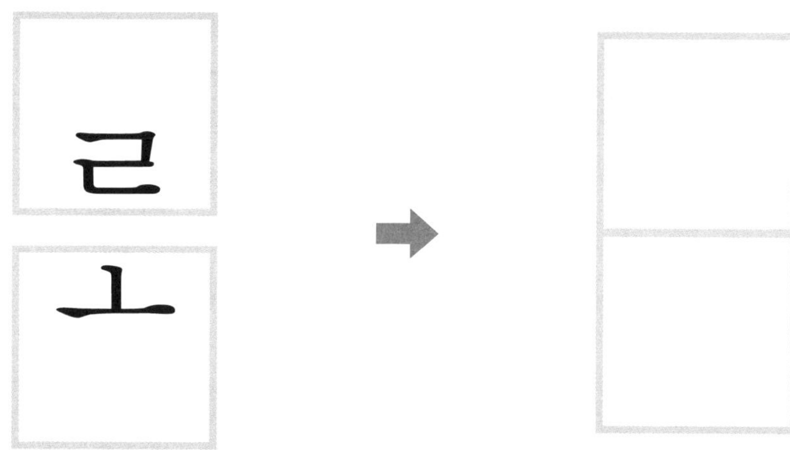

네모 칸에 있는 낱자를 각각 발음해 봅시다. 그다음, 낱자를 합쳐서 글자를 만들어 읽고 써 봅시다.

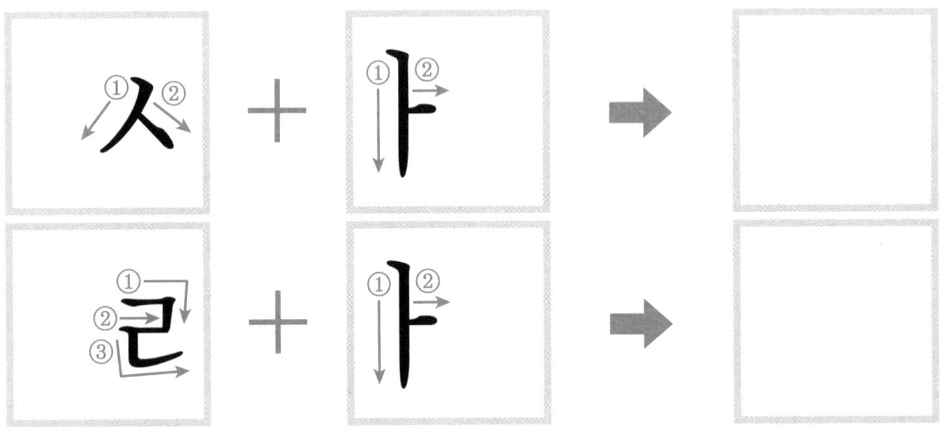

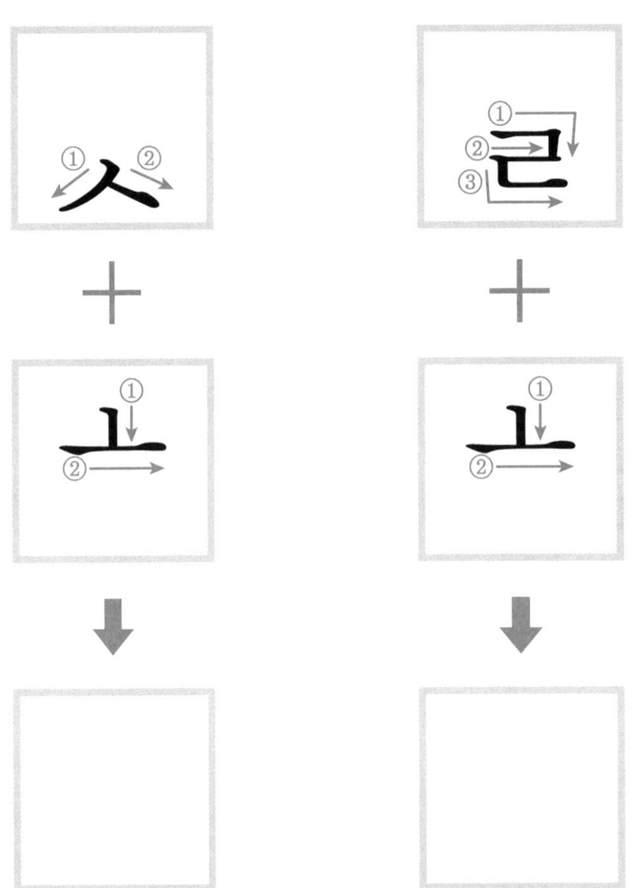

각 글자에 ○를 치면서 읽어 봅시다. 그다음, ○를 친 글자를 가림판으로 가리고 외워서 쓴 후, 맞게 썼는지 확인해 봅시다. 그리고 각 글자를 두 번 더 반복하여 써 봅시다.

글자에 ○를 치면서 읽기	기억하여 쓰기	반복 쓰기	반복 쓰기
소			
사			
라			
로			

다음의 글자를 각각 발음해 봅시다. 그다음, 글자를 합쳐서 단어를 만들어 쓰고 읽어 봅시다.

- 소 + 라 ➡
- 소 + 리 ➡
- 시 + 소 ➡
- 사 + 자 ➡
- 사 + 고 ➡
- 바 + 로 ➡
- 보 + 라 ➡
- 사 + 이 + 다 ➡
- 사 + 다 + 리 ➡
- 소 + 나 + 무 ➡

〈보기〉의 단어를 소리 내어 읽어 봅시다. 그다음, 각 문장에 알맞은 단어를 〈보기〉에서 찾아 써 봅시다.

● 보기 ●

소나무, 바로, 사자, 소라, 사이다, 사다리, 사고, 소리, 보라, 시소

1. 포도는 ☐☐ 색이다.
2. 학교 끝나자마자 ☐☐ 집에 왔다.
3. ☐☐☐ 를 타고 올라왔다.
4. 나는 동생과 함께 놀이터에서 ☐☐ 를 탔다.
5. ☐☐☐ 보다 콜라가 더 좋다.
6. 자동차 ☐☐ 를 당했다.
7. ☐☐ 는 동물의 왕이다.
8. 밖에서 이상한 ☐☐ 가 들린다.
9. 바닷가에서 ☐☐ 를 주워 왔다.
10. ☐☐☐ 는 사계절 내내 푸르다.

다음 단어를 소리 내어 읽고 써 봅시다.

사계절

주워

다음 문장을 소리 내어 읽고 써 봅시다.

○ 소나무는 사계절 내내 푸르다.

□□□는 □□□ 내내 푸르다.

○ 바닷가에서 소라를 주워 왔다.

바닷가에서 □□를 □□ 왔다.

그림을 보고, 알맞은 단어를 써 보세요.

1.	
2.	
3.	

〈보기〉의 단어들을 같은 낱자로 시작되는 단어끼리 단어 카드(✂ 〈부록 9쪽〉)를 사용하여 붙여 봅시다. 그다음, 같은 낱자로 시작되는 단어끼리 소리 내어 읽어 봅시다.

● 보기 ●

소나무, 바로, 사자, 소라, 사이다, 사다리, 사고, 소리, 보라, 시소

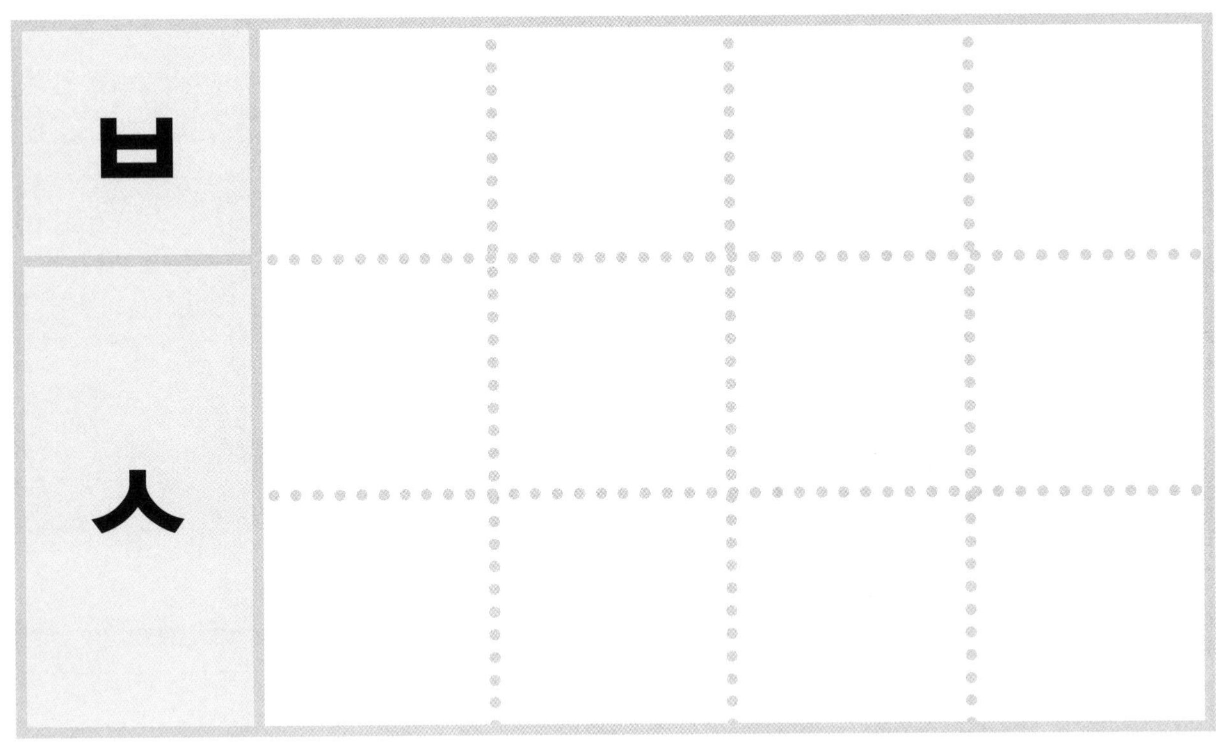

"선생님이 불러 주는 단어를 받아 적는 문제입니다. 잘 듣고, 답안지에 단어를 받아 적어 보세요."

(정답지 p. 338에 평가 문항 제시)

번호	단어
1	
2	
3	
4	
5	
6	
7	
8	

12차시 자음 ㅅ, ㅈ 모음 ㅜ, ㅓ: 수 저

자음 ㅅ, ㅈ과 모음 ㅜ, ㅓ로 이루어진 단어를 정확하게 읽고 쓸 수 있다.

"선생님이 불러 주는 단어를 받아 적는 문제입니다. 잘 듣고, 답안지에 단어를 받아 적어 보세요."

(정답지 p. 339에 평가 문항 제시)

번호	단어
1	
2	
3	
4	
5	
6	
7	
8	

수업

제목을 살펴봅시다. 제목에서 각 낱자에 ○를 쳐 봅시다.

수 저

낱자의 소리를 알아봅시다.

 ㅅ의 소리를 알아봅시다.

1. ㅅ 이것은 '시옷'입니다. ㅅ은 무슨 소리가 나나요? '스' 소리([ㅅ])가 납니다.

2. 그림을 보면서 ㅅ 소리를 연습해 봅시다.

[ㅅ] 스키

3. 낱자의 소리를 말하면서 표시된 순서에 따라 써 봅시다.

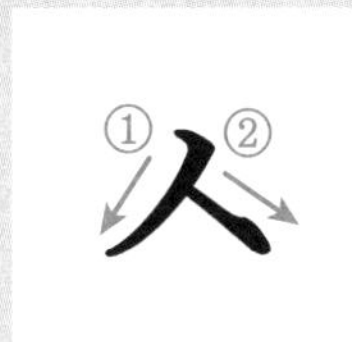

낱자의 소리를 알아봅시다.

 ㅈ의 소리를 알아봅시다.

1. ㅈ 이것은 '지읒'입니다. ㅈ은 무슨 소리가 나나요? '즈' 소리([ㅈ])가 납니다.

2. 그림을 보면서 ㅈ 소리를 연습해 봅시다.

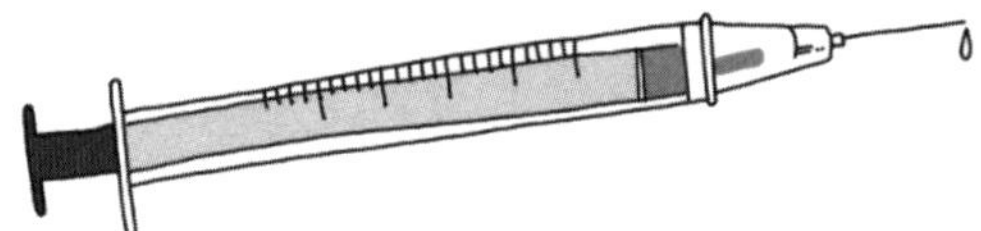

[ㅈ] 주사기

3. 낱자의 소리를 말하면서 표시된 순서에 따라 써 봅시다.

낱자의 소리를 알아봅시다.

 ㅓ의 소리를 알아봅시다.

1. ㅓ 이것은 '어'입니다. ㅓ는 무슨 소리가 나나요? '어' 소리([ㅓ])가 납니다.

2. 그림을 보면서 ㅓ 소리를 연습해 봅시다.

[ㅓ] 어머니

3. 낱자의 소리를 말하면서 표시된 순서에 따라 써 봅시다.

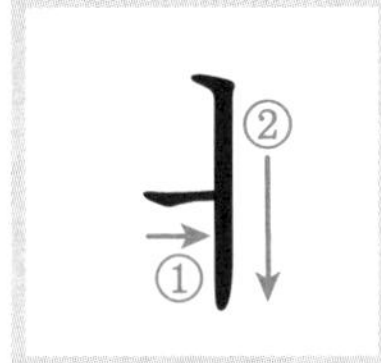

낱자의 소리를 알아봅시다.

 ㅜ의 소리를 알아봅시다.

1. ㅜ 이것은 '우'입니다. ㅜ는 무슨 소리가 나나요? '우' 소리([ㅜ])가 납니다.

2. 그림을 보면서 ㅜ 소리를 연습해 봅시다.

[ㅜ] 우유

3. 낱자의 소리를 말하면서 표시된 순서에 따라 써 봅시다.

글자를 만들어 봅시다.

 [ㅈ]와 [ㅓ]를 합치면 무슨 글자가 될까요?

1. 용수철을 사용하여 소리를 합쳐 봅시다.

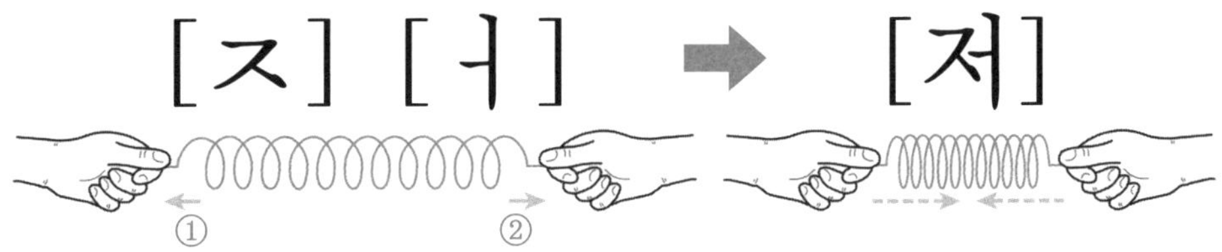

2. 다음 그림처럼 낱자 카드(✂ 〈부록 4쪽〉)를 사용하여 소리를 합쳐 봅시다.

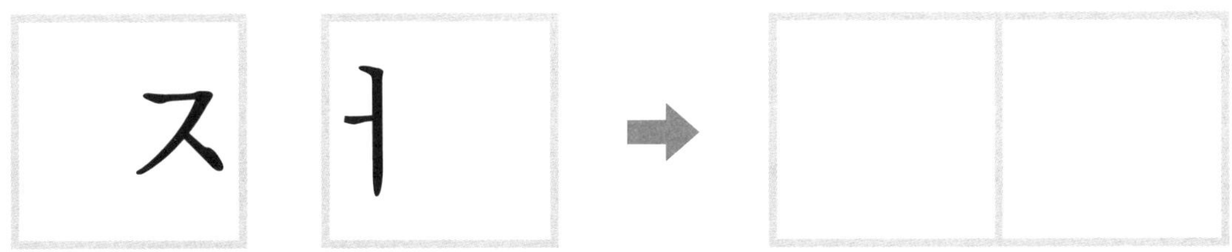

 [ㅅ]와 [ㅓ]를 합치면 무슨 글자가 될까요?

1. 용수철을 사용하여 소리를 합쳐 봅시다.

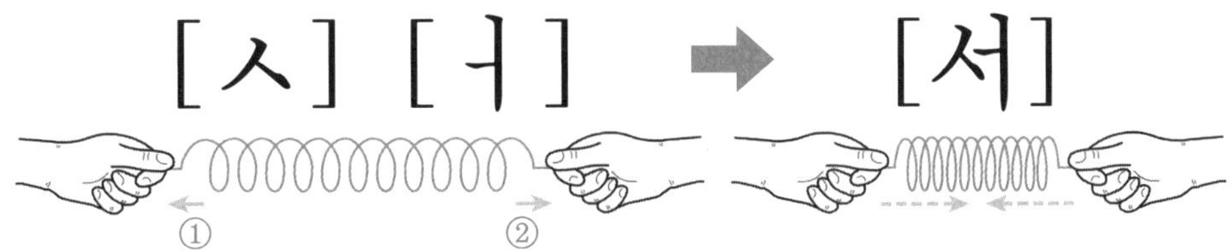

2. 다음 그림처럼 낱자 카드(✂ 〈부록 4쪽〉)를 사용하여 소리를 합쳐 봅시다.

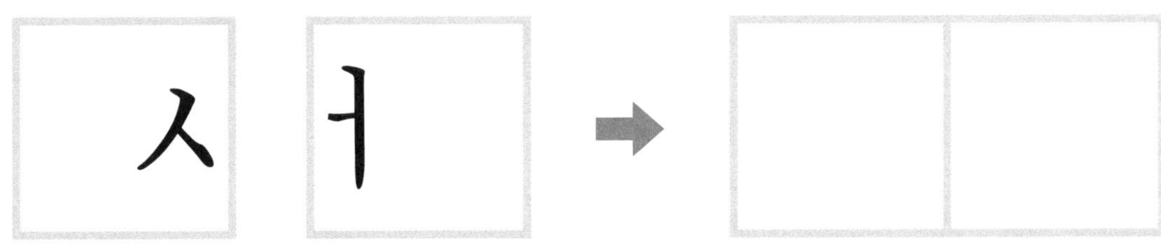

글자를 만들어 봅시다.

 [ㅈ]와 [ㅜ]를 합치면 무슨 글자가 될까요?

1. 용수철을 사용하여 소리를 합쳐 봅시다.

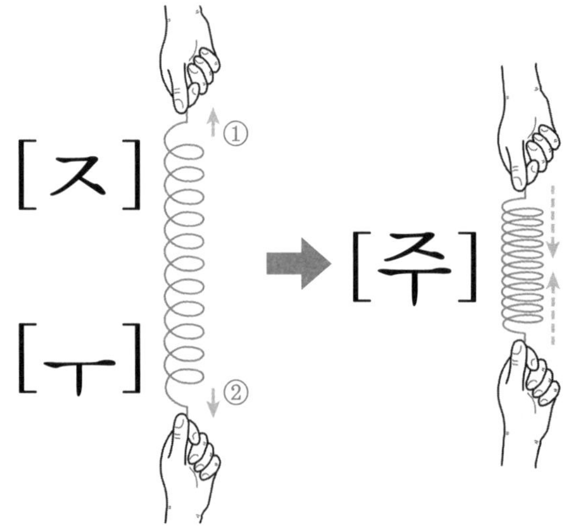

2. 다음 그림처럼 낱자 카드(✂ 〈부록 4쪽〉)를 사용하여 소리를 합쳐 봅시다.

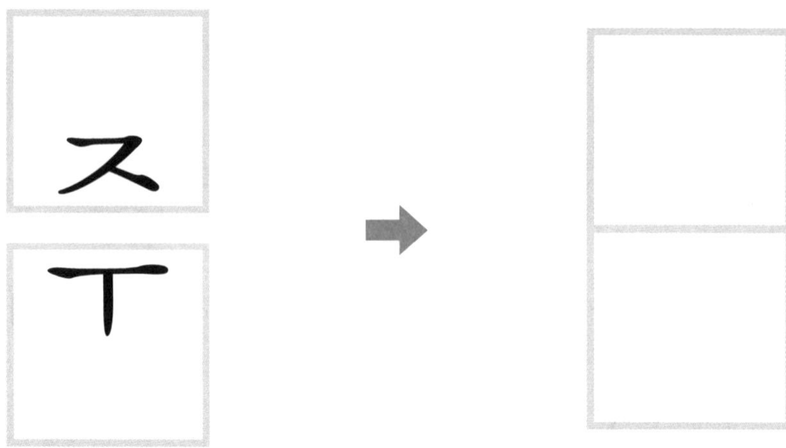

글자를 만들어 봅시다.

 [ㅅ]와 [ㅜ]를 합치면 무슨 글자가 될까요?

1. 용수철을 사용하여 소리를 합쳐 봅시다.

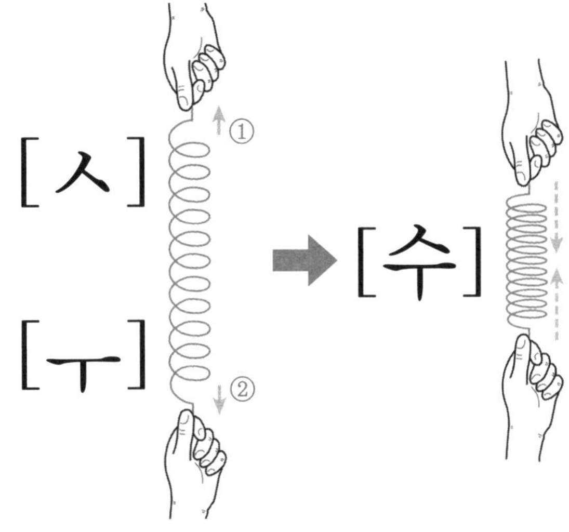

2. 다음 그림처럼 낱자 카드(✂ 〈부록 4쪽〉)를 사용하여 소리를 합쳐 봅시다.

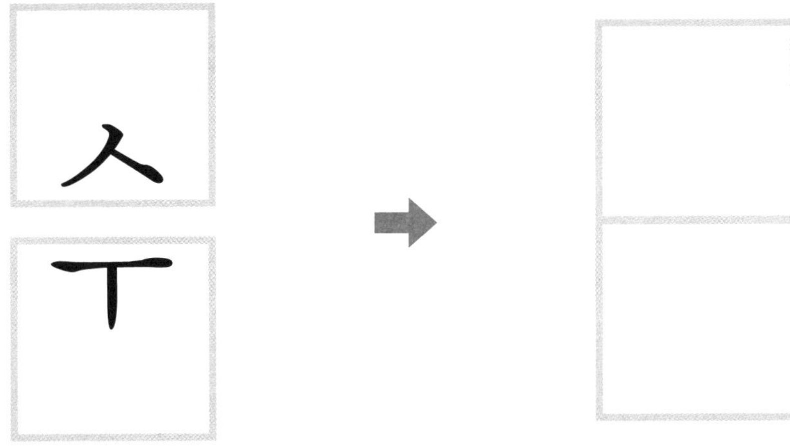

네모 칸에 있는 낱자를 각각 발음해 봅시다. 그다음, 낱자를 합쳐서 글자를 만들어 읽고 써 봅시다.

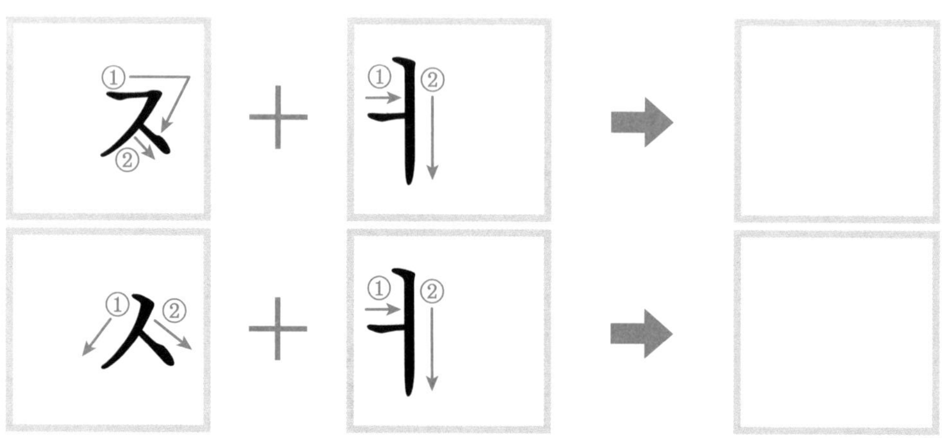

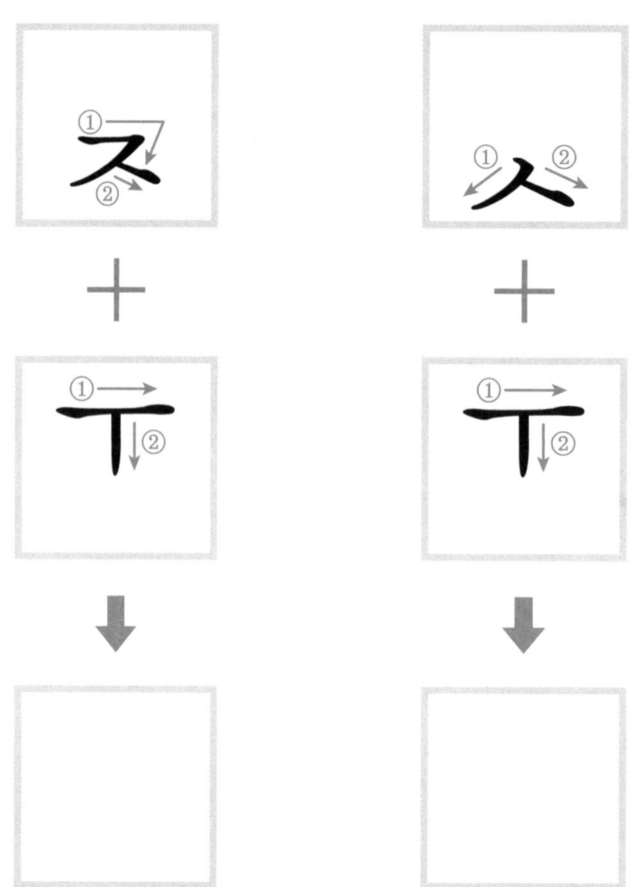

각 글자에 ○를 치면서 읽어 봅시다. 그다음, ○를 친 글자를 가림판으로 가리고 외워서 쓴 후, 맞게 썼는지 확인해 봅시다. 그리고 각 글자를 두 번 더 반복하여 써 봅시다.

글자에 ○를 치면서 읽기	기억하여 쓰기	반복 쓰기	반복 쓰기
수			
저			
주			
서			

다음의 글자를 각각 발음해 봅시다. 그다음, 글자를 합쳐서 단어를 만들어 쓰고 읽어 봅시다.

- 수 + 저 →
- 수 + 도 →
- 저 + 기 →
- 저 + 리 →
- 주 + 다 →
- 주 + 로 →
- 주 + 소 →
- 저 + 고 + 리 →
- 주 + 사 + 기 →
- 주 + 머 + 니 →

〈보기〉의 단어를 소리 내어 읽어 봅시다. 그다음, 각 문장에 알맞은 단어를 〈보기〉에서 찾아 써 봅시다.

● 보기 ●

저리, 수도, 주사기, 저고리, 주로, 수저, 저기, 주다, 주소, 주머니

1. [ ][ ] 로 밥을 먹다.
2. 아버지가 아들에게 용돈을 [ ][ ] .
3. 우리나라의 [ ][ ] 는 서울이다.
4. 우리 집 [ ][ ] 와 전화번호를 적었다.
5. 간호사가 [ ][ ][ ] 로 나의 엉덩이를 찔렀다.
6. 나는 주말에 [ ][ ] 산에 간다.
7. 우리는 여기에 있지만, 선생님은 [ ][ ] 에 계시다.
8. 한복 [ ][ ][ ] 가 작아졌다.
9. 이쪽으로 오지 말고 [ ][ ] 가 있어라.
10. [ ][ ][ ] 에서 지갑을 꺼냈다.

12 차시

다음 단어를 소리 내어 읽고 써 봅시다.

작아졌다

찔렀다

다음 문장을 소리 내어 읽고 써 봅시다.

○ 한복 저고리가 작아졌다.

한복 가 .

○ 주사기로 엉덩이를 찔렀다.

로 엉덩이를 .

그림을 보고, 알맞은 단어를 써 보세요.

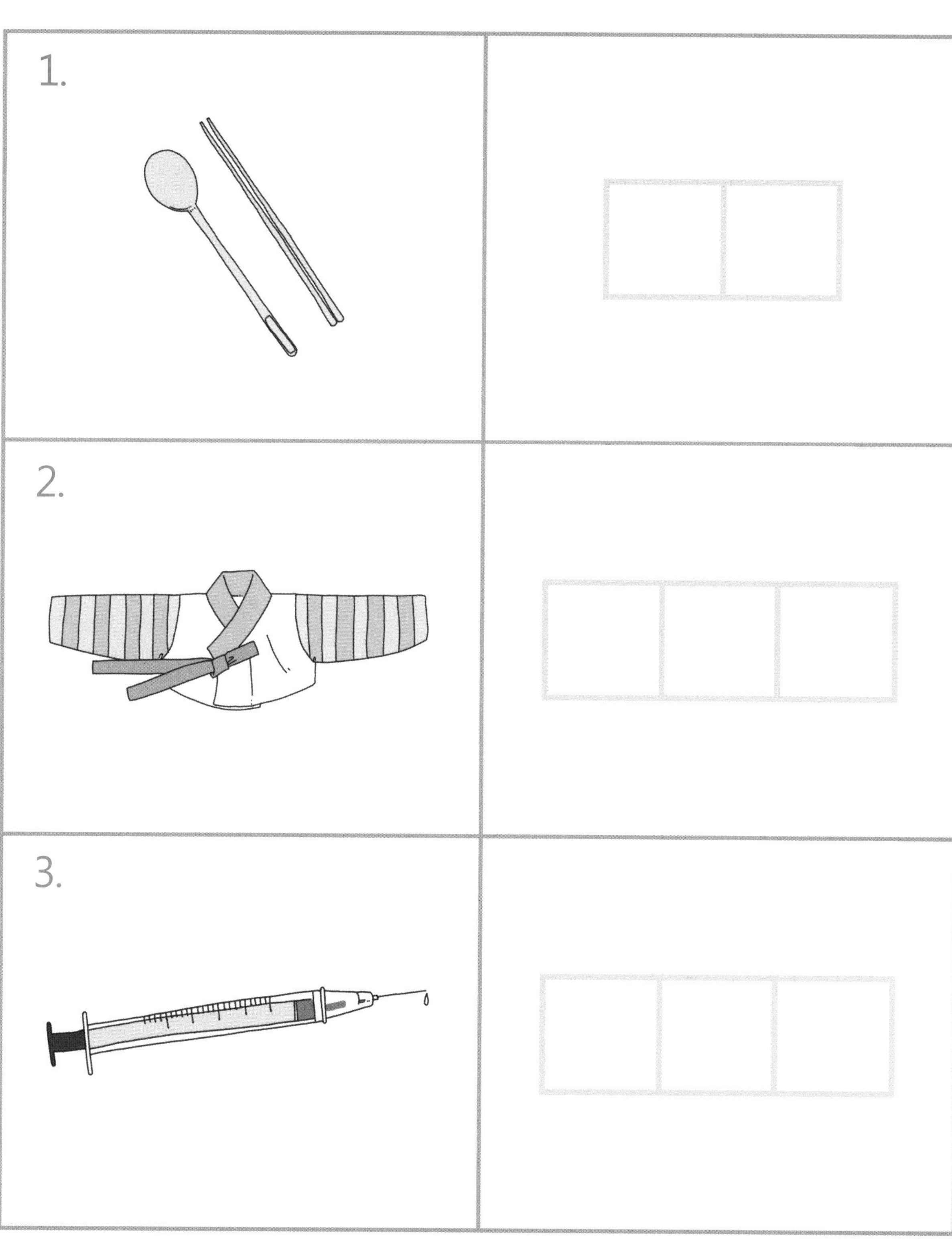

〈보기〉의 단어들을 같은 낱자로 시작되는 단어끼리 단어 카드(✂ 〈부록 9쪽〉)를 사용하여 붙여 봅시다. 그다음, 같은 낱자로 시작되는 단어끼리 소리 내어 읽어 봅시다.

● 보기 ●

저리, 수도, 주사기, 저고리, 주로, 수저, 저기, 주다, 주소, 주머니

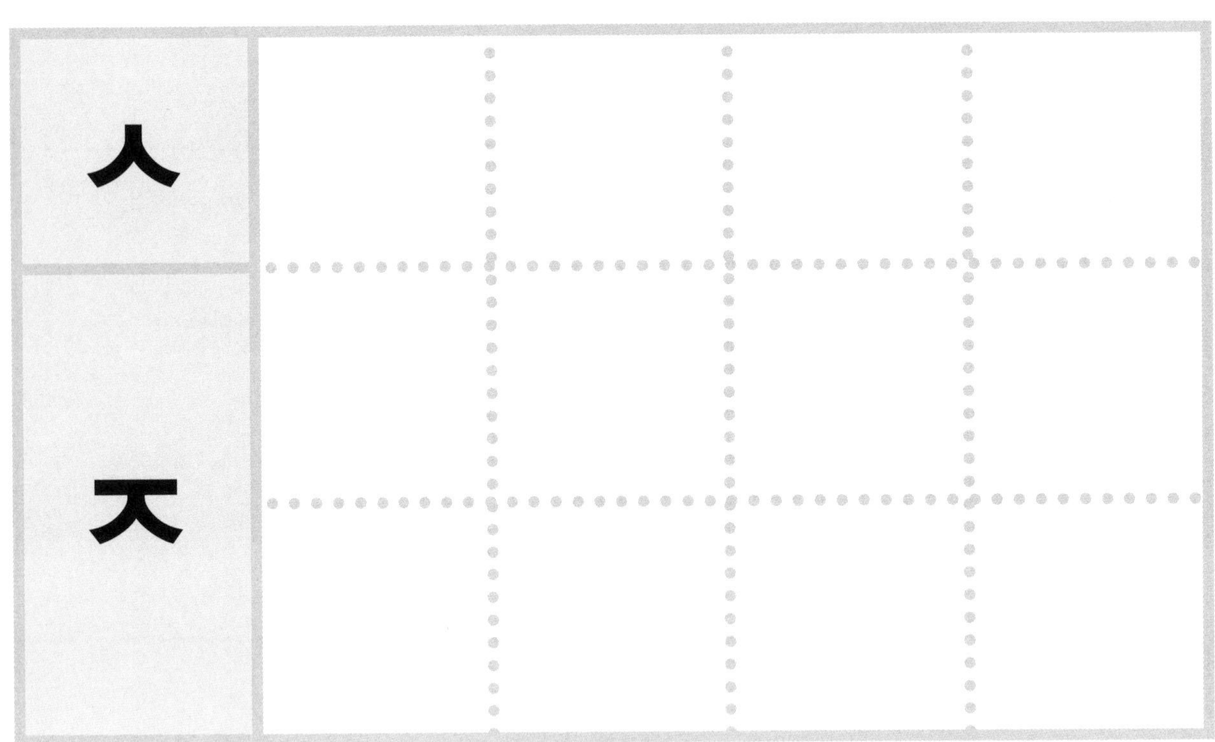

"선생님이 불러 주는 단어를 받아 적는 문제입니다. 잘 듣고, 답안지에 단어를 받아 적어 보세요."

(정답지 p. 339에 평가 문항 제시)

번호	단어
1	
2	
3	
4	
5	
6	
7	
8	

13차시 자음 ㅇ, ㄹ 모음 ㅗ, ㅣ: 오 리

자음 ㅇ, ㄹ과 모음 ㅗ, ㅣ로 이루어진 단어를 정확하게 읽고 쓸 수 있다.

"선생님이 불러 주는 단어를 받아 적는 문제입니다. 잘 듣고, 답안지에 단어를 받아 적어 보세요."

(정답지 p. 340에 평가 문항 제시)

번호	단어
1	
2	
3	
4	
5	
6	
7	
8	

수업

제목을 살펴봅시다. 제목에서 각 낱자에 ○를 쳐 봅시다.

오 리

낱자의 소리를 알아봅시다.

ㅇ의 소리를 알아봅시다.

1. ㅇ 이것은 '이응'입니다. ㅇ은 무슨 소리가 나나요? 'ㅇ'은 글자 앞에 쓰일 때 (초성일 때), 아무 소리도 나지 않습니다.

2. 그림을 보면서 ㅇ 소리를 연습해 봅시다.

[ㅇ] 오리

3. 표시된 순서에 따라 낱자를 써 봅시다.

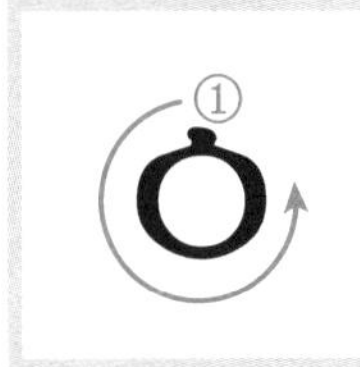

낱자의 소리를 알아봅시다.

 ㄹ의 소리를 알아봅시다.

1. ㄹ 이것은 '리을'입니다. ㄹ은 무슨 소리가 나나요? '르' 소리([ㄹ])가 납니다.

2. 그림을 보면서 ㄹ 소리를 연습해 봅시다.

[ㄹ] 로봇

3. 낱자의 소리를 말하면서 표시된 순서에 따라 써 봅시다.

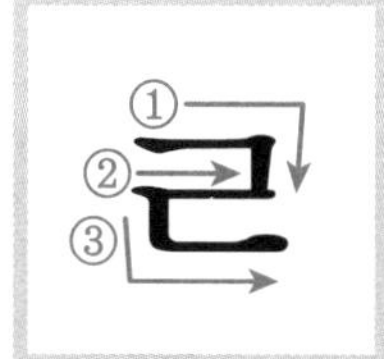

낱자의 소리를 알아봅시다.

 ㅗ의 소리를 알아봅시다.

1. ㅗ 이것은 '오'입니다. ㅗ는 무슨 소리가 나나요? '오' 소리([ㅗ])가 납니다.

2. 그림을 보면서 ㅗ 소리를 연습해 봅시다.

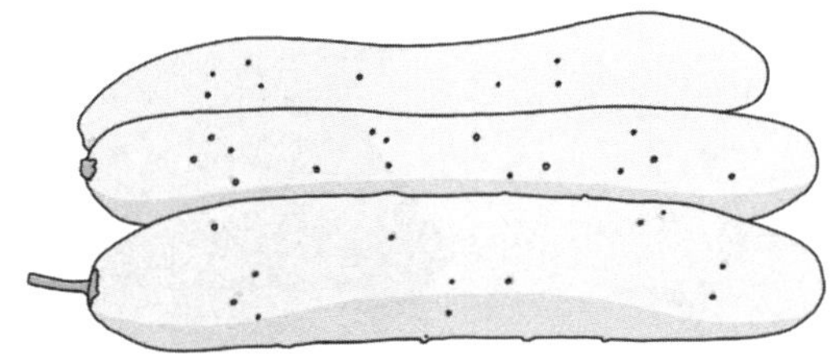

[ㅗ] 오이

3. 낱자의 소리를 말하면서 표시된 순서에 따라 써 봅시다.

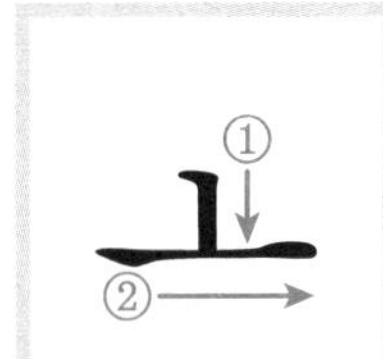

낱자의 소리를 알아봅시다.

 ㅣ의 소리를 알아봅시다.

1. ㅣ 이것은 '이'입니다. ㅣ는 무슨 소리가 나나요? '이' 소리([ㅣ])가 납니다.

2. 그림을 보면서 ㅣ 소리를 연습해 봅시다.

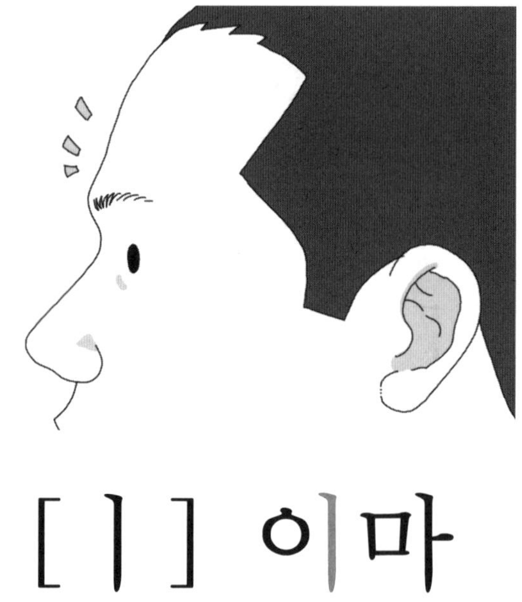

[ㅣ] 이마

3. 낱자의 소리를 말하면서 표시된 순서에 따라 써 봅시다.

글자를 만들어 봅시다.

 [ㅇ]와 [ㅣ]를 합치면 무슨 글자가 될까요?

1. 다음 그림처럼 낱자 카드(✂ 〈부록 5쪽〉)를 합치면서 발음해 봅시다. 'ㅇ'은 글자 앞에 쓰일 때(초성일 때), 아무 소리도 나지 않습니다.

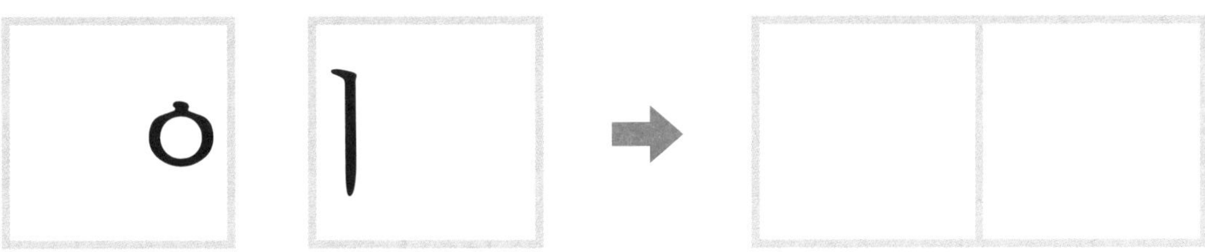

[ㄹ]와 [ㅣ]를 합치면 무슨 글자가 될까요?

1. 용수철을 사용하여 소리를 합쳐 봅시다.

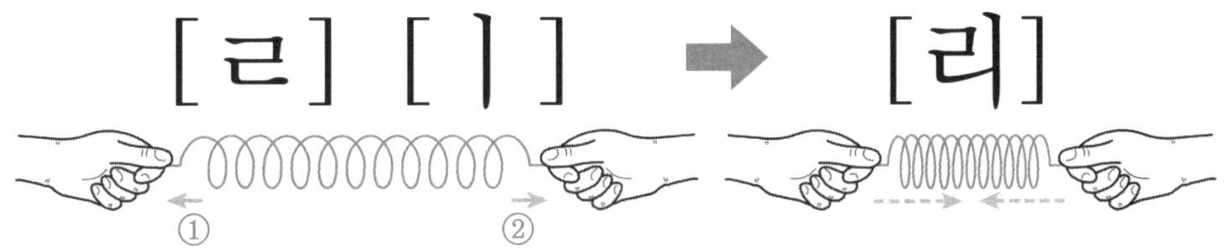

2. 다음 그림처럼 낱자 카드(✂ 〈부록 5쪽〉)를 사용하여 소리를 합쳐 봅시다.

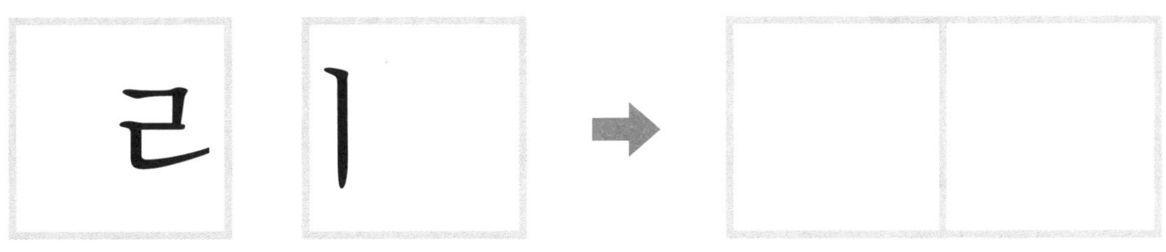

글자를 만들어 봅시다.

 [ㄹ]와 [ㅗ]를 합치면 무슨 글자가 될까요?

1. 용수철을 사용하여 소리를 합쳐 봅시다.

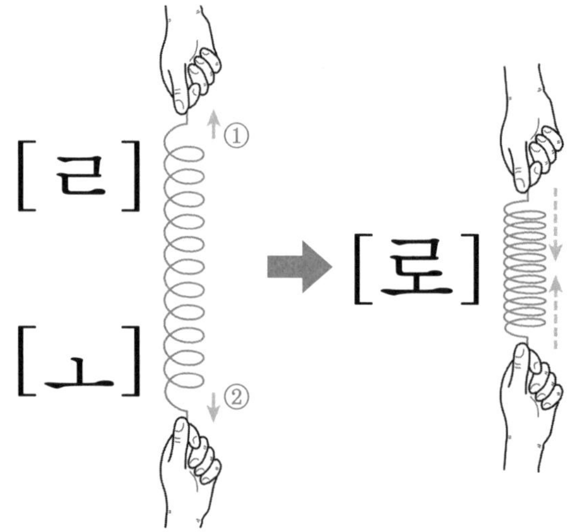

2. 다음 그림처럼 낱자 카드(✄ 〈부록 5쪽〉)를 사용하여 소리를 합쳐 봅시다.

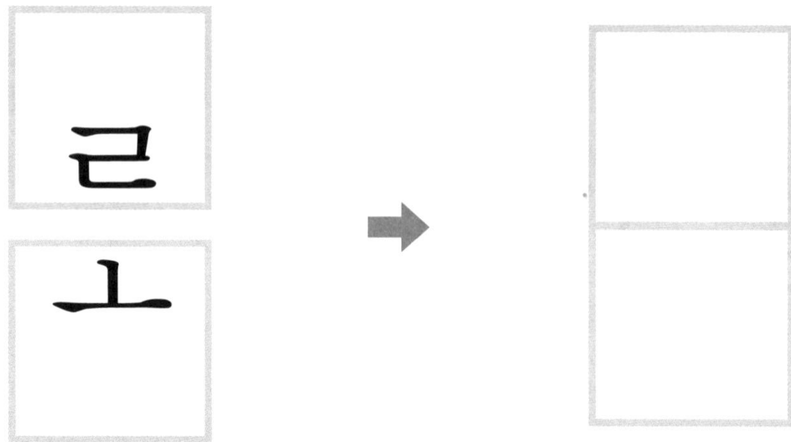

글자를 만들어 봅시다.

 [ㅇ]와 [ㅗ]를 합치면 무슨 글자가 될까요?

1. 다음 그림처럼 낱자 카드(✂ 〈부록 5쪽〉)를 합치면서 발음해 봅시다. 'ㅇ'은 글자 앞에 쓰일 때(초성일 때), 아무 소리도 나지 않습니다.

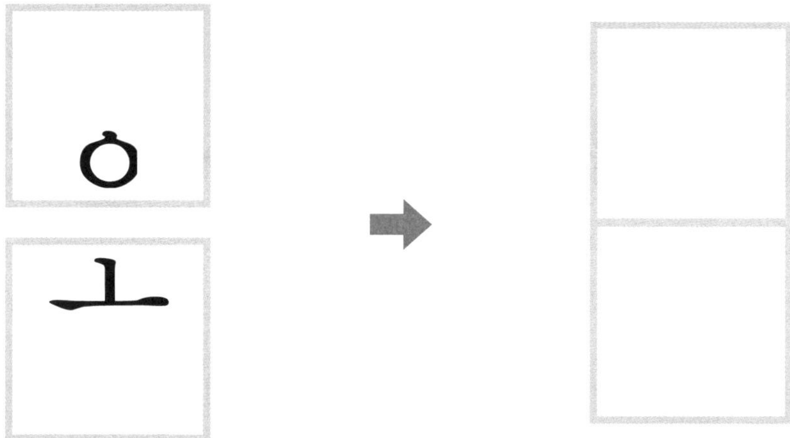

네모 칸에 있는 낱자를 각각 발음해 봅시다. 그다음, 낱자를 합쳐서 글자를 만들어 읽고 써 봅시다.

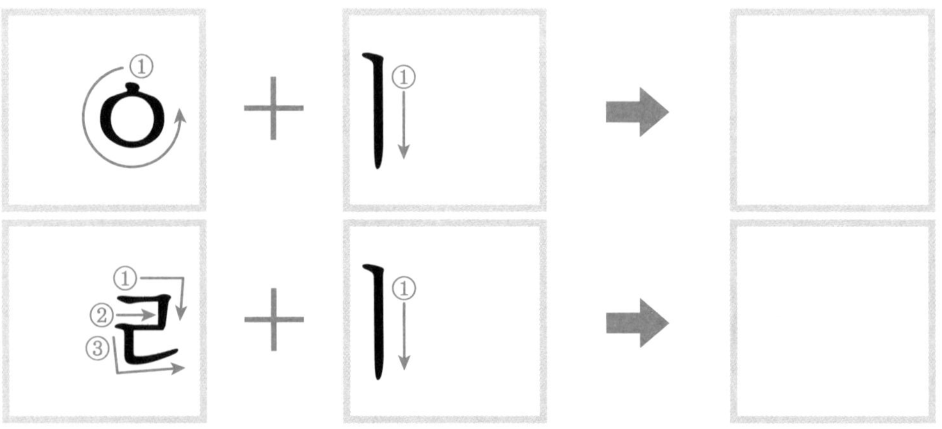

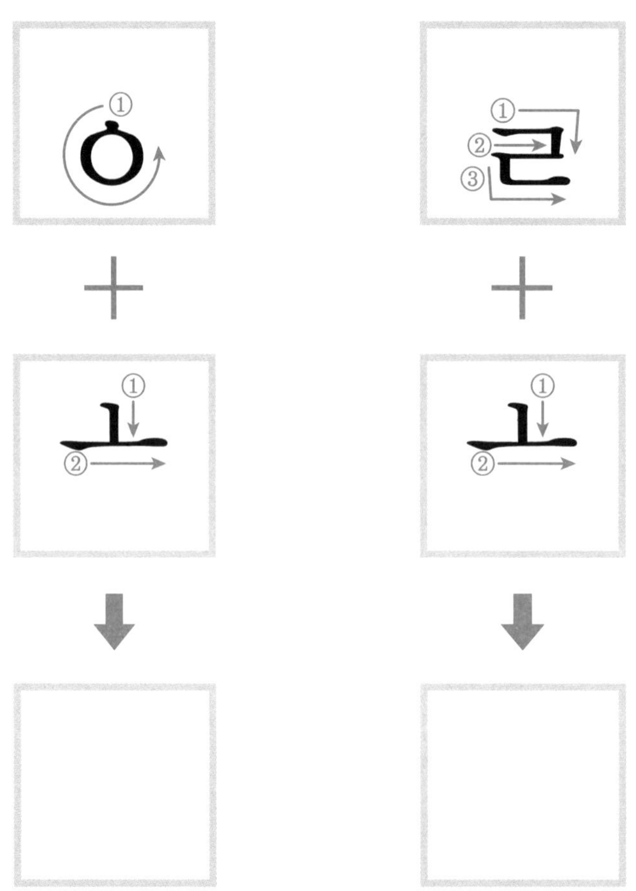

각 글자에 ○를 치면서 읽어 봅시다. 그다음, ○를 친 글자를 가림판으로 가리고 외워서 쓴 후, 맞게 썼는지 확인해 봅시다. 그리고 각 글자를 두 번 더 반복하여 써 봅시다.

글자에 ○를 치면서 읽기	기억하여 쓰기	반복 쓰기	반복 쓰기
오			
이			
리			
로			

다음의 글자를 각각 발음해 봅시다. 그다음, 글자를 합쳐서 단어를 만들어 쓰고 읽어 봅시다.

- 오 + 이 →
- 오 + 리 →
- 이 + 리 →
- 누 + 이 →
- 이 + 모 →
- 너 + 구 + 리 →
- 드 + 디 + 어 →
- 드 + 라 + 마 →
- 라 + 디 + 오 →

〈보기〉의 단어를 소리 내어 읽어 봅시다. 그다음, 각 문장에 알맞은 단어를 〈보기〉에서 찾아 써 봅시다.

● 보기 ●

너구리, 오이, 이모, 라디오, 오리, 누이, 드디어, 이리, 드라마

1. 엄마는 ☐☐☐ 보는 것을 좋아한다.
2. ☐☐ 가 어린양을 잡아먹었다.
3. 엄마의 언니는 ☐☐ 이다.
4. 호수에서 놀고 있는 ☐☐ 가 귀엽다.
5. ☐☐☐ 는 낮에 주로 동굴에서 잔다.
6. 나에게는 어린 ☐☐ 가 있다.
7. 나는 채소 중에 ☐☐ 를 제일 좋아한다.
8. ☐☐☐ 에서 신나는 음악이 나왔다.
9. ☐☐☐ 내 생일이 다가왔다.

다음 단어를 소리 내어 읽고 써 봅시다.

잡아먹었다

좋아한다

다음 문장을 소리 내어 읽고 써 봅시다.

○ 이리가 어린양을 잡아먹었다.

가 어린양을 .

○ 엄마는 드라마 보는 것을 좋아한다.

엄마는 보는 것을 .

그림을 보고, 알맞은 단어를 써 보세요.

1.

2.

3.

〈보기〉의 단어들을 같은 낱자로 시작되는 단어끼리 단어 카드(✄ 〈부록 9~10쪽〉)를 사용하여 붙여 봅시다. 그다음, 같은 낱자로 시작되는 단어끼리 소리 내어 읽어 봅시다.

● 보기 ●

너구리, 오이, 이모, 라디오, 오리, 누이, 드디어, 이리, 드라마

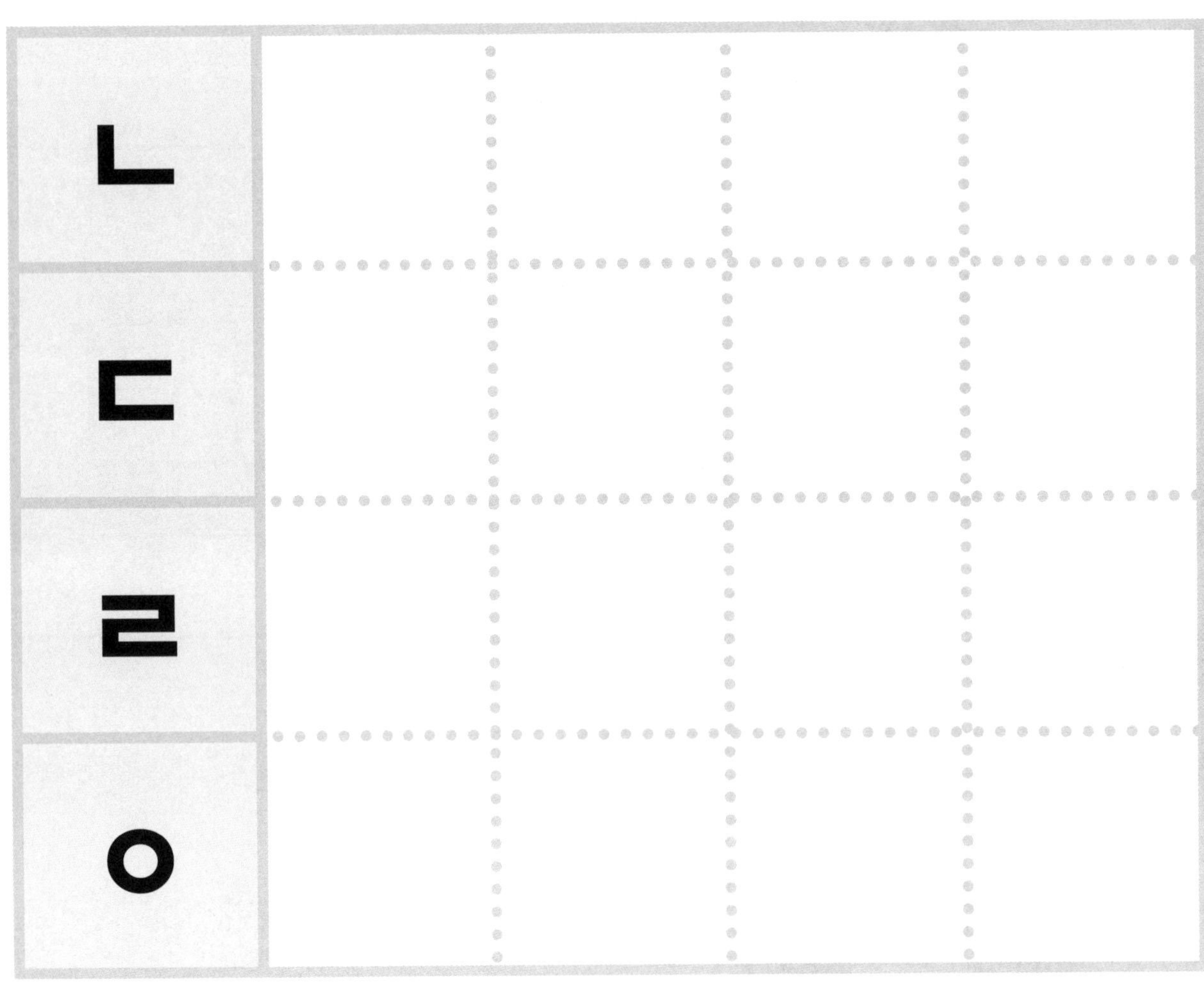

"선생님이 불러 주는 단어를 받아 적는 문제입니다. 잘 듣고, 답안지에 단어를 받아 적어 보세요."

(정답지 p. 340에 평가 문항 제시)

번호	단어
1	
2	
3	
4	
5	
6	
7	
8	

14차시 자음 ㅈ, ㄷ 모음 ㅏ, ㅜ: 자 두

자음 ㅈ, ㄷ과 모음 ㅏ, ㅜ로 이루어진 단어를 정확하게 읽고 쓸 수 있다.

"선생님이 불러 주는 단어를 받아 적는 문제입니다. 잘 듣고, 답안지에 단어를 받아 적어 보세요."

(정답지 p. 341에 평가 문항 제시)

번호	단어
1	
2	
3	
4	
5	
6	
7	
8	

제목을 살펴봅시다. 제목에서 각 낱자에 ○를 쳐 봅시다.

자 두

낱자의 소리를 알아봅시다.

ㅈ의 소리를 알아봅시다.

1. ㅈ 이것은 '지읒'입니다. ㅈ은 무슨 소리가 나나요? '즈' 소리([ㅈ])가 납니다.

2. 그림을 보면서 ㅈ 소리를 연습해 봅시다.

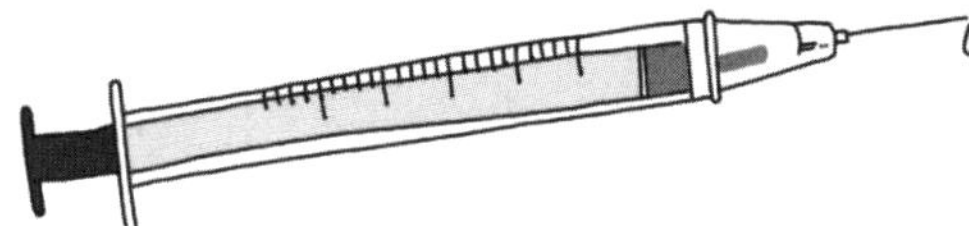

[ㅈ] 주사기

3. 낱자의 소리를 말하면서 표시된 순서에 따라 써 봅시다.

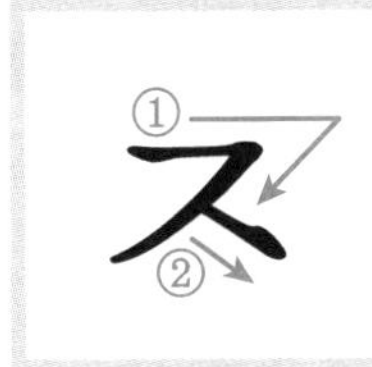

낱자의 소리를 알아봅시다.

 ㄷ의 소리를 알아봅시다.

1. ㄷ 이것은 '디귿'입니다. ㄷ은 무슨 소리가 나나요? '드' 소리([ㄷ])가 납니다.

2. 그림을 보면서 ㄷ 소리를 연습해 봅시다.

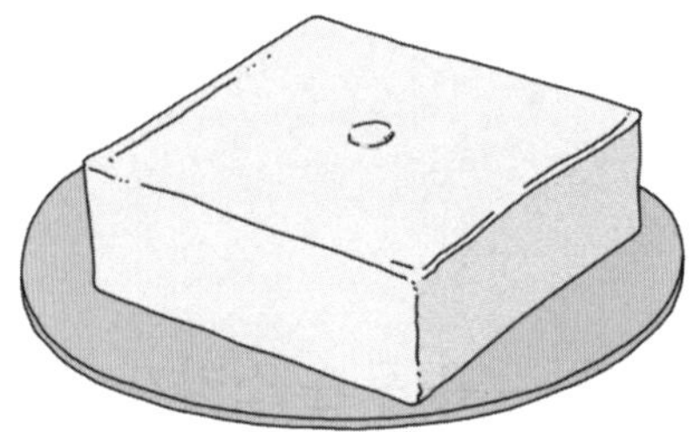

[ㄷ] 두부

3. 낱자의 소리를 말하면서 표시된 순서에 따라 써 봅시다.

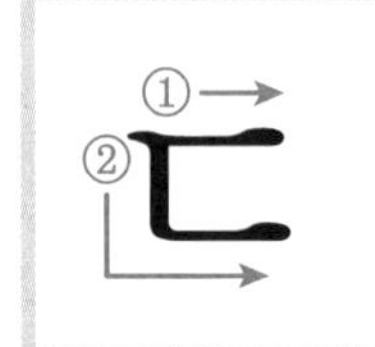

낱자의 소리를 알아봅시다.

 ㅏ의 소리를 알아봅시다.

1. ㅏ 이것은 '아'입니다. ㅏ는 무슨 소리가 나나요? '아' 소리([ㅏ])가 납니다.

2. 그림을 보면서 ㅏ 소리를 연습해 봅시다.

[ㅏ] 아기

3. 낱자의 소리를 말하면서 표시된 순서에 따라 써 봅시다.

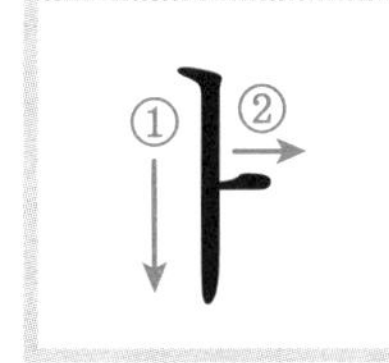

낱자의 소리를 알아봅시다.

 ㅜ의 소리를 알아봅시다.

1. ㅜ 이것은 '우'입니다. ㅜ는 무슨 소리가 나나요? '우' 소리([ㅜ])가 납니다.

2. 그림을 보면서 ㅜ 소리를 연습해 봅시다.

[ㅜ] 우유

3. 낱자의 소리를 말하면서 표시된 순서에 따라 써 봅시다.

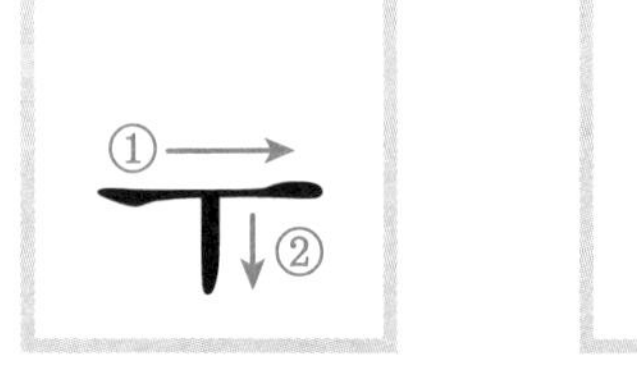

글자를 만들어 봅시다.

[ㄷ]와 [ㅏ]를 합치면 무슨 글자가 될까요?

1. 용수철을 사용하여 소리를 합쳐 봅시다.

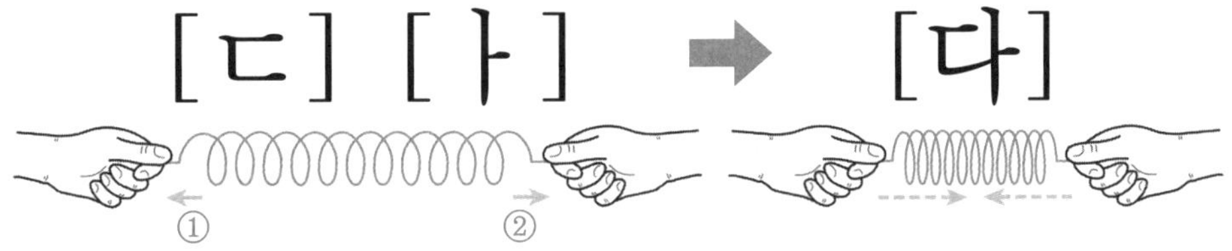

2. 다음 그림처럼 낱자 카드(✄ 〈부록 5쪽〉)를 사용하여 소리를 합쳐 봅시다.

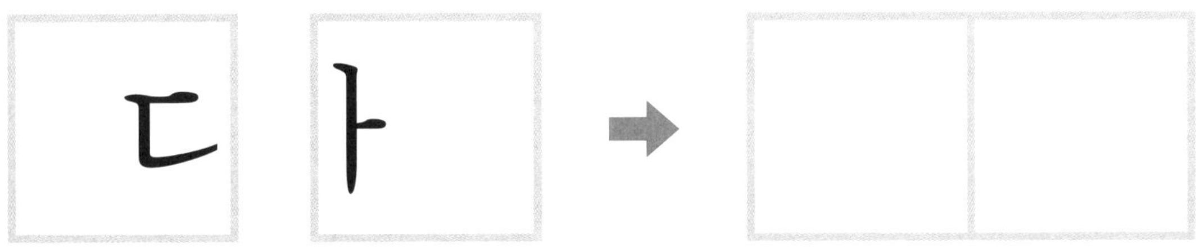

[ㅈ]와 [ㅏ]를 합치면 무슨 글자가 될까요?

1. 용수철을 사용하여 소리를 합쳐 봅시다.

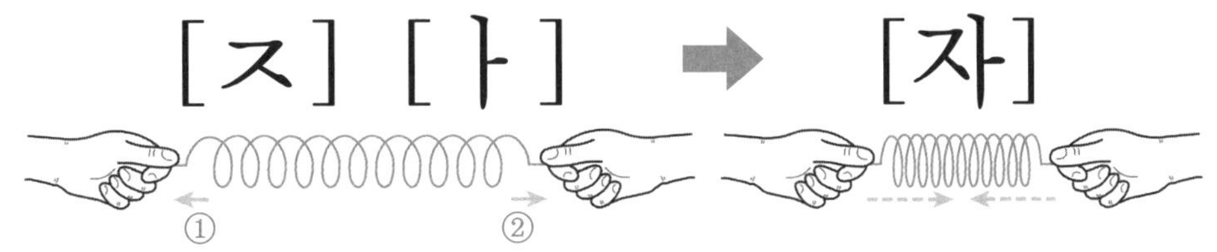

2. 다음 그림처럼 낱자 카드(✄ 〈부록 5쪽〉)를 사용하여 소리를 합쳐 봅시다.

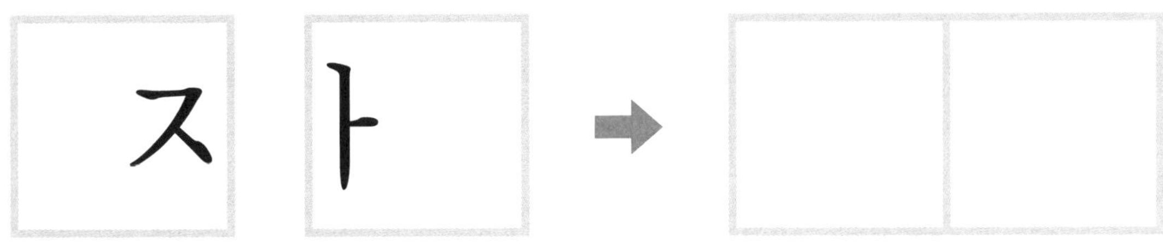

글자를 만들어 봅시다.

 [ㄷ]와 [ㅜ]를 합치면 무슨 글자가 될까요?

1. 용수철을 사용하여 소리를 합쳐 봅시다.

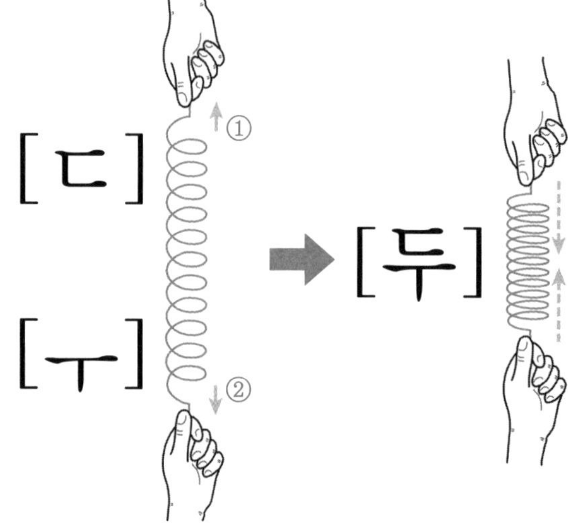

2. 다음 그림처럼 낱자 카드(✂ 〈부록 5쪽〉)를 사용하여 소리를 합쳐 봅시다.

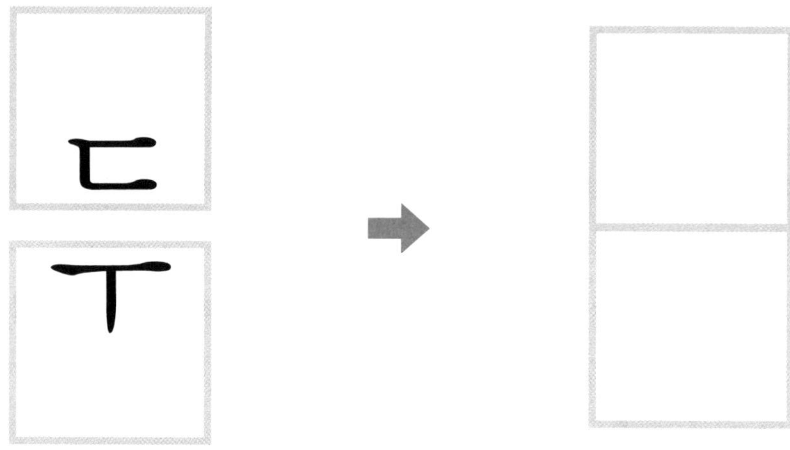

글자를 만들어 봅시다.

[ㅈ]와 [ㅜ]를 합치면 무슨 글자가 될까요?

1. 용수철을 사용하여 소리를 합쳐 봅시다.

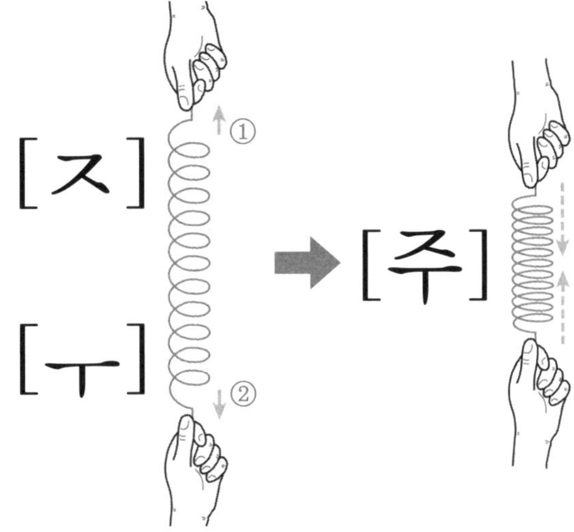

2. 다음 그림처럼 낱자 카드(✂ 〈부록 5쪽〉)를 사용하여 소리를 합쳐 봅시다.

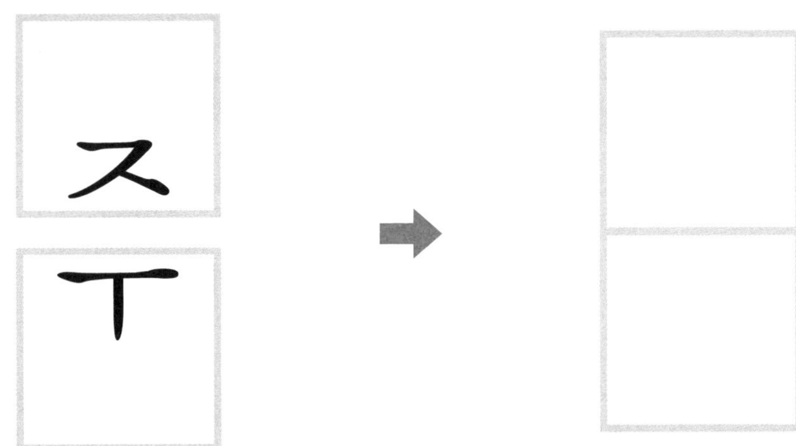

네모 칸에 있는 낱자를 각각 발음해 봅시다. 그다음, 낱자를 합쳐서 글자를 만들어 읽고 써 봅시다.

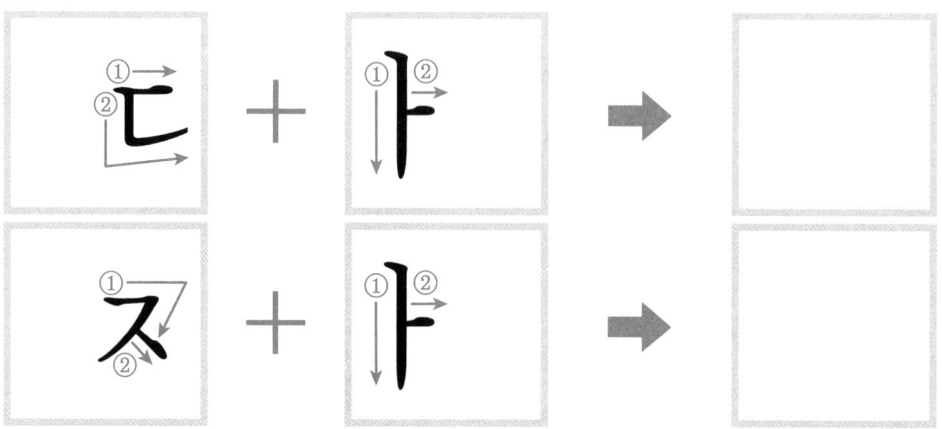

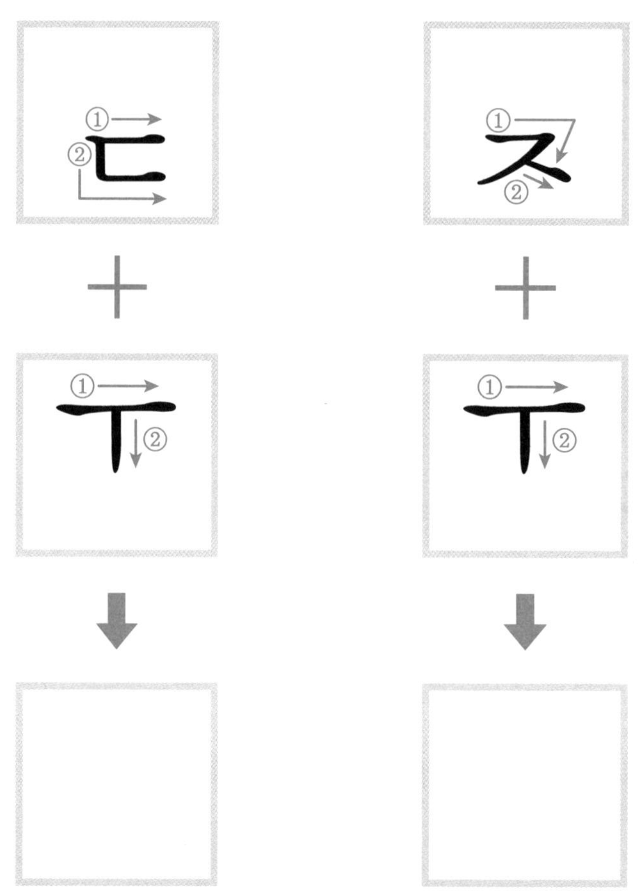

각 글자에 ○를 치면서 읽어 봅시다. 그다음, ○를 친 글자를 가림판으로 가리고 외워서 쓴 후, 맞게 썼는지 확인해 봅시다. 그리고 각 글자를 두 번 더 반복하여 써 봅시다.

글자에 ○를 치면서 읽기	기억하여 쓰기	반복 쓰기	반복 쓰기
자			
주			
두			
다			

다음의 글자를 각각 발음해 봅시다. 그다음, 글자를 합쳐서 단어를 만들어 쓰고 읽어 봅시다.

- 자 + 주 →
- 자 + 두 →
- 자 + 다 →
- 주 + 다 →
- 우 + 주 →
- 아 + 주 →
- 두 + 부 →
- 부 + 모 →
- 구 + 두 →

〈보기〉의 단어를 소리 내어 읽어 봅시다. 그다음, 각 문장에 알맞은 단어를 〈보기〉에서 찾아 써 봅시다.

● 보기 ●

우주, 자주, 부모, 아주, 구두, 자다, 두부, 주다, 자두

1. 나는 친구네 집에 ☐☐ 놀러간다.
2. 나는 과일 중에서 ☐☐를 제일 좋아한다.
3. 나는 우주선을 타고 ☐☐를 여행하고 싶다.
4. 낡은 ☐☐를 버리고, 새 구두를 샀다.
5. ☐☐는 콩으로 만든다.
6. 아버지가 아들에게 용돈을 ☐☐.
7. 아이를 낳아 ☐☐가 되었다.
8. 동생과 함께 낮잠을 ☐☐.
9. 불고기가 ☐☐ 맛있다.

다음 단어를 소리 내어 읽고 써 봅시다.

제일

낡은

다음 문장을 소리 내어 읽고 써 봅시다.

○ 나는 과일 중에서 **자두**를 **제일** 좋아한다.

나는 과일 중에서 ____ 를 ____ 좋아한다.

○ **낡은** 구두를 버리고, 새 **구두**를 샀다.

____ 구두를 버리고, 새  를 샀다.

그림을 보고, 알맞은 단어를 써 보세요.

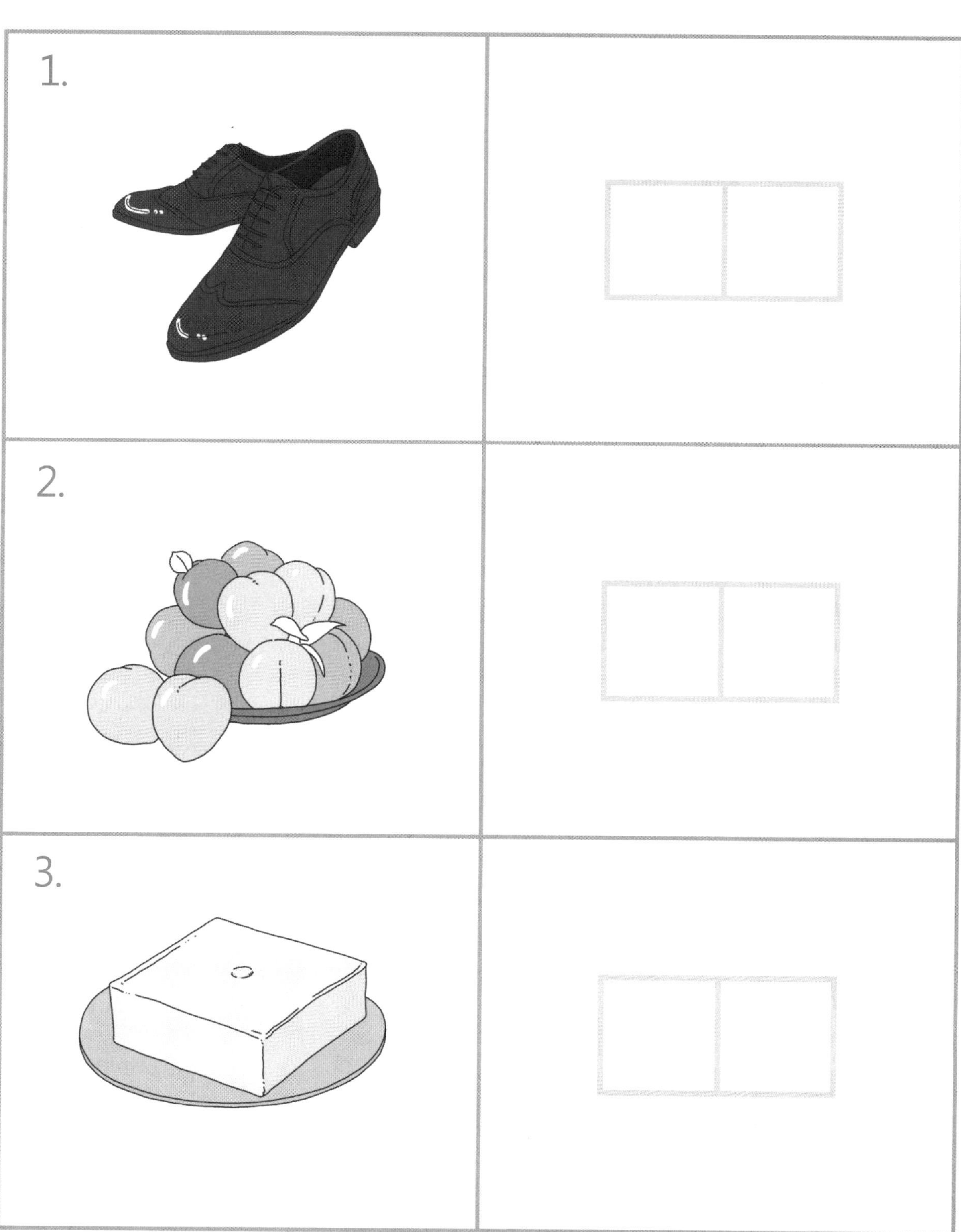

〈보기〉의 단어들을 같은 낱자로 시작되는 단어끼리 단어 카드(✂ 〈부록 10쪽〉)를 사용하여 붙여 봅시다. 그다음, 같은 낱자로 시작되는 단어끼리 소리 내어 읽어 봅시다.

● 보기 ●

우주, 자주, 부모, 아주, 구두, 자다, 두부, 주다, 자두

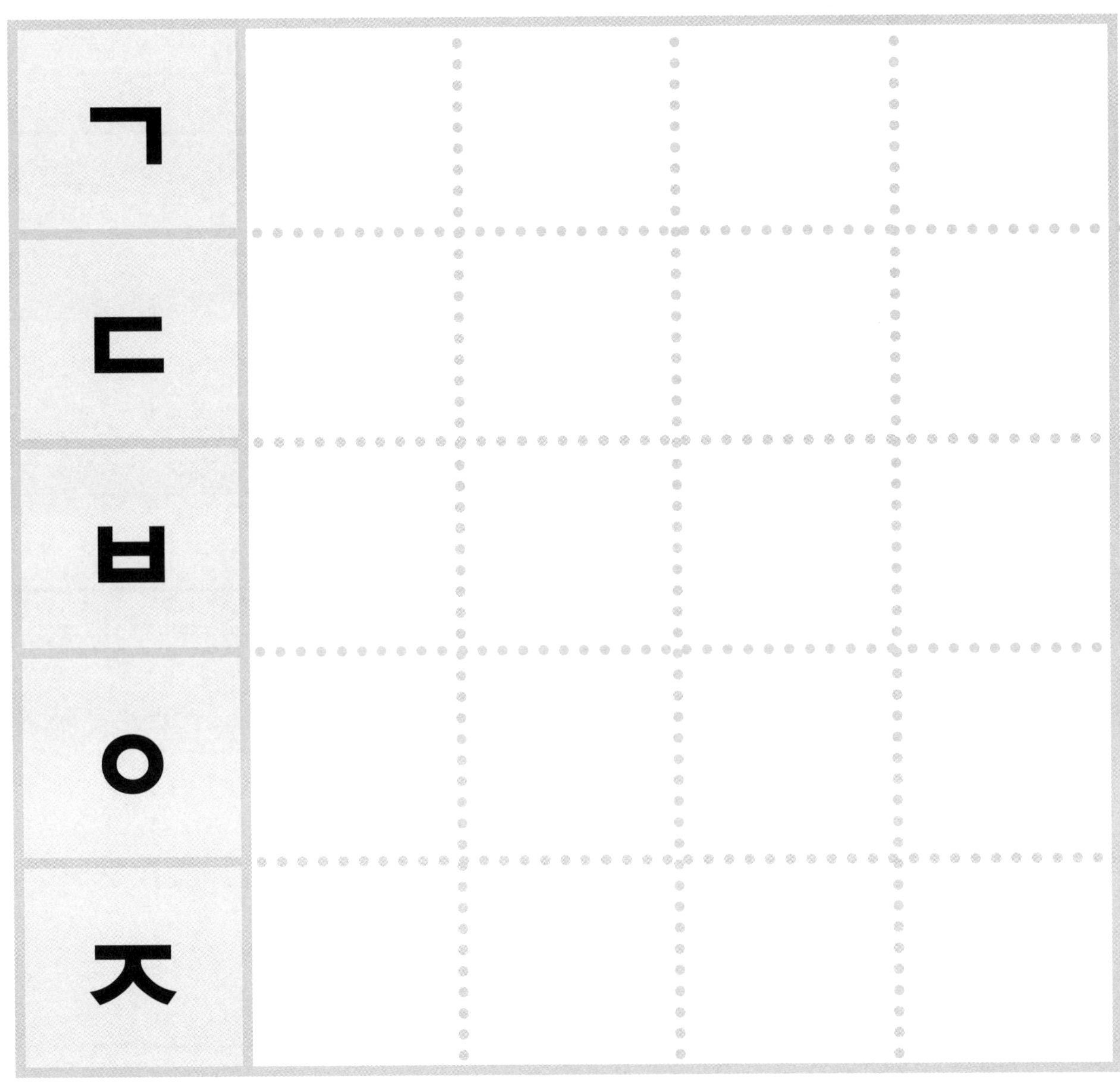

"선생님이 불러 주는 단어를 받아 적는 문제입니다. 잘 듣고, 답안지에 단어를 받아 적어 보세요."

(정답지 p. 341에 평가 문항 제시)

번호	단어
1	
2	
3	
4	
5	
6	
7	
8	

15차시 자음 ㅊ, ㅈ 모음 ㅣ, ㅡ: 치 즈

자음 ㅊ, ㅈ과 모음 ㅡ, ㅣ로 이루어진 단어를 정확하게 읽고 쓸 수 있다.

"선생님이 불러 주는 단어를 받아 적는 문제입니다. 잘 듣고, 답안지에 단어를 받아 적어 보세요."

(정답지 p. 341에 평가 문항 제시)

번호	단어
1	
2	
3	
4	
5	
6	
7	
8	

수업

제목을 살펴봅시다. 제목에서 각 낱자에 ○를 쳐 봅시다.

치 즈

낱자의 소리를 알아봅시다.

ㅊ의 소리를 알아봅시다.

1. ㅊ 이것은 '치읓'입니다. ㅊ은 무슨 소리가 나나요? 'ㅊ' 소리([ㅊ])가 납니다.

2. 그림을 보면서 ㅊ 소리를 연습해 봅시다.

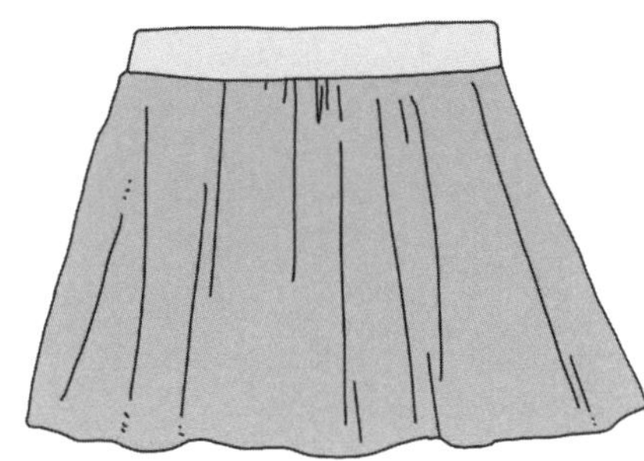

[ㅊ] 치마

3. 낱자의 소리를 말하면서 표시된 순서에 따라 써 봅시다.

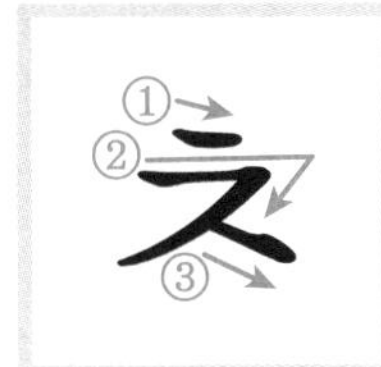

낱자의 소리를 알아봅시다.

 ㅈ의 소리를 알아봅시다.

1. ㅈ 이것은 '지읒'입니다. ㅈ은 무슨 소리가 나나요? '즈' 소리([ㅈ])가 납니다.

2. 그림을 보면서 ㅈ 소리를 연습해 봅시다.

[ㅈ] 자두

3. 낱자의 소리를 말하면서 표시된 순서에 따라 써 봅시다.

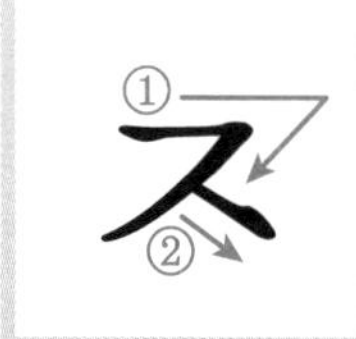

낱자의 소리를 알아봅시다.

 ㅡ의 소리를 알아봅시다.

1. ㅡ 이것은 '으'입니다. ㅡ는 무슨 소리가 나나요? '으' 소리([ㅡ])가 납니다.

2. 그림을 보면서 ㅡ 소리를 연습해 봅시다.

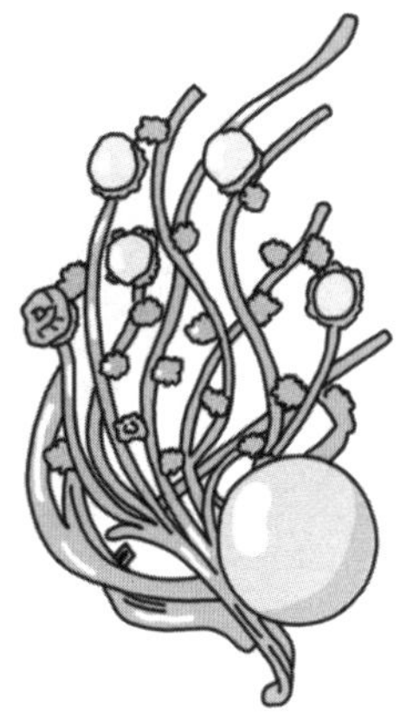

[ㅡ] 브로치

3. 낱자의 소리를 말하면서 표시된 순서에 따라 써 봅시다.

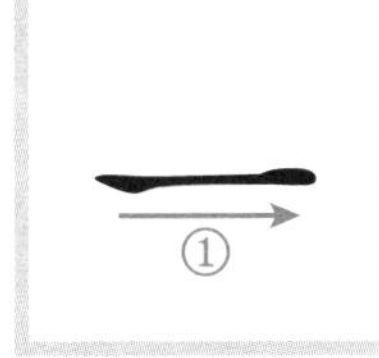

낱자의 소리를 알아봅시다.

 ㅣ의 소리를 알아봅시다.

1. ㅣ 이것은 '이'입니다. ㅣ는 무슨 소리가 나나요? '이' 소리([ㅣ])가 납니다.

2. 그림을 보면서 ㅣ 소리를 연습해 봅시다.

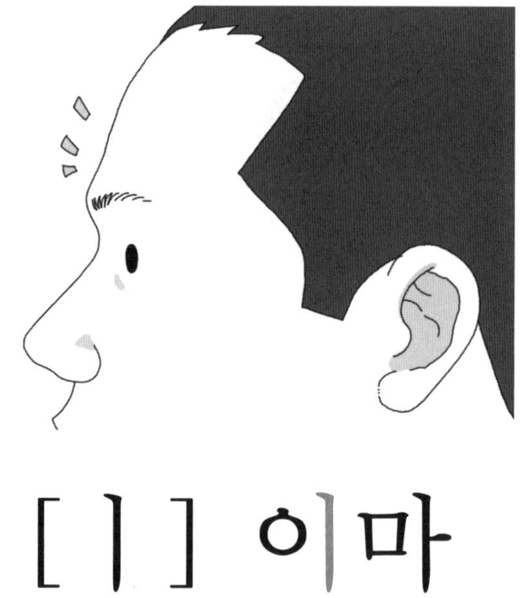

[ㅣ] 이마

3. 낱자의 소리를 말하면서 표시된 순서에 따라 써 봅시다.

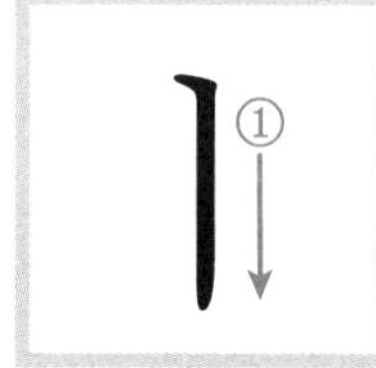

글자를 만들어 봅시다.

 [ㅊ]와 [ㅣ]를 합치면 무슨 글자가 될까요?

1. 용수철을 사용하여 소리를 합쳐 봅시다.

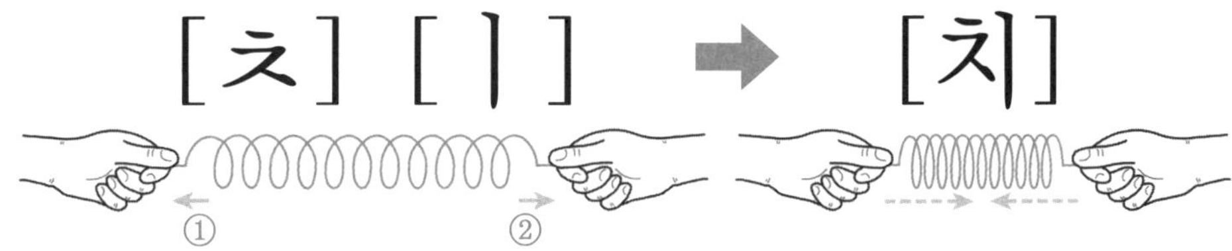

2. 다음 그림처럼 낱자 카드(✂ 〈부록 5쪽〉)를 사용하여 소리를 합쳐 봅시다.

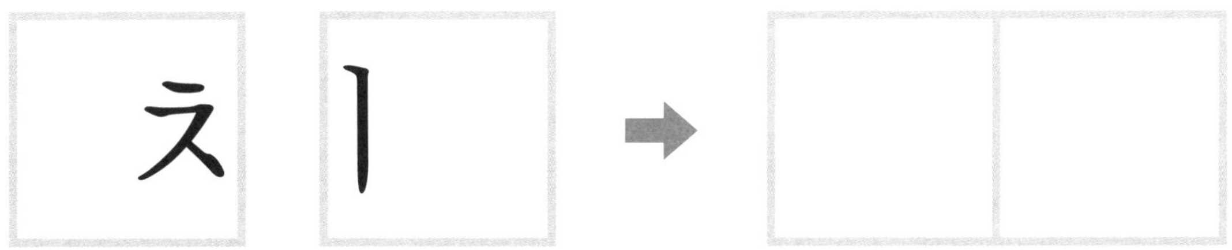

[ㅈ]와 [ㅣ]를 합치면 무슨 글자가 될까요?

1. 용수철을 사용하여 소리를 합쳐 봅시다.

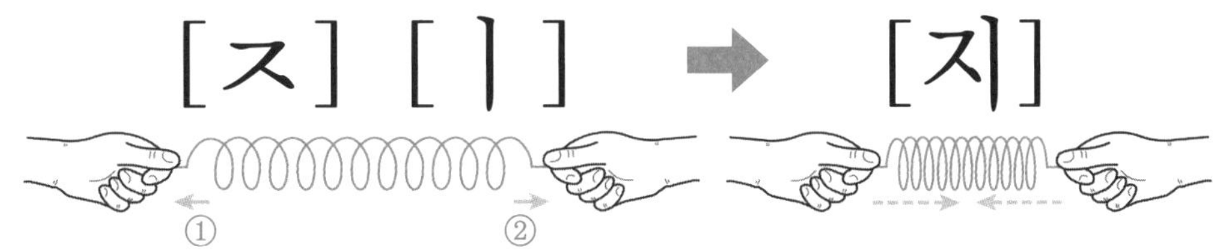

2. 다음 그림처럼 낱자 카드(✂ 〈부록 5쪽〉)를 사용하여 소리를 합쳐 봅시다.

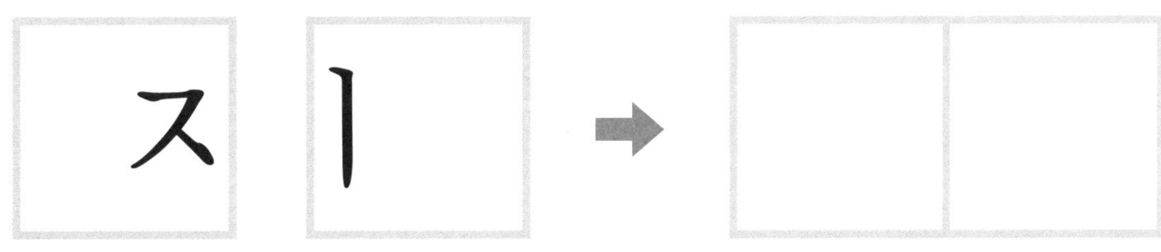

글자를 만들어 봅시다.

 [ㅊ]와 [ㅡ]를 합치면 무슨 글자가 될까요?

1. 용수철을 사용하여 소리를 합쳐 봅시다.

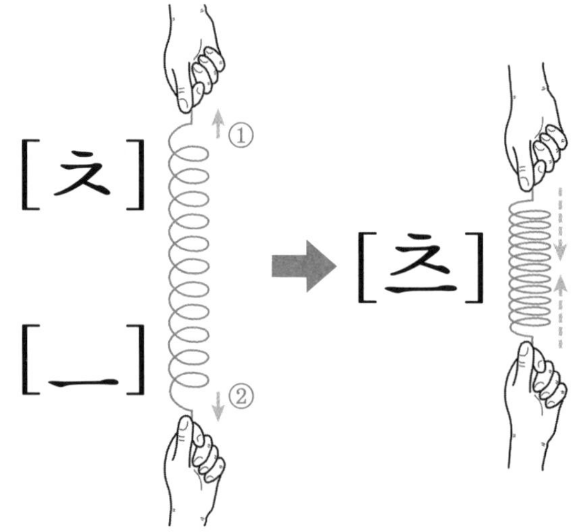

2. 다음 그림처럼 낱자 카드(✂ 〈부록 5쪽〉)를 사용하여 소리를 합쳐 봅시다.

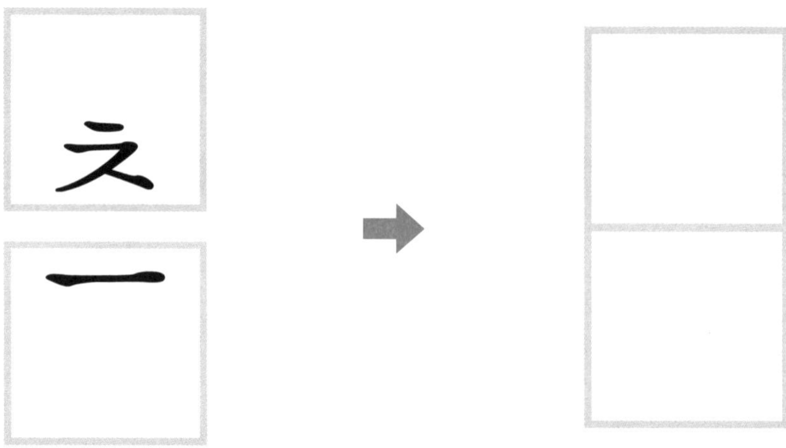

글자를 만들어 봅시다.

[ㅈ]와 [ㅡ]를 합치면 무슨 글자가 될까요?

1. 용수철을 사용하여 소리를 합쳐 봅시다.

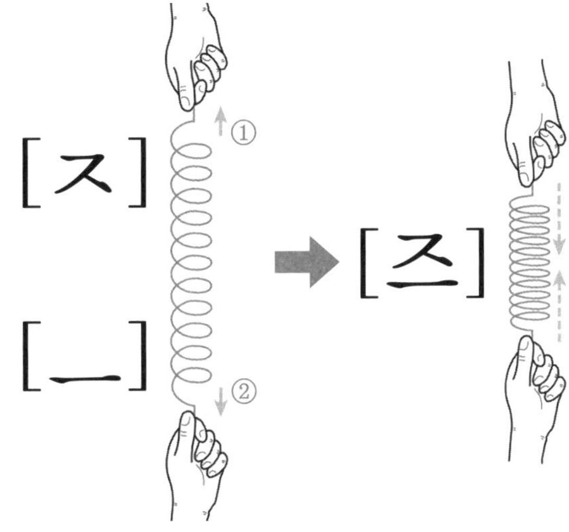

2. 다음 그림처럼 낱자 카드(✂ 〈부록 5쪽〉)를 사용하여 소리를 합쳐 봅시다.

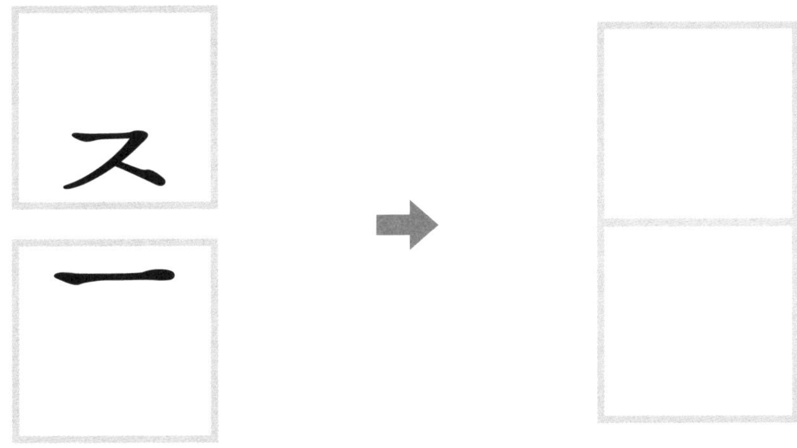

네모 칸에 있는 낱자를 각각 발음해 봅시다. 그다음, 낱자를 합쳐서 글자를 만들어 읽고 써 봅시다.

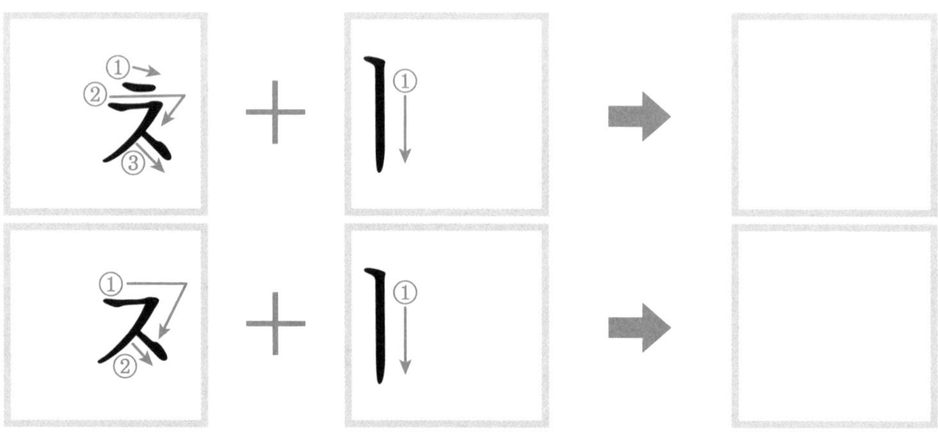

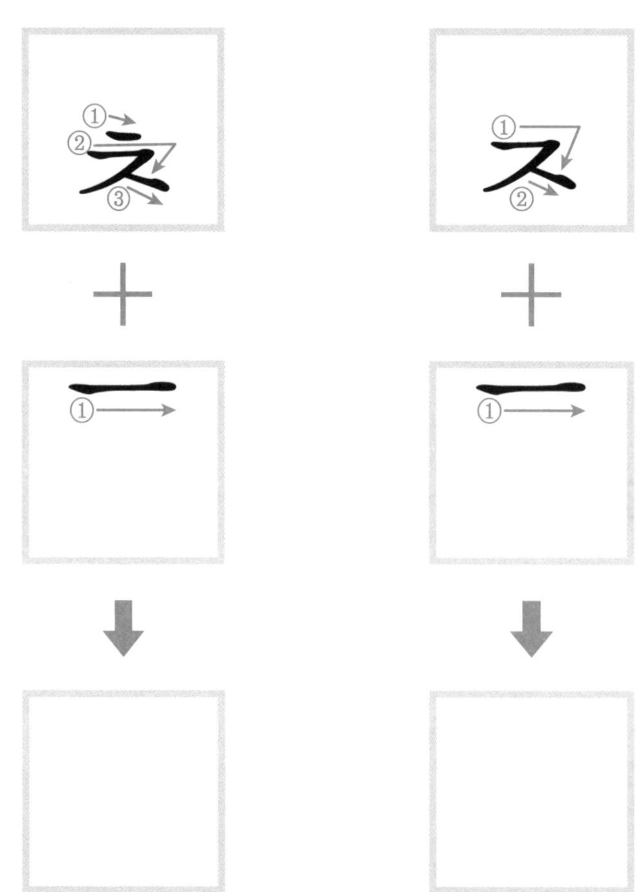

각 글자에 ○를 치면서 읽어 봅시다. 그다음, ○를 친 글자를 가림판으로 가리고 외워서 쓴 후, 맞게 썼는지 확인해 봅시다. 그리고 각 글자를 두 번 더 반복하여 써 봅시다.

글자에 ○를 치면서 읽기	기억하여 쓰기	반복 쓰기	반복 쓰기
치			
지			
즈			
츠			

다음의 글자를 각각 발음해 봅시다. 그다음, 글자를 합쳐서 단어를 만들어 쓰고 읽어 봅시다.

- 치 + 즈 ➡ ☐
- 치 + 마 ➡ ☐
- 지 + 구 ➡ ☐
- 지 + 도 ➡ ☐
- 기 + 차 ➡ ☐
- 그 + 다 + 지 ➡ ☐
- 이 + 미 + 지 ➡ ☐
- 두 + 더 + 지 ➡ ☐
- 아 + 버 + 지 ➡ ☐
- 마 + 시 + 다 ➡ ☐

〈보기〉의 단어를 소리 내어 읽어 봅시다. 그다음, 각 문장에 알맞은 단어를 〈보기〉에서 찾아 써 봅시다.

● 보기 ●

마시다, 치즈, 기차, 그다지, 이미지, 치마, 지도, 두더지, 지구, 아버지

1. ☐☐☐ 께서는 회사에 가셨다.
2. 새로 산 구두가 ☐☐☐ 마음에 들지 않는다.
3. ☐☐ 가 너무 길어서 자꾸 발에 밟혔다.
4. 산에서 길을 잃어 ☐☐ 를 보고 길을 찾았다.
5. ☐☐ 를 타고 외갓집에 갔다.
6. ☐☐☐ 는 땅속에서 산다.
7. 그 친구는 귀여운 ☐☐☐ 이다.
8. 우리가 사는 행성은 ☐☐ 이다.
9. 나는 ☐☐ 가 많이 들어간 피자를 좋아한다.
10. 목이 말라 음료수를 ☐☐☐ .

다음 단어를 소리 내어 읽고 써 봅시다.

잃어

않다

다음 문장을 소리 내어 읽고 써 봅시다.

○ 산에서 길을 **잃어 지도**를 보고 길을 찾았다.

산에서 길을 ____ ____ 를 보고 길을 찾았다.

○ 새로 산 **치마**가 그다지 예쁘지 **않다.**

새로 산 ____ 가 그다지 예쁘지 ____ .

그림을 보고, 알맞은 단어를 써 보세요.

1.	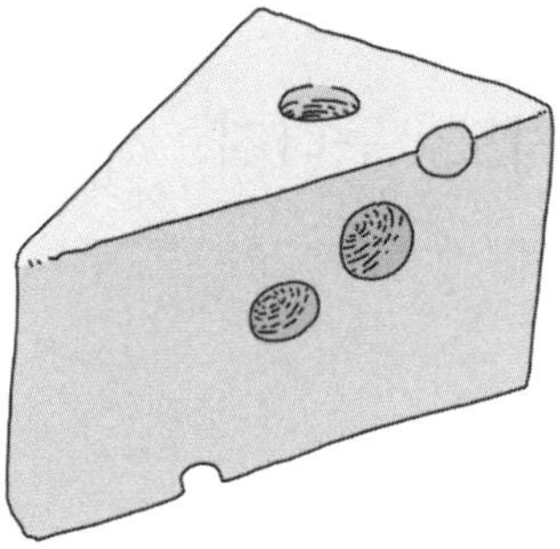
2.	
3.	

〈보기〉의 단어들을 같은 낱자로 시작되는 단어끼리 단어 카드(✂ 〈부록 10쪽〉)를 사용하여 붙여 봅시다. 그다음, 같은 낱자로 시작되는 단어끼리 소리 내어 읽어 봅시다.

● 보기 ●

마시다, 치즈, 기차, 그다지, 이미지, 치마, 지도, 두더지, 지구, 아버지

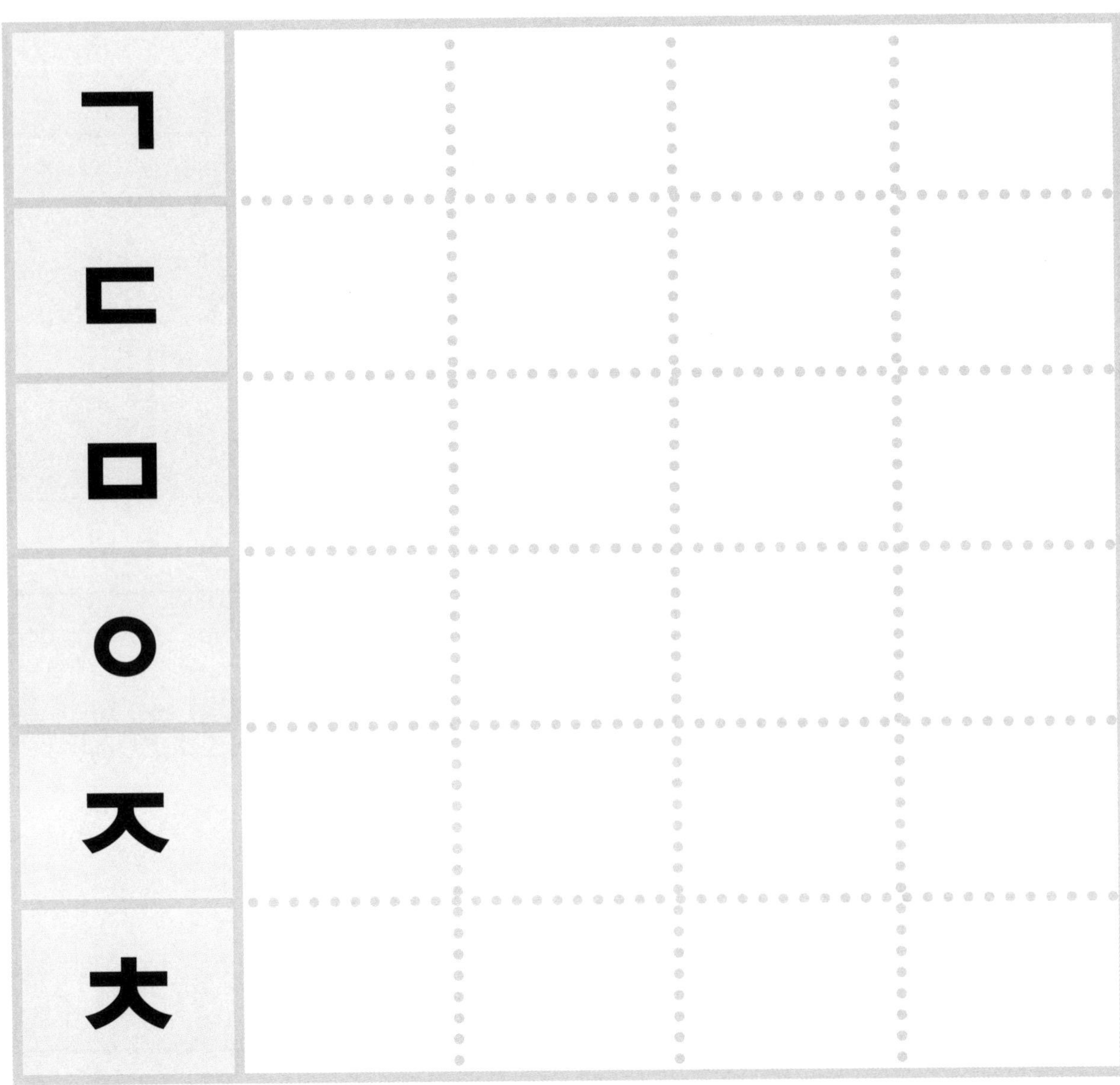

사후평가

"선생님이 불러 주는 단어를 받아 적는 문제입니다. 잘 듣고, 답안지에 단어를 받아 적어 보세요."

(정답지 p. 342에 평가 문항 제시)

번호	단어
1	
2	
3	
4	
5	
6	
7	
8	

16차시 자음 ㄱ, ㅊ 모음 ㅗ, ㅜ: 고 추

학습목표

자음 ㄱ, ㅊ과 모음 ㅗ, ㅜ로 이루어진 단어를 정확하게 읽고 쓸 수 있다.

사전평가

"선생님이 불러 주는 단어를 받아 적는 문제입니다. 잘 듣고, 답안지에 단어를 받아 적어 보세요."

(정답지 p. 342에 평가 문항 제시)

번호	단어
1	
2	
3	
4	
5	
6	
7	
8	

수업

제목을 살펴봅시다. 제목에서 각 낱자에 ○를 쳐 봅시다.

고 추

낱자의 소리를 알아봅시다.

ㄱ의 소리를 알아봅시다.

1. ㄱ 이것은 '기역'입니다. ㄱ은 무슨 소리가 나나요? '그' 소리([ㄱ])가 납니다.

2. 그림을 보면서 ㄱ 소리를 연습해 봅시다.

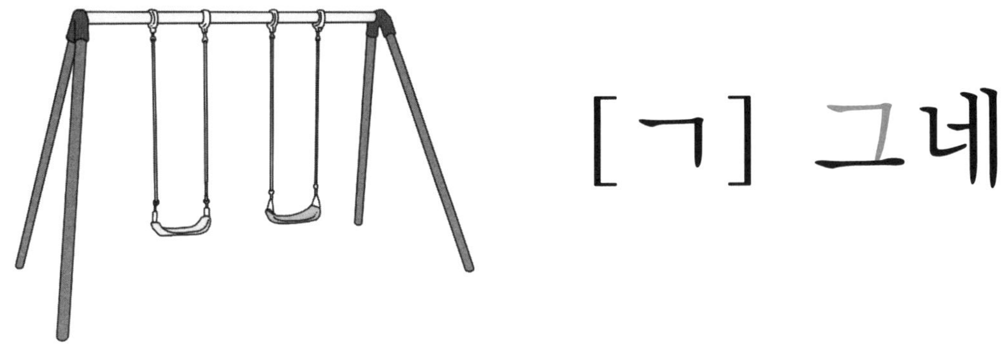

3. 낱자의 소리를 말하면서 표시된 순서에 따라 써 봅시다.

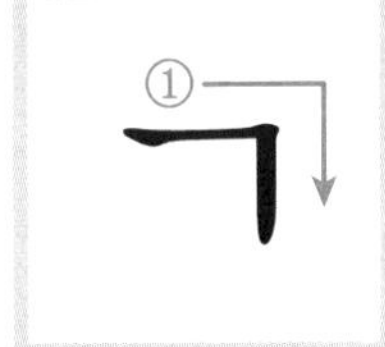

낱자의 소리를 알아봅시다.

 ㅊ의 소리를 알아봅시다.

1. ㅊ 이것은 '치읓'입니다. ㅊ은 무슨 소리가 나나요? '츠' 소리([ㅊ])가 납니다.

2. 그림을 보면서 ㅊ 소리를 연습해 봅시다.

[ㅊ] 치마

3. 낱자의 소리를 말하면서 표시된 순서에 따라 써 봅시다.

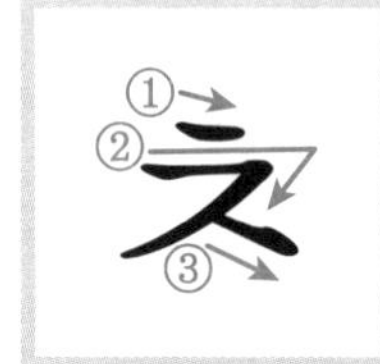

낱자의 소리를 알아봅시다.

 ㅗ의 소리를 알아봅시다.

1. ㅗ 이것은 '오'입니다. ㅗ는 무슨 소리가 나나요? '오' 소리([ㅗ])가 납니다.

2. 그림을 보면서 ㅗ 소리를 연습해 봅시다.

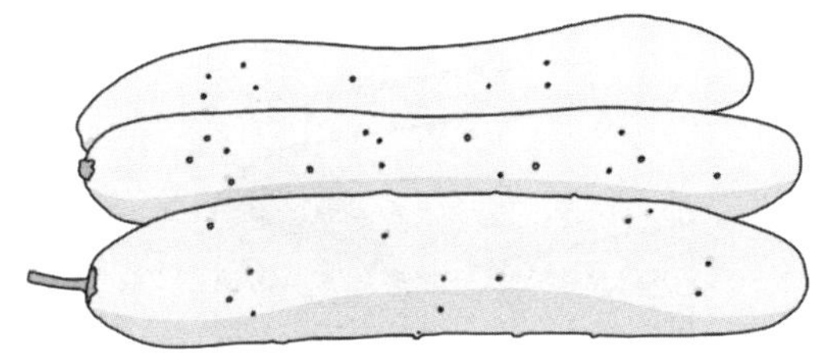

[ㅗ] 오이

3. 낱자의 소리를 말하면서 표시된 순서에 따라 써 봅시다.

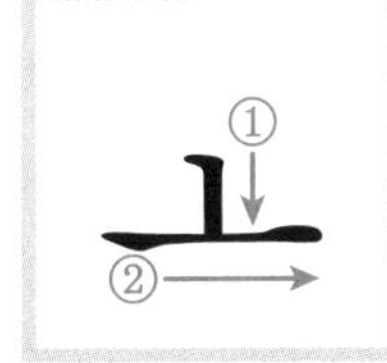

낱자의 소리를 알아봅시다.

 ㅜ의 소리를 알아봅시다.

1. ㅜ 이것은 '우'입니다. ㅜ는 무슨 소리가 나나요? '우' 소리([ㅜ])가 납니다.

2. 그림을 보면서 ㅜ 소리를 연습해 봅시다.

[ㅜ] 우유

3. 낱자의 소리를 말하면서 표시된 순서에 따라 써 봅시다.

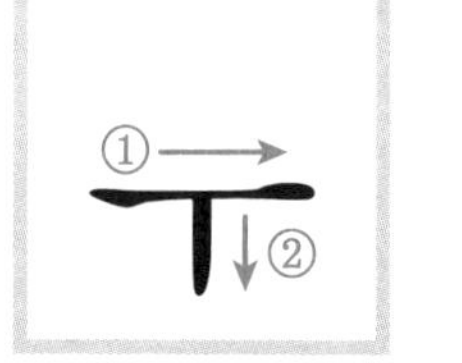

글자를 만들어 봅시다.

[ㄱ]와 [ㅗ]를 합치면 무슨 글자가 될까요?

1. 용수철을 사용하여 소리를 합쳐 봅시다.

[ㄱ] [ㅗ] ① ② → [고]

2. 다음 그림처럼 낱자 카드(✂ 〈부록 6쪽〉)를 사용하여 소리를 합쳐 봅시다.

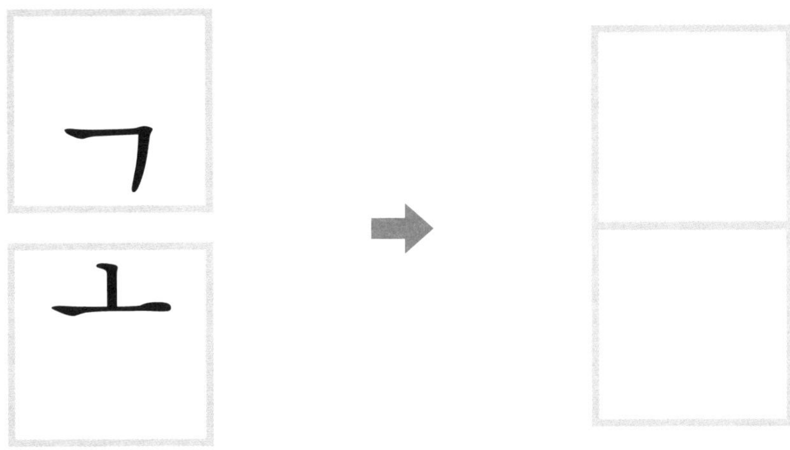

글자를 만들어 봅시다.

[ㅊ]와 [ㅗ]를 합치면 무슨 글자가 될까요?

1. 용수철을 사용하여 소리를 합쳐 봅시다.

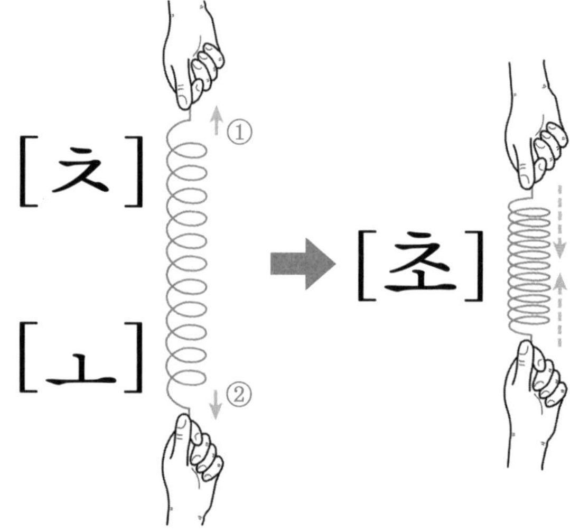

2. 다음 그림처럼 낱자 카드(✂ 〈부록 6쪽〉)를 사용하여 소리를 합쳐 봅시다.

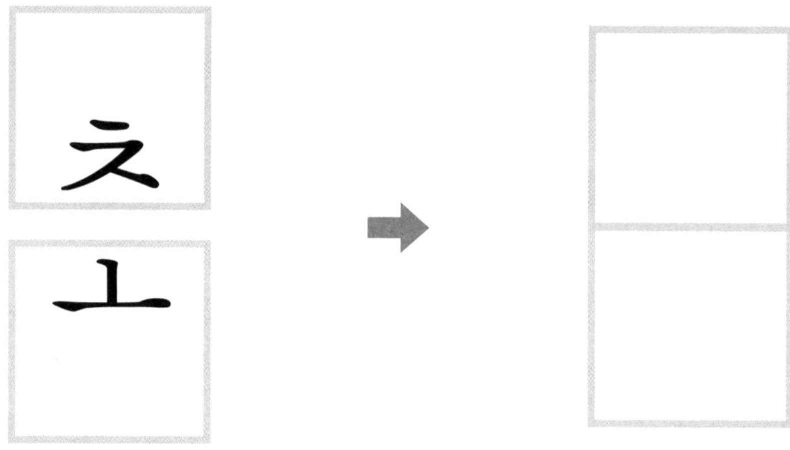

글자를 만들어 봅시다.

[ㄱ]와 [ㅜ]를 합치면 무슨 글자가 될까요?

1. 용수철을 사용하여 소리를 합쳐 봅시다.

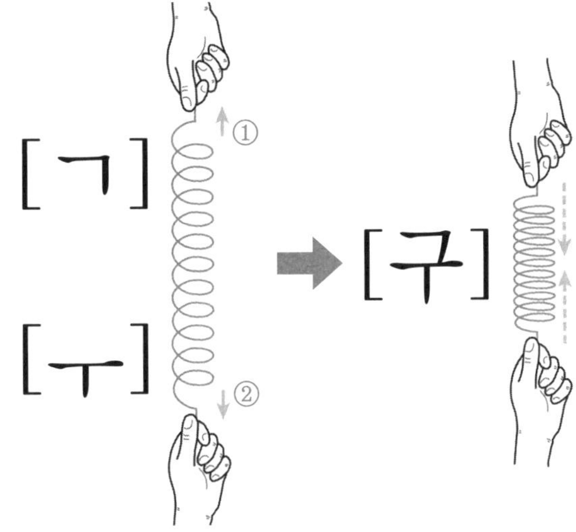

2. 다음 그림처럼 낱자 카드(✂ 〈부록 6쪽〉)를 사용하여 소리를 합쳐 봅시다.

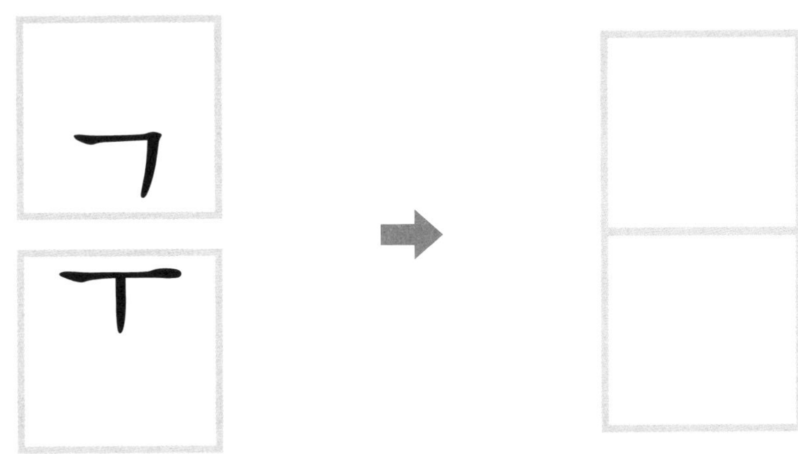

글자를 만들어 봅시다.

 [ㅊ]와 [ㅜ]를 합치면 무슨 글자가 될까요?

1. 용수철을 사용하여 소리를 합쳐 봅시다.

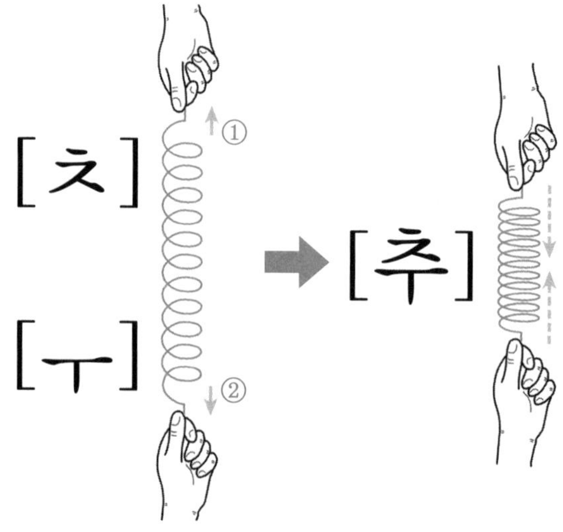

2. 다음 그림처럼 낱자 카드(✂ 〈부록 6쪽〉)를 사용하여 소리를 합쳐 봅시다.

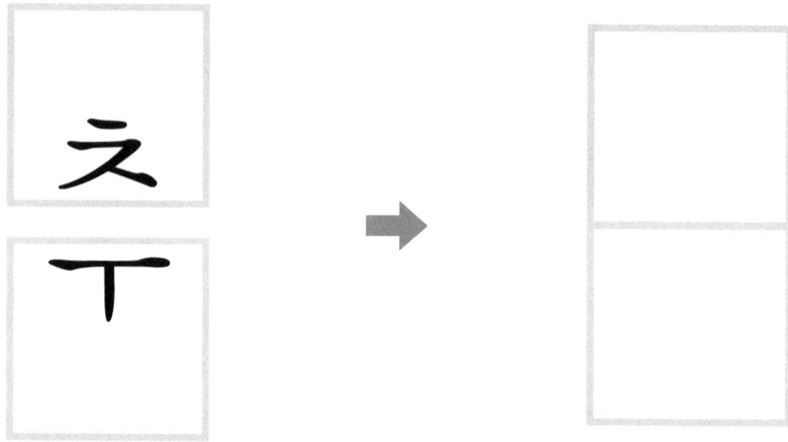

네모 칸에 있는 낱자를 각각 발음해 봅시다. 그다음, 낱자를 합쳐서 글자를 만들어 읽고 써 봅시다.

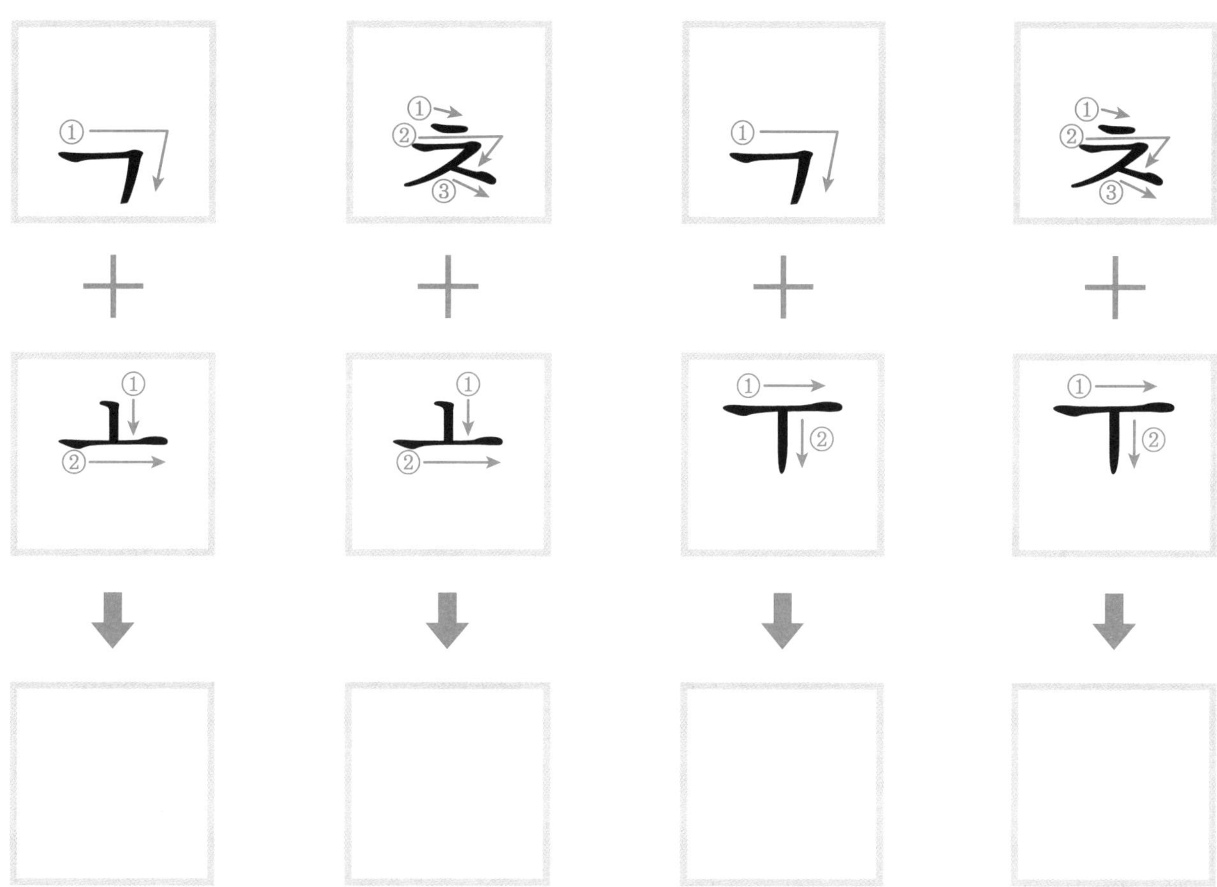

각 글자에 ○를 치면서 읽어 봅시다. 그다음, ○를 친 글자를 가림판으로 가리고 외워서 쓴 후, 맞게 썼는지 확인해 봅시다. 그리고 각 글자를 두 번 더 반복하여 써 봅시다.

글자에 ○를 치면서 읽기	기억하여 쓰기	반복 쓰기	반복 쓰기
고			
추			
구			
초			

다음의 글자를 각각 발음해 봅시다. 그다음, 글자를 합쳐서 단어를 만들어 쓰고 읽어 봅시다.

○ 고 + 추 →

○ 추 + 다 →

○ 추 + 리 →

○ 추 + 수 →

○ 기 + 초 →

○ 초 + 보 →

○ 초 + 조 →

○ 고 + 구 + 마 →

○ 구 + 르 + 다 →

〈보기〉의 단어를 소리 내어 읽어 봅시다. 그다음, 각 문장에 알맞은 단어를 〈보기〉에서 찾아 써 봅시다.

● 보기 ●

구르다, 추다, 기초, 초보, 고추, 고구마, 추리, 초조, 추수

1. 아빠와 함께 춤을 [ ][ ].
2. 무슨 일이든지 [ ][ ]를 다지는 것이 중요하다.
3. 내 차례가 다가오자 마음이 [ ][ ]하다.
4. 가을은 [ ][ ]의 계절이다.
5. 약속에 늦어 발을 동동 [ ][ ][ ].
6. 작은 [ ][ ]가 맵다.
7. 나는 셜록홈즈와 같은 [ ][ ] 소설을 좋아한다.
8. 운전이 서툴러서 차에 [ ][ ] 운전 스티커를 붙였다.
9. 할머니께서 [ ][ ][ ]를 삶아 주셨다.

다음 단어를 소리 내어 읽고 써 봅시다.

계절 

붙이고

다음 문장을 소리 내어 읽고 써 봅시다.

○ 가을은 **추수**의 **계절**이다.

가을은  의 이다.

○ 운전이 서툴러서 차에 **초보**운전 스티커를 **붙였다.**

운전이 서툴러서 차에   운전

스티커를 .

그림을 보고, 알맞은 단어를 써 보세요.

1.	□□
2.	□□
3.	□□□

〈보기〉의 단어들을 같은 낱자로 시작되는 단어끼리 단어 카드(✂ 〈부록 10쪽〉)를 사용하여 붙여 봅시다. 그다음, 같은 낱자로 시작되는 단어끼리 소리 내어 읽어 봅시다.

● 보기 ●

구르다, 추다, 기초, 초보, 고추, 고구마, 추리, 초조, 추수

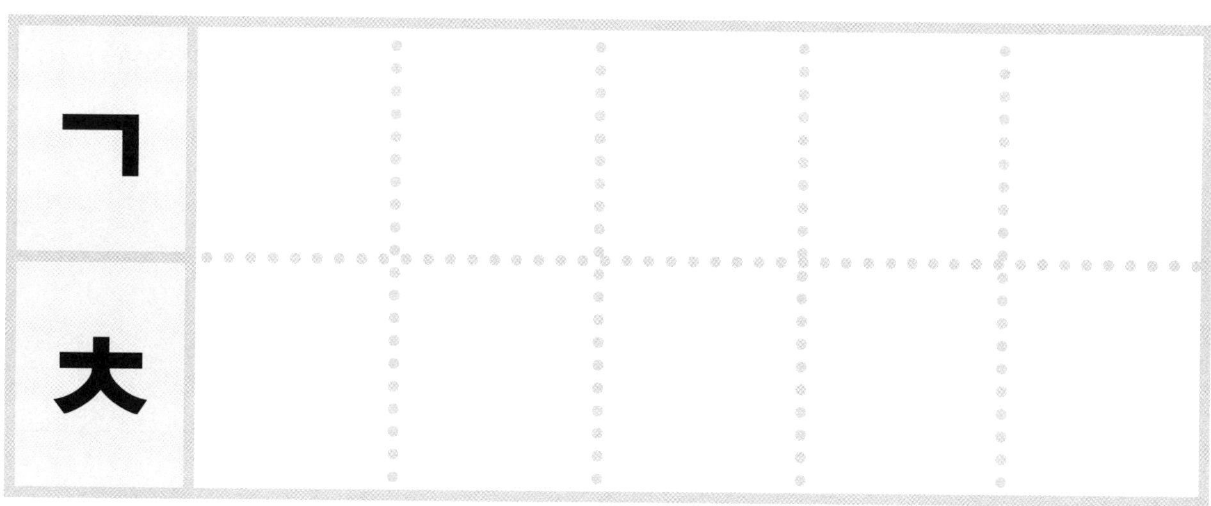

"선생님이 불러 주는 단어를 받아 적는 문제입니다. 잘 듣고, 답안지에 단어를 받아 적어 보세요."

(정답지 p. 343에 평가 문항 제시)

번호	단어
1	
2	
3	
4	
5	
6	
7	
8	

17차시 자음 ㅋ, ㅍ 모음 ㅓ, ㅣ: 커피

학습목표

자음 ㅋ, ㅍ과 모음 ㅓ, ㅣ로 이루어진 단어를 정확하게 읽고 쓸 수 있다.

사전평가

“선생님이 불러 주는 단어를 받아 적는 문제입니다. 잘 듣고, 답안지에 단어를 받아 적어 보세요.”

(정답지 p. 343에 평가 문항 제시)

번호	단어
1	
2	
3	
4	
5	
6	
7	
8	

수업

제목을 살펴봅시다. 제목에서 각 낱자에 ○를 쳐 봅시다.

커 피

낱자의 소리를 알아봅시다.

ㅋ의 소리를 알아봅시다.

1. ㅋ 이것은 '키읔'입니다. ㅋ은 무슨 소리가 나나요? '크' 소리([ㅋ])가 납니다.

2. 그림을 보면서 ㅋ 소리를 연습해 봅시다.

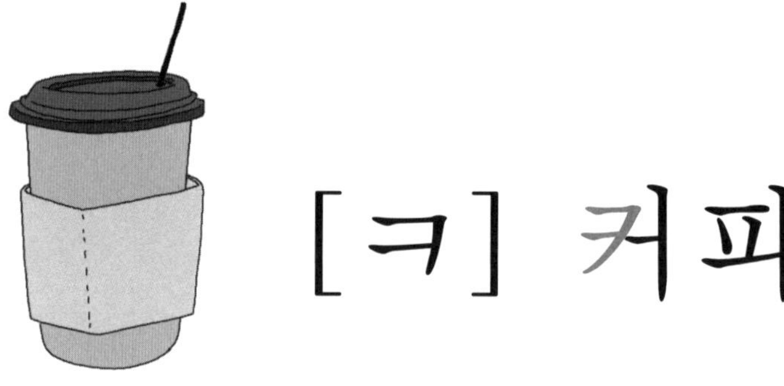

3. 낱자의 소리를 말하면서 표시된 순서에 따라 써 봅시다.

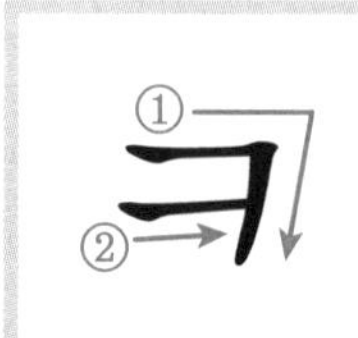

낱자의 소리를 알아봅시다.

 ㅍ의 소리를 알아봅시다.

1. ㅍ 이것은 '피읖'입니다. ㅍ은 무슨 소리가 나나요? '프' 소리([ㅍ])가 납니다.

2. 그림을 보면서 ㅍ 소리를 연습해 봅시다.

[ㅍ] 포도

3. 낱자의 소리를 말하면서 표시된 순서에 따라 써 봅시다.

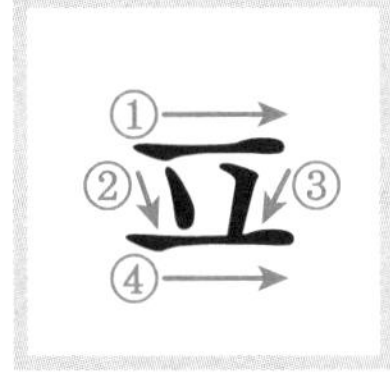

낱자의 소리를 알아봅시다.

 ㅓ의 소리를 알아봅시다.

1. ㅓ 이것은 '어'입니다. ㅓ는 무슨 소리가 나나요? '어' 소리([ㅓ])가 납니다.

2. 그림을 보면서 ㅓ 소리를 연습해 봅시다.

[ㅓ] 어머니

3. 낱자의 소리를 말하면서 표시된 순서에 따라 써 봅시다.

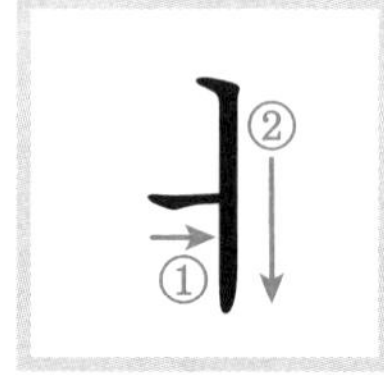

낱자의 소리를 알아봅시다.

 ㅣ의 소리를 알아봅시다.

1. ㅣ 이것은 '이'입니다. ㅣ는 무슨 소리가 나나요? '이' 소리([ㅣ])가 납니다.

2. 그림을 보면서 ㅣ 소리를 연습해 봅시다.

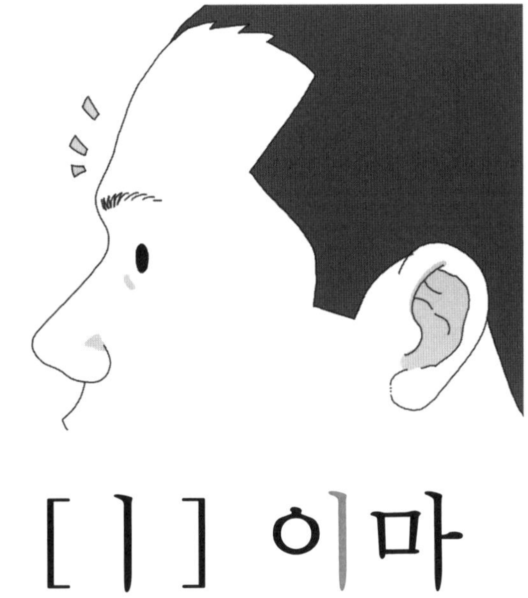

[ㅣ] 이마

3. 낱자의 소리를 말하면서 표시된 순서에 따라 써 봅시다.

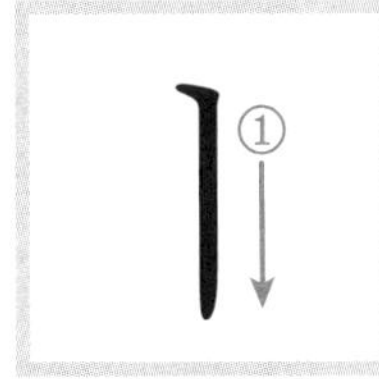

글자를 만들어 봅시다.

[ㅋ]와 [ㅓ]를 합치면 무슨 글자가 될까요?

1. 용수철을 사용하여 소리를 합쳐 봅시다.

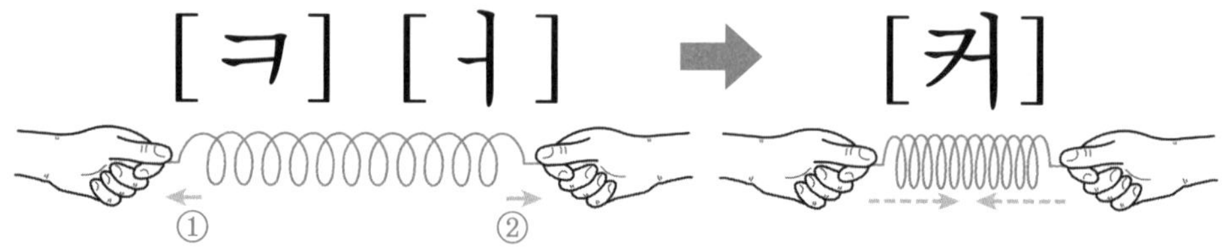

2. 다음 그림처럼 낱자 카드(✂ 〈부록 6쪽〉)를 사용하여 소리를 합쳐 봅시다.

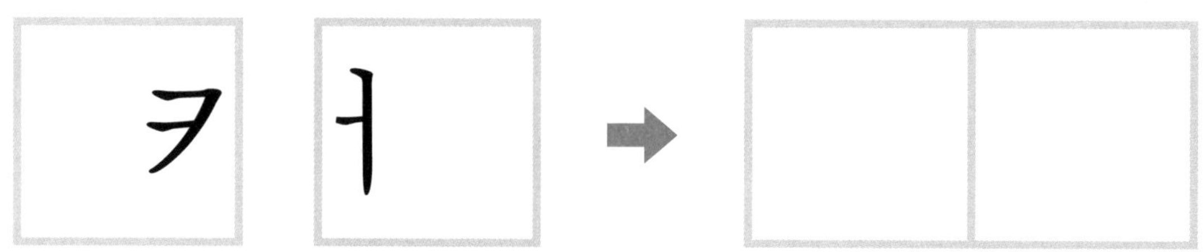

[ㅍ]와 [ㅓ]를 합치면 무슨 글자가 될까요?

1. 용수철을 사용하여 소리를 합쳐 봅시다.

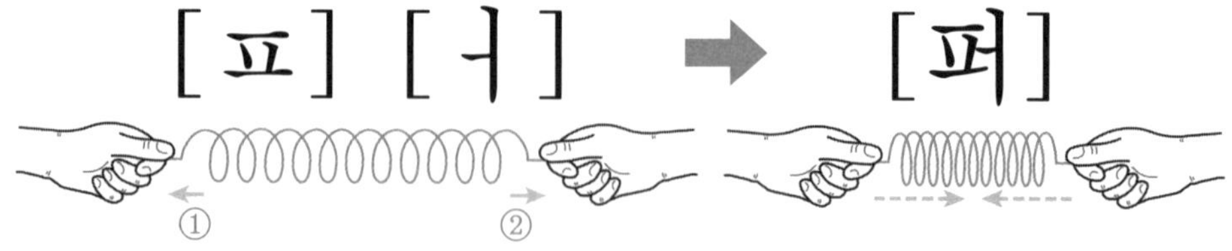

2. 다음 그림처럼 낱자 카드(✂ 〈부록 6쪽〉)를 사용하여 소리를 합쳐 봅시다.

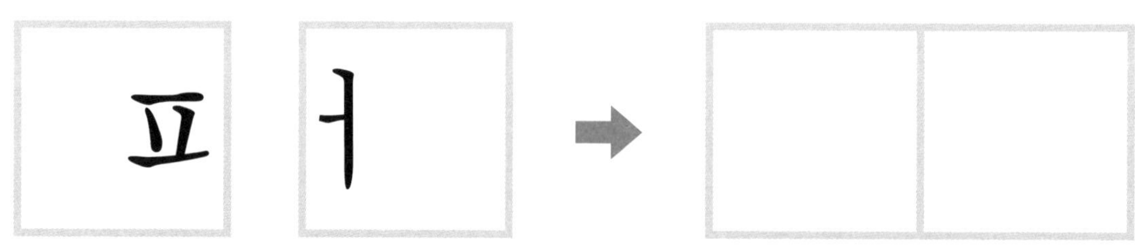

글자를 만들어 봅시다.

[ㅋ]와 [ㅣ]를 합치면 무슨 글자가 될까요?

1. 용수철을 사용하여 소리를 합쳐 봅시다.

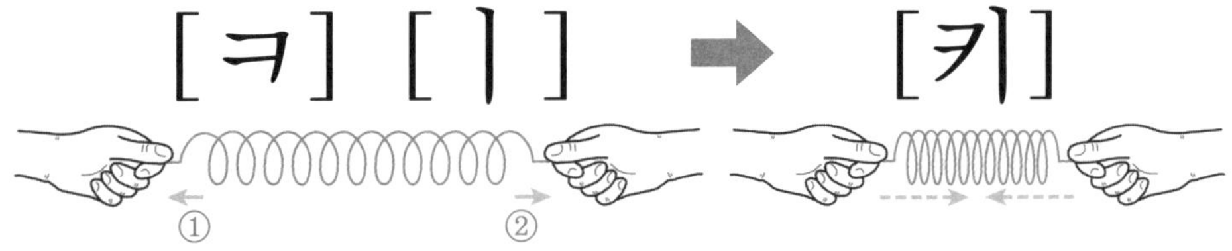

2. 다음 그림처럼 낱자 카드(✂ 〈부록 6쪽〉)를 사용하여 소리를 합쳐 봅시다.

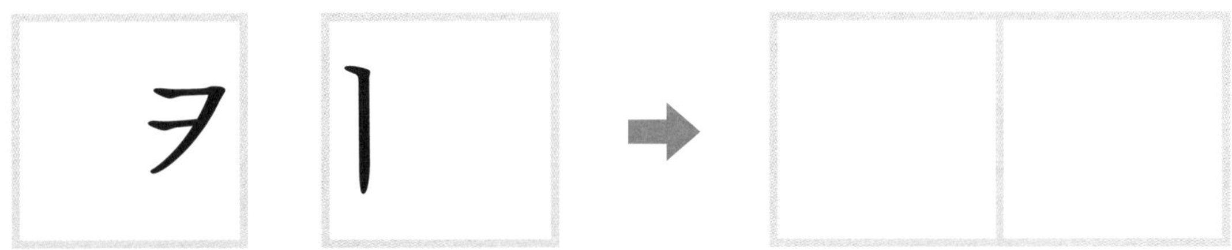

[ㅍ]와 [ㅣ]를 합치면 무슨 글자가 될까요?

1. 용수철을 사용하여 소리를 합쳐 봅시다.

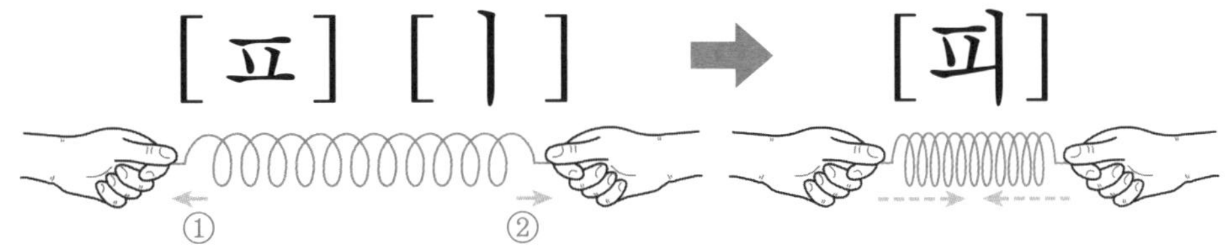

2. 다음 그림처럼 낱자 카드(✂ 〈부록 6쪽〉)를 사용하여 소리를 합쳐 봅시다.

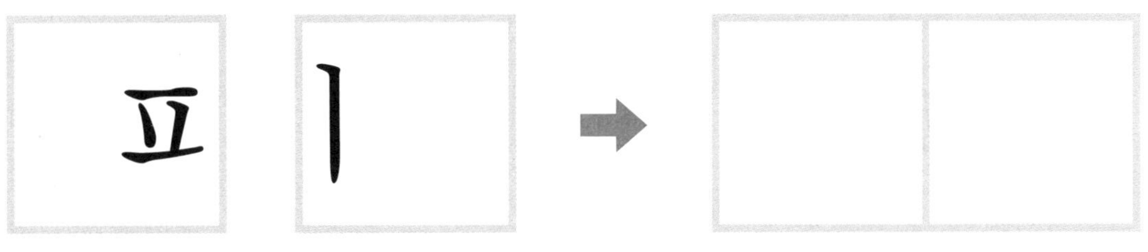

네모 칸에 있는 낱자를 각각 발음해 봅시다. 그다음, 낱자를 합쳐서 글자를 만들어 읽고 써 봅시다.

ㅋ + ㅓ → ☐

ㅍ + ㅓ → ☐

ㅋ + ㅣ → ☐

ㅍ + ㅣ → ☐

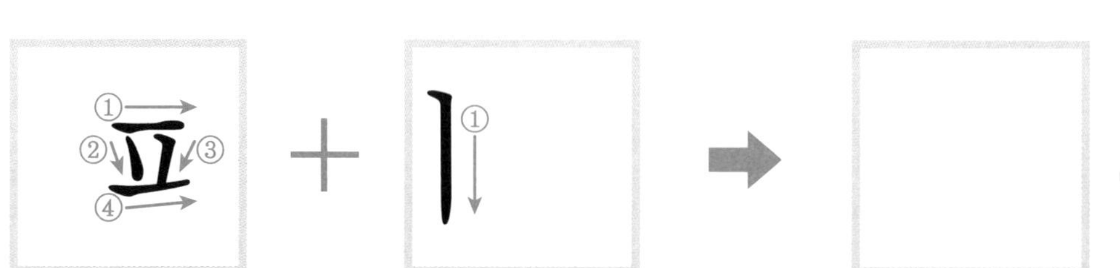

각 글자에 ○를 치면서 읽어 봅시다. 그다음, ○를 친 글자를 가림판으로 가리고 외워서 쓴 후, 맞게 썼는지 확인해 봅시다. 그리고 각 글자를 두 번 더 반복하여 써 봅시다.

글자에 ○를 치면서 읽기	기억하여 쓰기	반복 쓰기	반복 쓰기
커			
퍼			
키			
피			

다음의 글자를 각각 발음해 봅시다. 그다음, 글자를 합쳐서 단어를 만들어 쓰고 읽어 봅시다.

- 커 + 피 →
- 스 + 키 →
- 피 + 로 →
- 피 + 부 →
- 피 + 리 →
- 부 + 피 →
- 피 + 아 + 노 →
- 커 + 지 + 다 →
- 스 + 커 + 트 →
- 키 + 다 + 리 →

〈보기〉의 단어를 소리 내어 읽어 봅시다. 그다음, 각 문장에 알맞은 단어를 〈보기〉에서 찾아 써 봅시다.

● 보기 ●

커피, 키다리, 스키, 커지다, 스커트, 피로, 피부, 피아노, 피리, 부피

1. 겨울에 스키장에 가서 [ ][ ] 를 탔다.
2. 햇볕에 그을려 [ ][ ] 가 검게 탔다.
3. [ ][ ] 가 큰 물건은 공간을 많이 차지한다.
4. 놀란 아이의 눈이 [ ][ ][ ] .
5. [ ][ ] 가 쌓여 감기에 걸렸다.
6. 우리 아빠는 키가 너무 커서 [ ][ ][ ] 아저씨로 불린다.
7. 내 짝꿍은 [ ][ ][ ] 를 잘 친다.
8. 나는 음악 시간에 [ ][ ] 를 불었다.
9. 엄마가 [ ][ ] 한 잔을 마셨다.
10. 남자아이는 바지를 입고, 여자아이는 [ ][ ][ ] 를 입었다.

다음 단어를 소리 내어 읽고 써 봅시다.

탔다

쌓여

다음 문장을 소리 내어 읽고 써 봅시다.

○ 겨울에 스키장에 가서 스키를 탔다.

겨울에 스키장에 가서 ☐☐ 를 ☐☐ .

○ 피로가 쌓여 감기에 걸렸다.

☐☐ 가 ☐☐ 감기에 걸렸다.

그림을 보고, 알맞은 단어를 써 보세요.

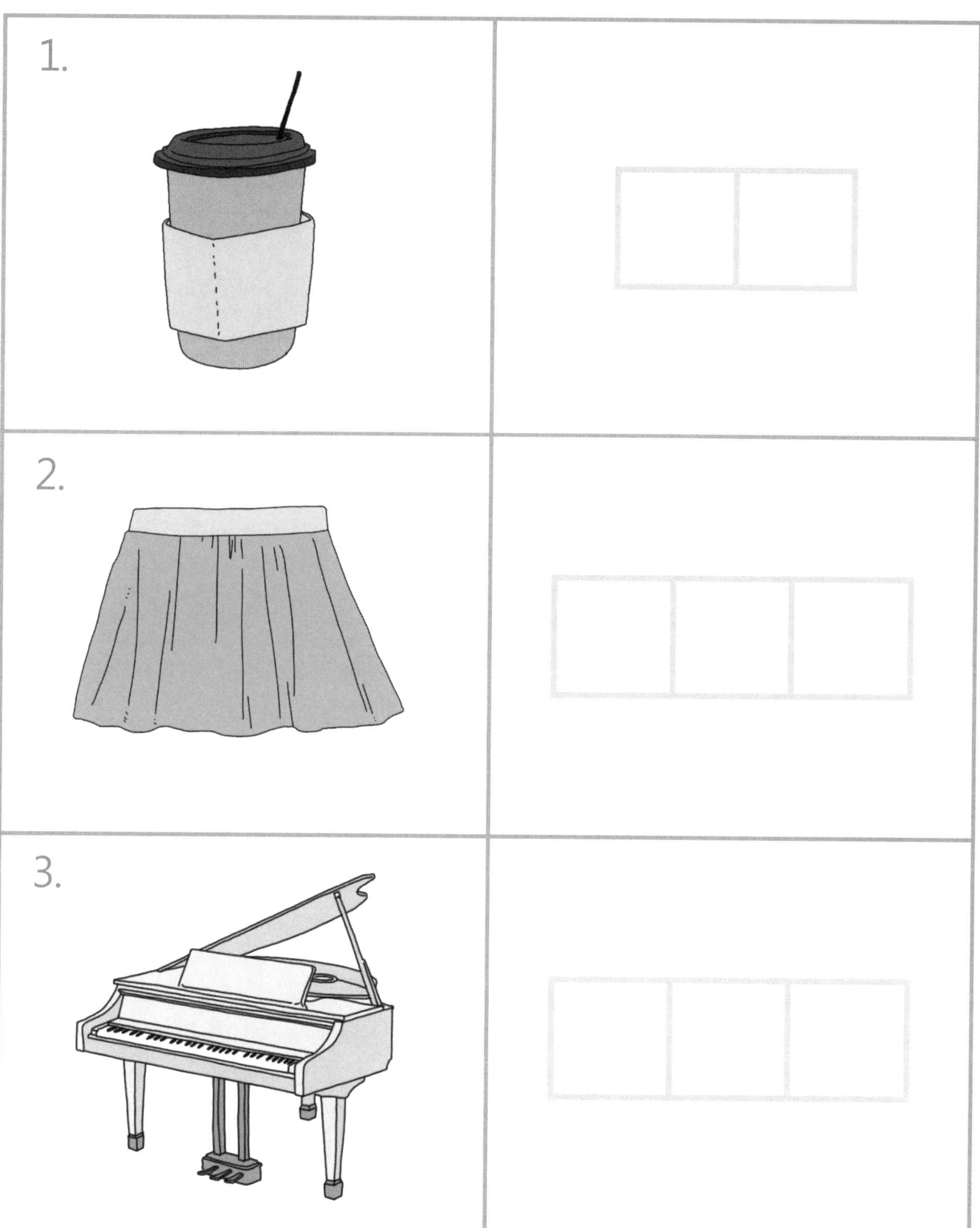

〈보기〉의 단어들을 같은 낱자로 시작되는 단어끼리 단어 카드(✂ 〈부록 10쪽〉)를 사용하여 붙여 봅시다. 그다음, 같은 낱자로 시작되는 단어끼리 소리 내어 읽어 봅시다.

● 보기 ●

커피, 키다리, 스키, 커지다, 스커트, 피로, 피부, 피아노, 피리, 부피

"선생님이 불러 주는 단어를 받아 적는 문제입니다. 잘 듣고, 답안지에 단어를 받아 적어 보세요."

(정답지 p. 343에 평가 문항 제시)

번호	단어
1	
2	
3	
4	
5	
6	
7	
8	

18차시 자음 ㅌ, ㅈ 모음 ㅏ, ㅗ: 타 조

자음 ㅌ, ㅈ과 모음 ㅏ, ㅗ로 이루어진 단어를 정확하게 읽고 쓸 수 있다.

"선생님이 불러 주는 단어를 받아 적는 문제입니다. 잘 듣고, 답안지에 단어를 받아 적어 보세요."

(정답지 p. 344에 평가 문항 제시)

번호	단어
1	
2	
3	
4	
5	
6	
7	
8	

수업

제목을 살펴봅시다. 제목에서 각 낱자에 ○를 쳐 봅시다.

타 조

낱자의 소리를 알아봅시다.

ㅌ의 소리를 알아봅시다.

1. ㅌ 이것은 '티읕'입니다. ㅌ은 무슨 소리가 나나요? '트' 소리([ㅌ])가 납니다.

2. 그림을 보면서 ㅌ 소리를 연습해 봅시다.

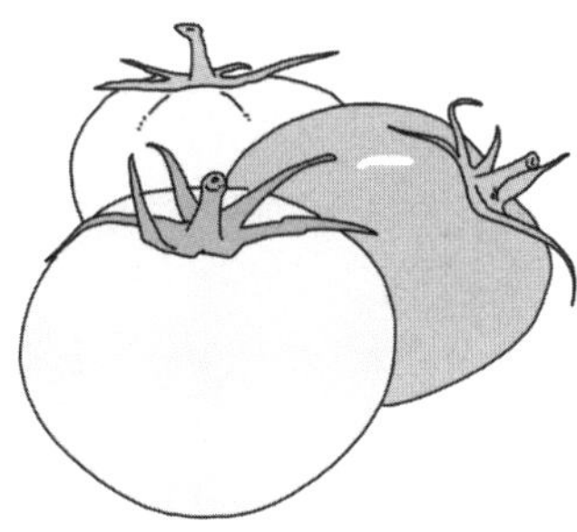

[ㅌ] 토마토

3. 낱자의 소리를 말하면서 표시된 순서에 따라 써 봅시다.

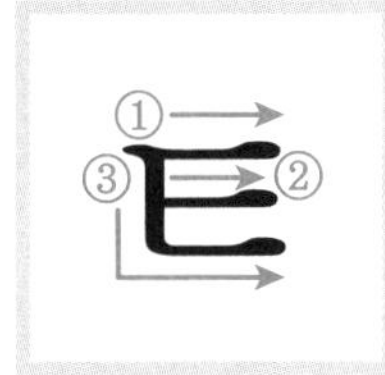

낱자의 소리를 알아봅시다.

 ㅈ의 소리를 알아봅시다.

1. ㅈ 이것은 '지읒'입니다. ㅈ은 무슨 소리가 나나요? '즈' 소리([ㅈ])가 납니다.

2. 그림을 보면서 ㅈ 소리를 연습해 봅시다.

[ㅈ] 자두

3. 낱자의 소리를 말하면서 표시된 순서에 따라 써 봅시다.

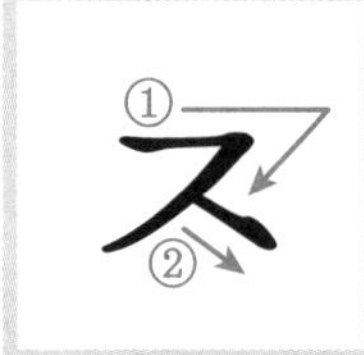

낱자의 소리를 알아봅시다.

 ㅗ의 소리를 알아봅시다.

1. ㅗ 이것은 '오'입니다. ㅗ는 무슨 소리가 나나요? '오' 소리([ㅗ])가 납니다.

2. 그림을 보면서 ㅗ 소리를 연습해 봅시다.

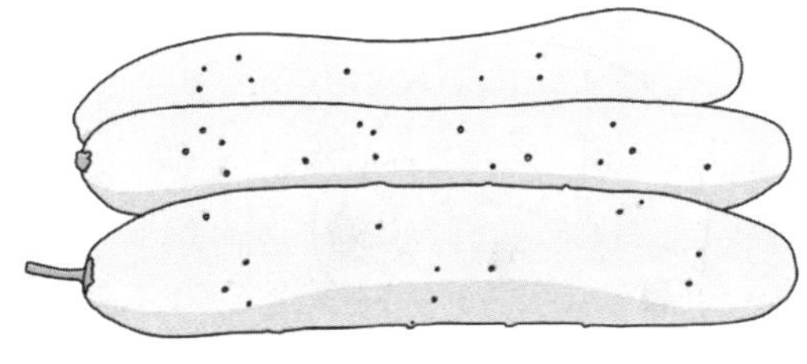

[ㅗ] 오이

3. 낱자의 소리를 말하면서 표시된 순서에 따라 써 봅시다.

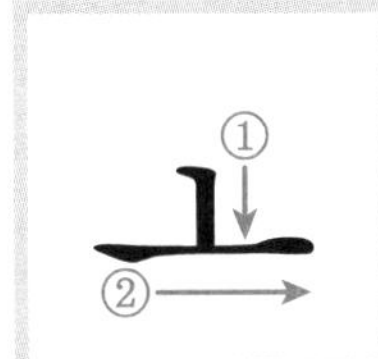

낱자의 소리를 알아봅시다.

 ㅏ의 소리를 알아봅시다.

1. ㅏ 이것은 '아'입니다. ㅏ는 무슨 소리가 나나요? '아' 소리([ㅏ])가 납니다.

2. 그림을 보면서 ㅏ 소리를 연습해 봅시다.

[ㅏ] 아기

3. 낱자의 소리를 말하면서 표시된 순서에 따라 써 봅시다.

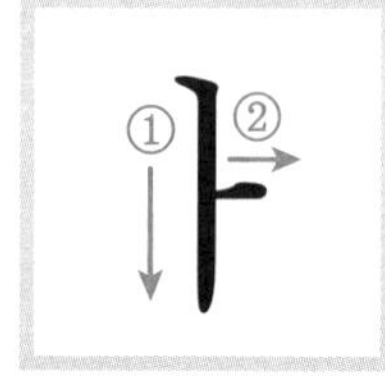

글자를 만들어 봅시다.

[ㅌ]와 [ㅗ]를 합치면 무슨 글자가 될까요?

1. 용수철을 사용하여 소리를 합쳐 봅시다.

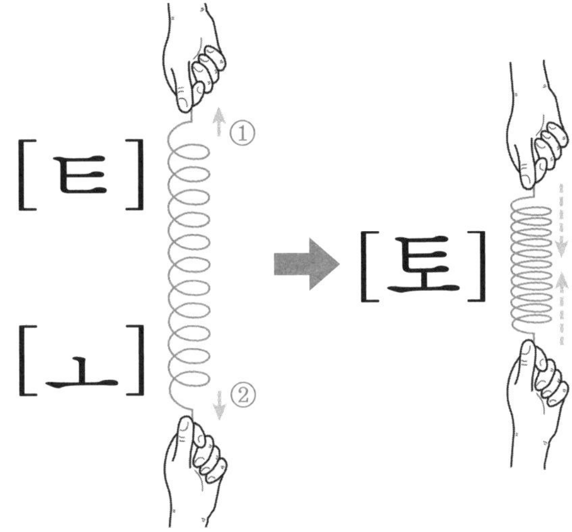

2. 다음 그림처럼 낱자 카드(✄ 〈부록 6쪽〉)를 사용하여 소리를 합쳐 봅시다.

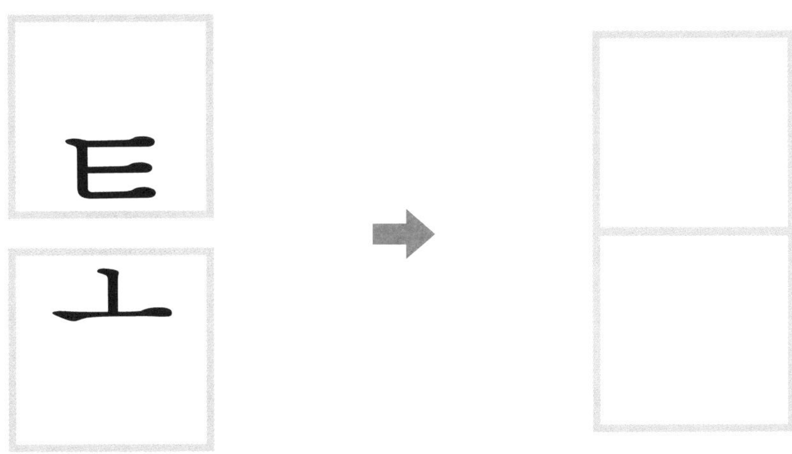

글자를 만들어 봅시다.

 [ㅈ]와 [ㅗ]를 합치면 무슨 글자가 될까요?

1. 용수철을 사용하여 소리를 합쳐 봅시다.

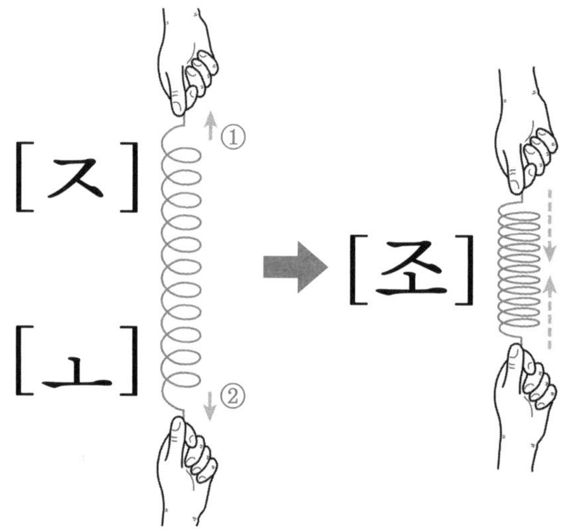

2. 다음 그림처럼 낱자 카드(✂ 〈부록 6쪽〉)를 사용하여 소리를 합쳐 봅시다.

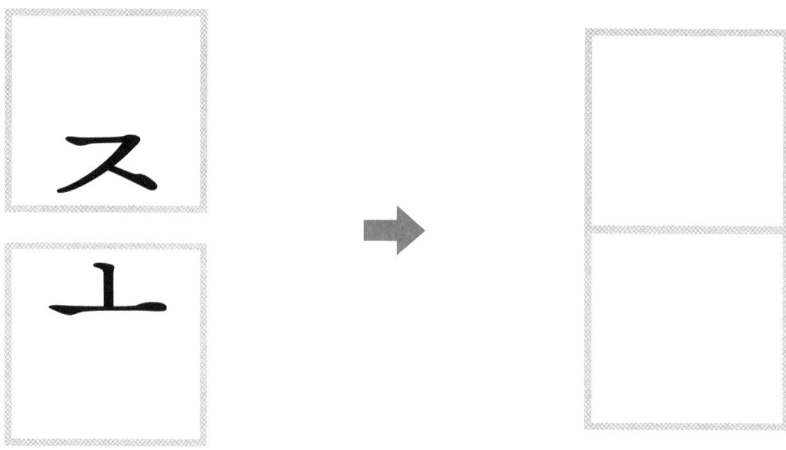

글자를 만들어 봅시다.

 [ㅌ]와 [ㅏ]를 합치면 무슨 글자가 될까요?

1. 용수철을 사용하여 소리를 합쳐 봅시다.

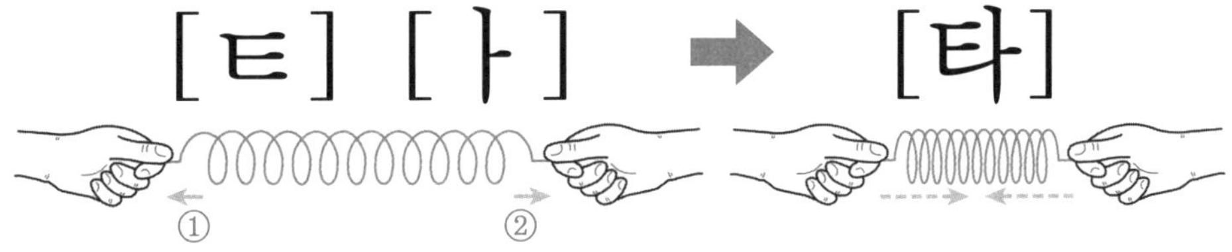

2. 다음 그림처럼 낱자 카드(✂ 〈부록 6쪽〉)를 사용하여 소리를 합쳐 봅시다.

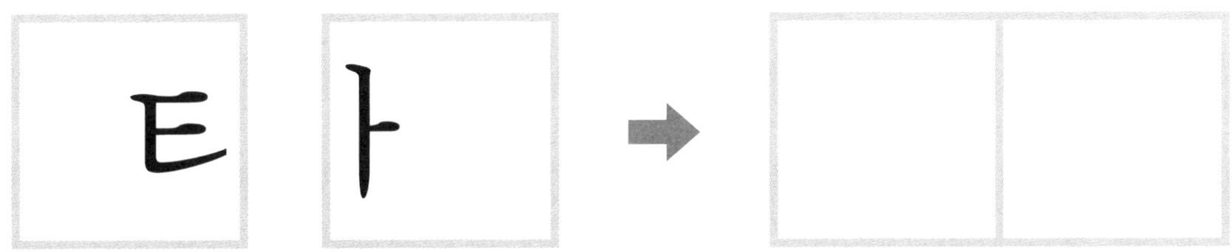

[ㅈ]와 [ㅏ]를 합치면 무슨 글자가 될까요?

1. 용수철을 사용하여 소리를 합쳐 봅시다.

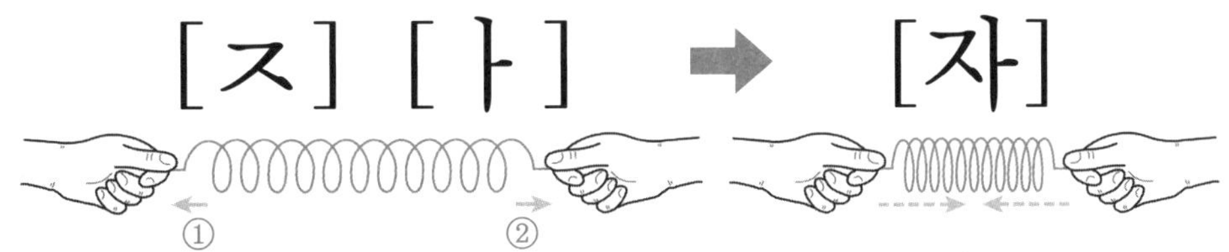

2. 다음 그림처럼 낱자 카드(✂ 〈부록 6쪽〉)를 사용하여 소리를 합쳐 봅시다.

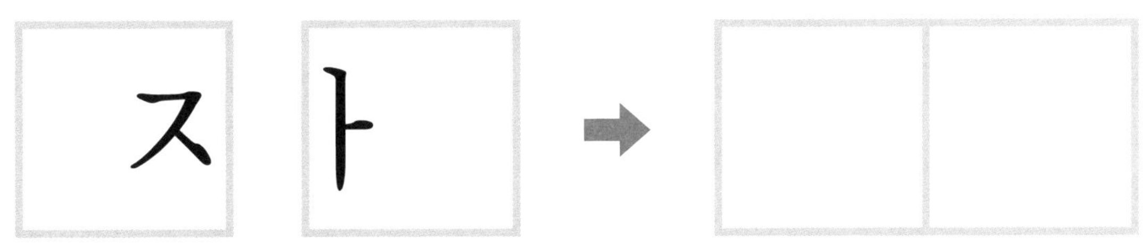

네모 칸에 있는 낱자를 각각 발음해 봅시다. 그다음, 낱자를 합쳐서 글자를 만들어 읽고 써 봅시다.

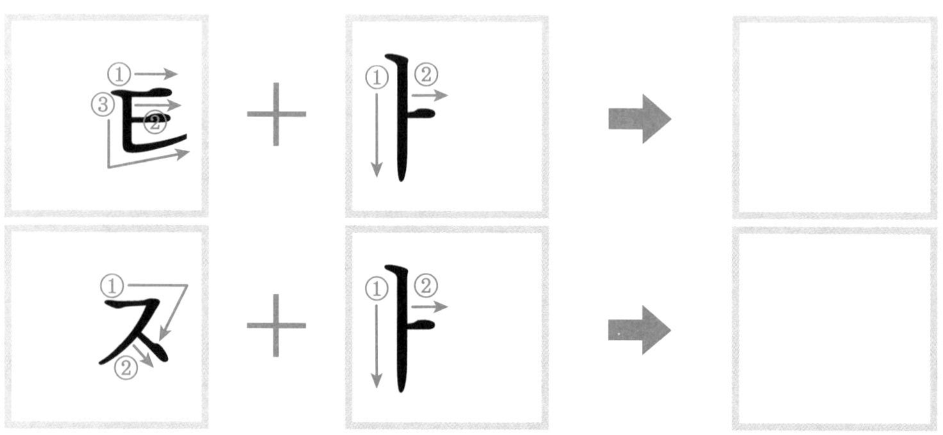

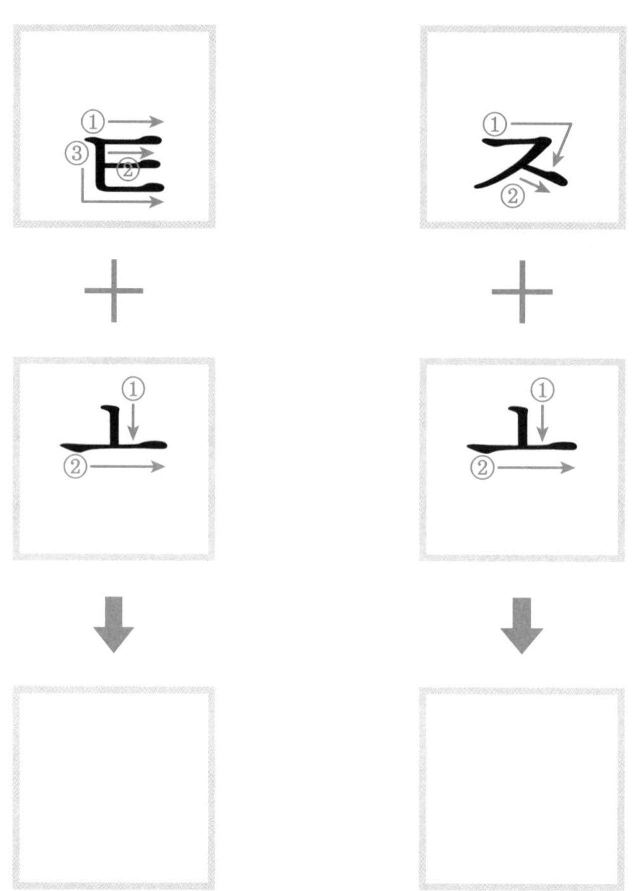

각 글자에 ○를 치면서 읽어 봅시다. 그다음, ○를 친 글자를 가림판으로 가리고 외워서 쓴 후, 맞게 썼는지 확인해 봅시다. 그리고 각 글자를 두 번 더 반복하여 써 봅시다.

글자에 ○를 치면서 읽기	기억하여 쓰기	반복 쓰기	반복 쓰기
타			
자			
조			
토			

다음의 글자를 각각 발음해 봅시다. 그다음, 글자를 합쳐서 단어를 만들어 쓰고 읽어 봅시다.

- 타 + 조 → [ ]
- 타 + 자 → [ ]
- 기 + 타 → [ ]
- 타 + 다 → [ ]
- 토 + 지 → [ ]
- 디 + 저 + 트 → [ ]
- 도 + 토 + 리 → [ ]
- 토 + 마 + 토 → [ ]
- 오 + 토 + 바 + 이 → [ ]

〈보기〉의 단어를 소리 내어 읽어 봅시다. 그다음, 각 문장에 알맞은 단어를 〈보기〉에서 찾아 써 봅시다.

● 보기 ●

오토바이, 타조, 기타, 타다, 디저트, 타자, 도토리, 토지, 토마토, 타이어

1. 아빠는 ☐☐ 연주를 잘하신다.
2. ☐☐☐ 가 빨갛게 익었다.
3. ☐☐☐ 의 바람이 다 빠졌다.
4. 야구 경기에서는 공을 잘 치는 ☐☐ 가 중요하다.
5. ☐☐ 가 비옥하여 농사가 잘된다.
6. 다람쥐가 ☐☐☐ 를 주워 갔다.
7. ☐☐ 는 세상에서 가장 큰 새다.
8. ☐☐☐☐ 를 탈 때에는 헬멧을 꼭 써야 한다.
9. 시간을 아끼기 위해 택시를 ☐☐ .
10. ☐☐☐ 로 케이크 한 조각이 나왔다.

다음 단어를 소리 내어 읽고 써 봅시다.

세상에서

주워

다음 문장을 소리 내어 읽고 써 봅시다.

○ 타조는 세상에서 가장 큰 새다.

☐☐는 ☐☐☐☐ 가장 큰 새다.

○ 다람쥐가 도토리를 주워 갔다.

다람쥐가 ☐☐☐를 ☐☐ 갔다.

그림을 보고, 알맞은 단어를 써 보세요.

1. 	
2. 	
3. 	

〈보기〉의 단어들을 같은 낱자로 시작되는 단어끼리 단어 카드(✂ 〈부록 10쪽〉)를 사용하여 붙여 봅시다. 그다음, 같은 낱자로 시작되는 단어끼리 소리 내어 읽어 봅시다.

● 보기 ●

타조, 기타, 타다, 디저트, 타자, 도토리, 토지, 토마토, 타이어, 오토바이

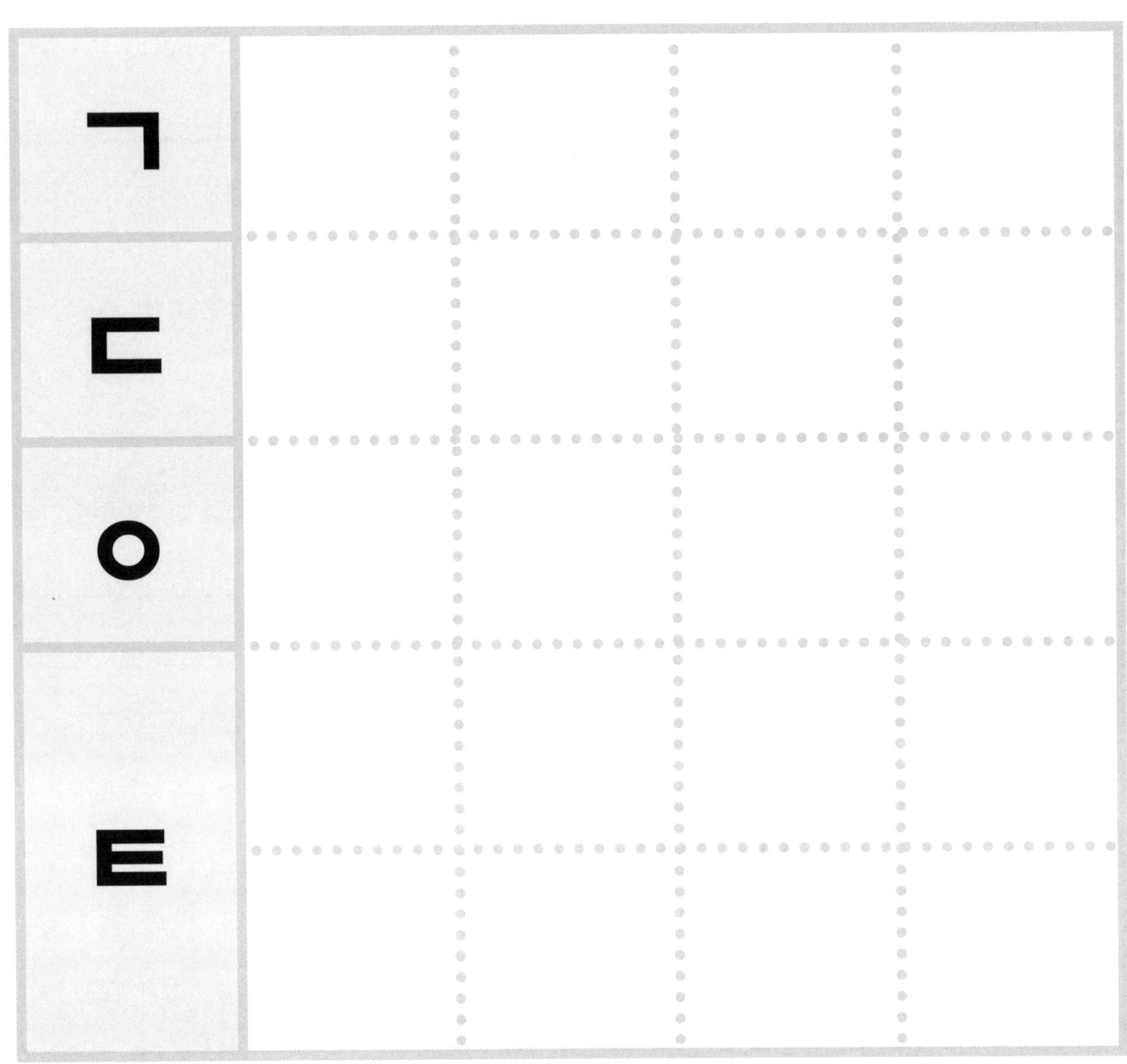

"선생님이 불러 주는 단어를 받아 적는 문제입니다. 잘 듣고, 답안지에 단어를 받아 적어 보세요."

(정답지 p. 344에 평가 문항 제시)

번호	단어
1	
2	
3	
4	
5	
6	
7	
8	

19차시 자음 ㅋ, ㅍ 모음 ㅗ, ㅡ: 포 크

자음 ㅋ, ㅍ과 모음 ㅗ, ㅡ로 이루어진 단어를 정확하게 읽고 쓸 수 있다.

"선생님이 불러 주는 단어를 받아 적는 문제입니다. 잘 듣고, 답안지에 단어를 받아 적어 보세요."

(정답지 p. 345에 평가 문항 제시)

번호	단어
1	
2	
3	
4	
5	
6	
7	
8	

수업

제목을 살펴봅시다. 제목에서 각 낱자에 ○를 쳐 봅시다.

포 크

낱자의 소리를 알아봅시다.

 ㅋ의 소리를 알아봅시다.

1. ㅋ 이것은 '키읔'입니다. ㅋ은 무슨 소리가 나나요? '크' 소리([ㅋ])가 납니다.

2. 그림을 보면서 ㅋ 소리를 연습해 봅시다.

[ㅋ] 커피

3. 낱자의 소리를 말하면서 표시된 순서에 따라 써 봅시다.

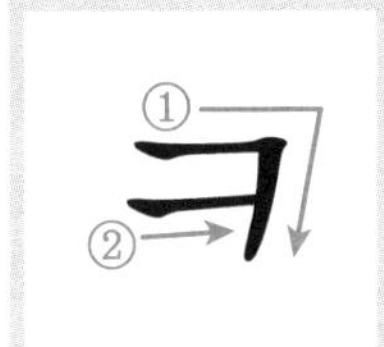

낱자의 소리를 알아봅시다.

 ㅍ의 소리를 알아봅시다.

1. ㅍ 이것은 '피읖'입니다. ㅍ은 무슨 소리가 나나요? '프' 소리([ㅍ])가 납니다.

2. 그림을 보면서 ㅍ 소리를 연습해 봅시다.

[ㅍ] 포도

3. 낱자의 소리를 말하면서 표시된 순서에 따라 써 봅시다.

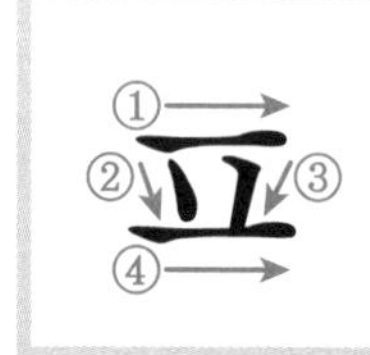

낱자의 소리를 알아봅시다.

 ㅗ의 소리를 알아봅시다.

1. ㅗ 이것은 '오'입니다. ㅗ는 무슨 소리가 나나요? '오' 소리([ㅗ])가 납니다.

2. 그림을 보면서 ㅗ 소리를 연습해 봅시다.

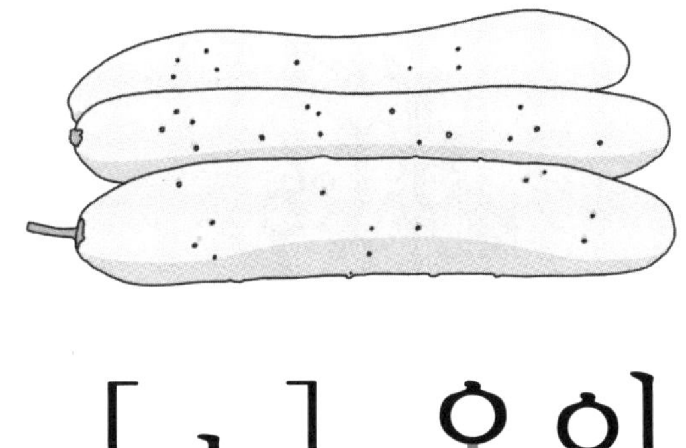

[ㅗ] 오이

3. 낱자의 소리를 말하면서 표시된 순서에 따라 써 봅시다.

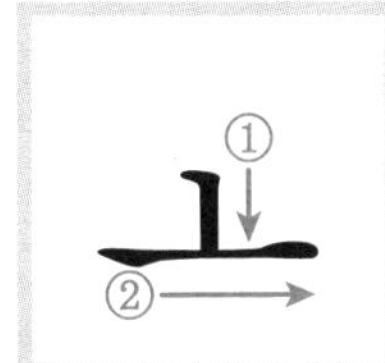

낱자의 소리를 알아봅시다.

 ㅡ의 소리를 알아봅시다.

1. ㅡ 이것은 '으'입니다. ㅡ는 무슨 소리가 나나요? '으' 소리([ㅡ])가 납니다.

2. 그림을 보면서 ㅡ 소리를 연습해 봅시다.

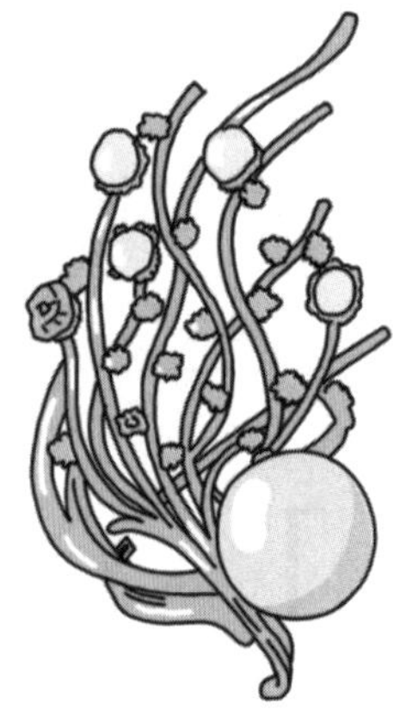

[ㅡ] 브로치

3. 낱자의 소리를 말하면서 표시된 순서에 따라 써 봅시다.

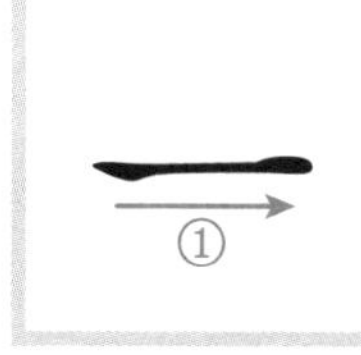

글자를 만들어 봅시다.

[ㅋ]와 [ㅗ]를 합치면 무슨 글자가 될까요?

1. 용수철을 사용하여 소리를 합쳐 봅시다.

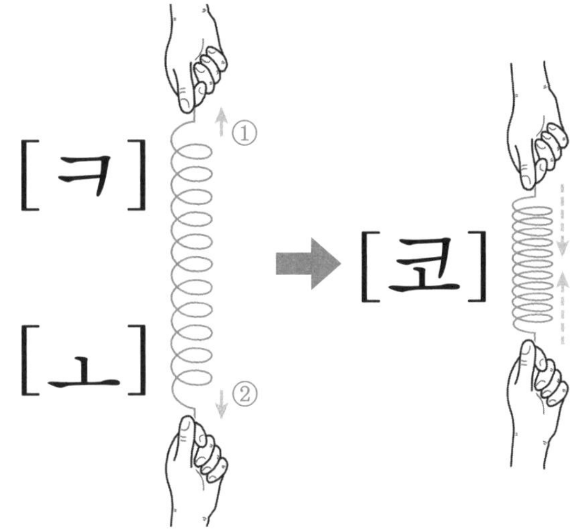

2. 다음 그림처럼 낱자 카드(✂ 〈부록 7쪽〉)를 사용하여 소리를 합쳐 봅시다.

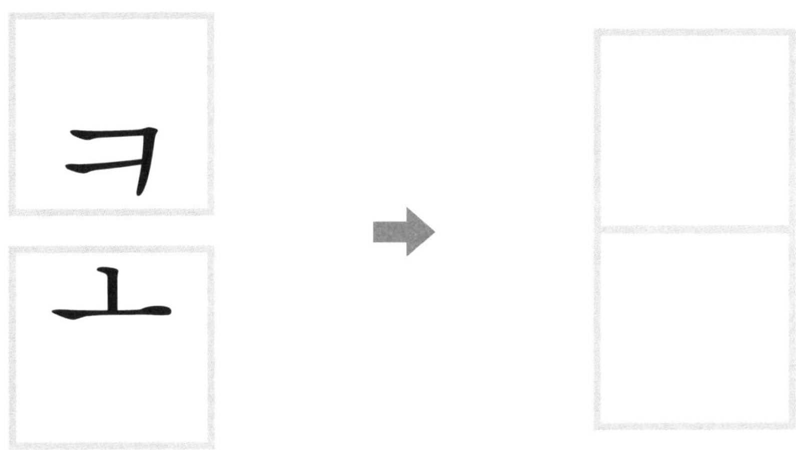

글자를 만들어 봅시다.

 [ㅍ]와 [ㅗ]를 합치면 무슨 글자가 될까요?

1. 용수철을 사용하여 소리를 합쳐 봅시다.

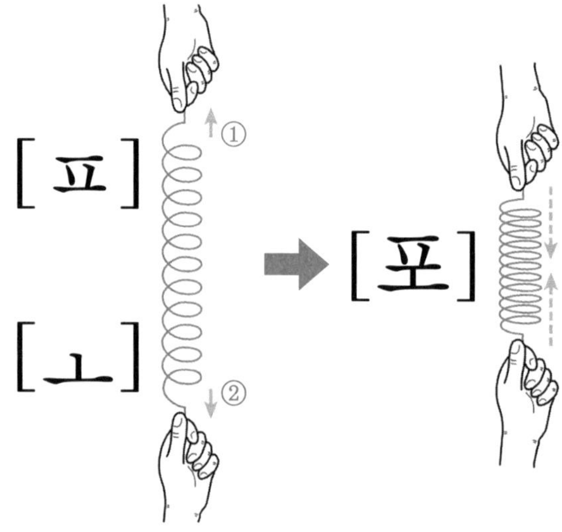

2. 다음 그림처럼 낱자 카드(✂ 〈부록 7쪽〉)를 사용하여 소리를 합쳐 봅시다.

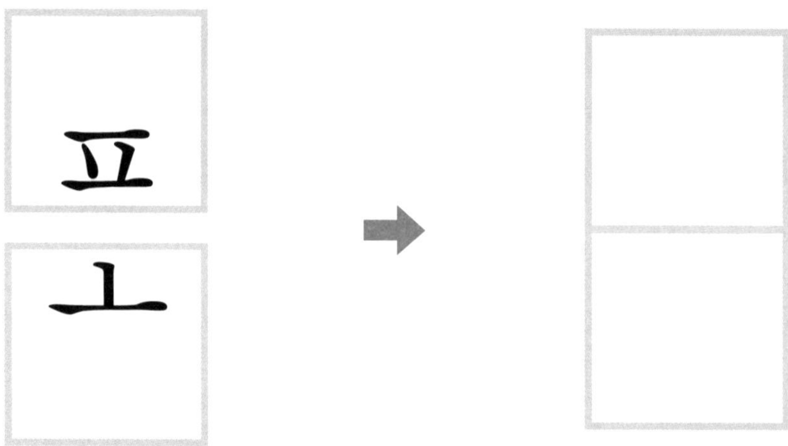

글자를 만들어 봅시다.

[ㅋ]와 [ㅡ]를 합치면 무슨 글자가 될까요?

1. 용수철을 사용하여 소리를 합쳐 봅시다.

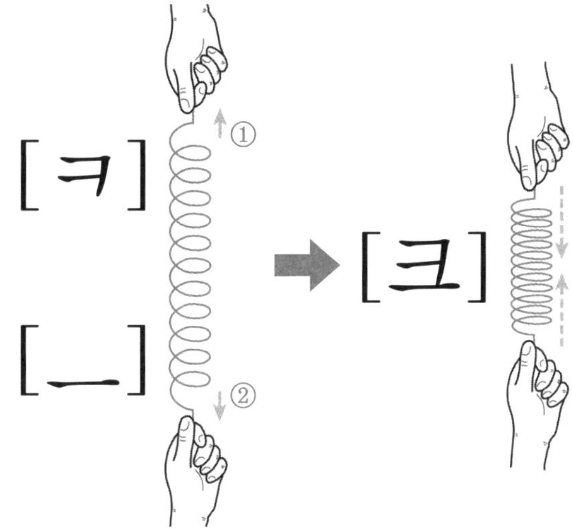

2. 다음 그림처럼 낱자 카드(✂ 〈부록 7쪽〉)를 사용하여 소리를 합쳐 봅시다.

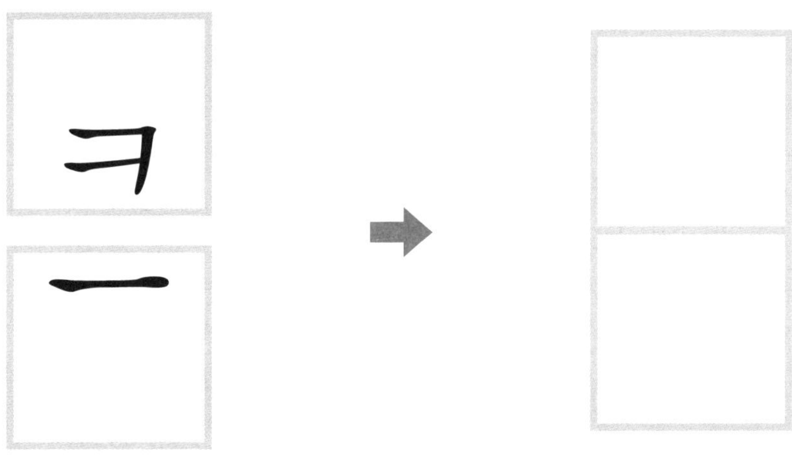

글자를 만들어 봅시다.

 [ㅍ]와 [ㅡ]를 합치면 무슨 글자가 될까요?

1. 용수철을 사용하여 소리를 합쳐 봅시다.

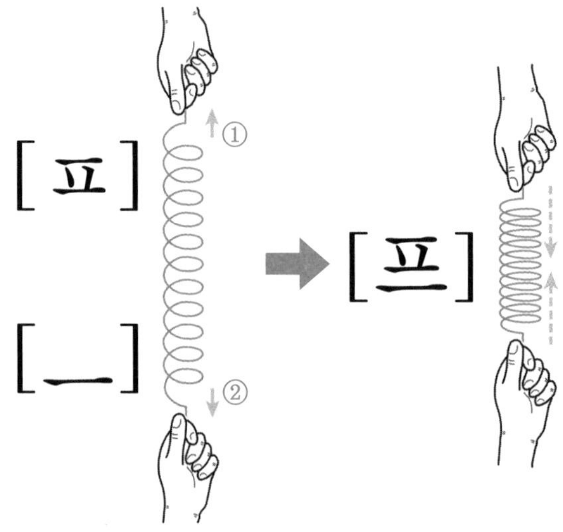

2. 다음 그림처럼 낱자 카드(✄ 〈부록 7쪽〉)를 사용하여 소리를 합쳐 봅시다.

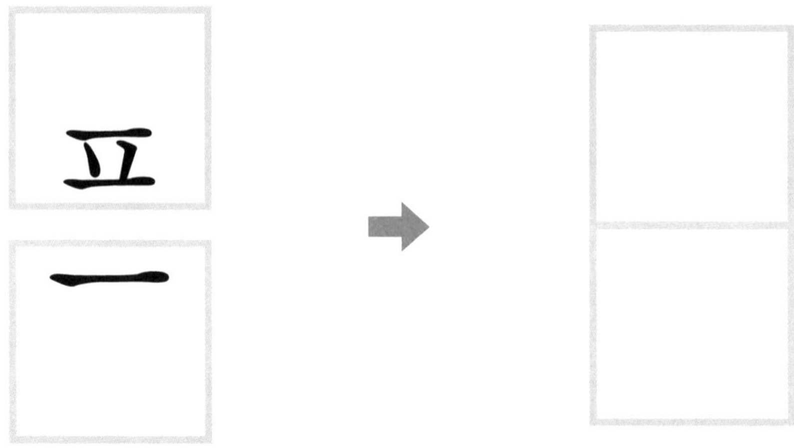

네모 칸에 있는 낱자를 각각 발음해 봅시다. 그다음, 낱자를 합쳐서 글자를 만들어 읽고 써 봅시다.

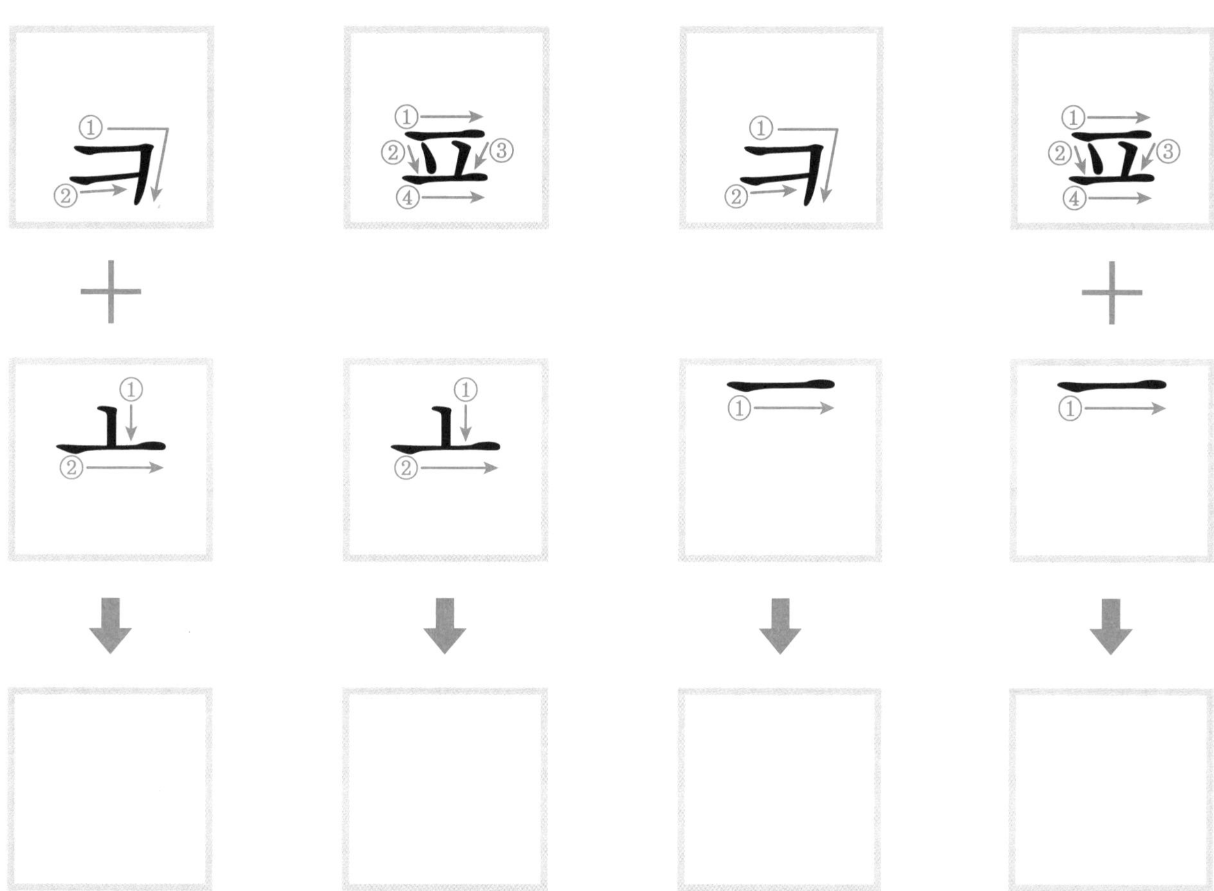

각 글자에 ○를 치면서 읽어 봅시다. 그다음, ○를 친 글자를 가림판으로 가리고 외워서 쓴 후, 맞게 썼는지 확인해 봅시다. 그리고 각 글자를 두 번 더 반복하여 써 봅시다.

글자에 ○를 치면서 읽기	기억하여 쓰기	반복 쓰기	반복 쓰기
포			
코			
크			
프			

다음의 글자를 각각 발음해 봅시다. 그다음, 글자를 합쳐서 단어를 만들어 쓰고 읽어 봅시다.

○ 포 + 도 →

○ 포 + 기 →

○ 포 + 크 →

○ 코 + 트 →

○ 크 + 기 →

○ 스 + 포 +츠 →

○ 고 + 프 + 다 →

○ 마 + 이 + 크 →

○ 마 + 스 + 크 →

○ 코 + 미 + 디 →

○ 리 + 코 + 더 →

〈보기〉의 단어를 소리 내어 읽어 봅시다. 그다음, 각 문장에 알맞은 단어를 〈보기〉에서 찾아 써 봅시다.

● 보기 ●

리코더, 포도, 스포츠, 크기, 마이크, 코미디, 포기, 코트, 마스크, 고프다, 포크

1. 아무리 힘들어도 끝까지 [|] 하지 않았다.
2. 언니는 과일을 [|] 로 찍어 먹는다.
3. 날씨가 추워서 [|] 를 꺼내 입었다.
4. 감기가 걸렸을 때는 [| |] 를 하는 것이 좋다.
5. 나는 [| |] 경기 관람을 좋아한다.
6. [| |] 를 잡고 노래를 불렀다.
7. 아침을 굶어서 배가 [| |].
8. 내가 제일 좋아하는 과일은 [|] 이다.
9. 내 [|] 만한 인형을 샀다.
10. 음악 시간에 [| |] 를 연주했다.
11. 나는 [| |] 프로그램을 좋아한다.

다음 단어를 소리 내어 읽고 써 봅시다.

끝까지

않았다

다음 문장을 소리 내어 읽고 써 봅시다.

○ 아무리 힘들어도 끝까지 포기하지 않았다.

아무리 힘들어도 ___ ___

하지 않았다.

○ 아침을 굶어서 배가 고프다.

아침을 ___ 배가 ___.

그림을 보고, 알맞은 단어를 써 보세요.

1.	
2.	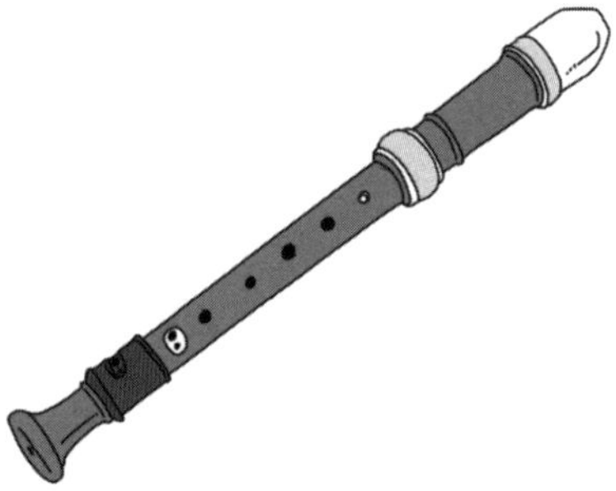
3.	

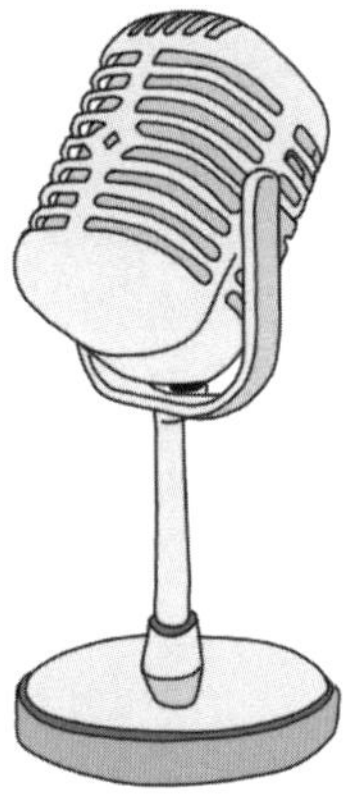

〈보기〉의 단어들을 같은 낱자로 시작되는 단어끼리 단어 카드(✄ 〈부록 10~11쪽〉)를 사용하여 붙여 봅시다. 그다음, 같은 낱자로 시작되는 단어끼리 소리 내어 읽어 봅시다.

● 보기 ●

리코더, 포도, 스포츠, 크기, 마이크,
코미디, 포기, 코트, 마스크, 고프다, 포크

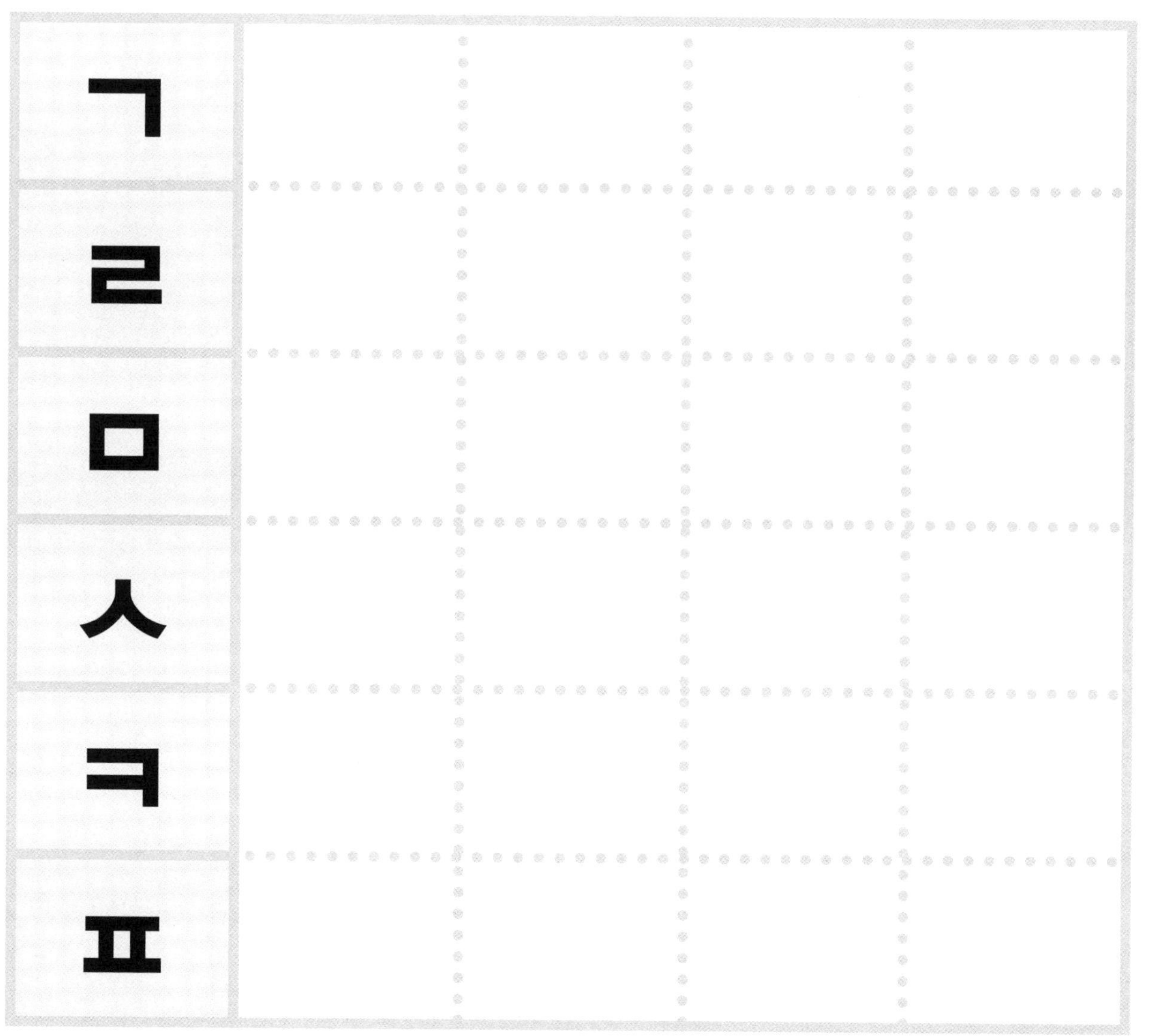

"선생님이 불러 주는 단어를 받아 적는 문제입니다. 잘 듣고, 답안지에 단어를 받아 적어 보세요."

(정답지 p. 345에 평가 문항 제시)

번호	단어
1	
2	
3	
4	
5	
6	
7	
8	

20차시 자음 ㅎ, ㄹ 모음 ㅓ, ㅣ: 허 리

자음 ㅎ, ㄹ과 모음 ㅓ, ㅣ로 이루어진 단어를 정확하게 읽고 쓸 수 있다.

"선생님이 불러 주는 단어를 받아 적는 문제입니다. 잘 듣고, 답안지에 단어를 받아 적어 보세요."

(정답지 p. 346에 평가 문항 제시)

번호	단어
1	
2	
3	
4	
5	
6	
7	
8	

수업

제목을 살펴봅시다. 제목에서 각 낱자에 ○를 쳐 봅시다.

허 리

낱자의 소리를 알아봅시다.

ㅎ의 소리를 알아봅시다.

1. ㅎ 이것은 '히읗'입니다. ㅎ은 무슨 소리가 나나요? '흐' 소리([ㅎ])가 납니다.

2. 그림을 보면서 ㅎ 소리를 연습해 봅시다.

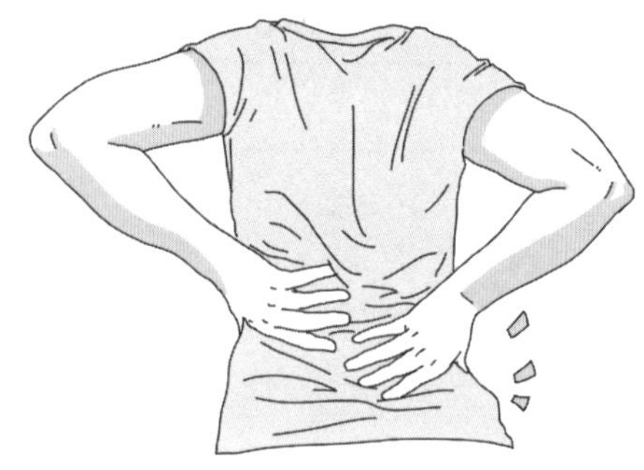

[ㅎ] 허리

3. 낱자의 소리를 말하면서 표시된 순서에 따라 써 봅시다.

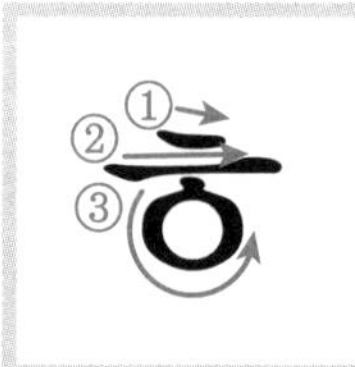

낱자의 소리를 알아봅시다.

 ㄹ의 소리를 알아봅시다.

1. ㄹ 이것은 '리을'입니다. ㄹ은 무슨 소리가 나나요? '르' 소리([ㄹ])가 납니다.

2. 그림을 보면서 ㄹ 소리를 연습해 봅시다.

[ㄹ] 로봇

3. 낱자의 소리를 말하면서 표시된 순서에 따라 써 봅시다.

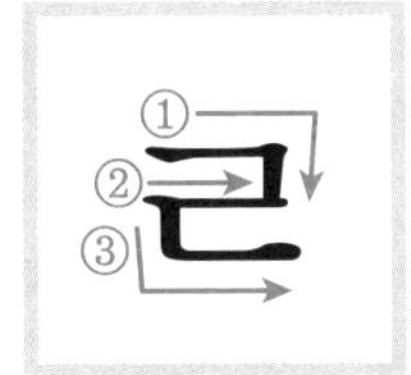

낱자의 소리를 알아봅시다.

 ㅓ의 소리를 알아봅시다.

1. ㅓ 이것은 '어'입니다. ㅓ는 무슨 소리가 나나요? '어' 소리([ㅓ])가 납니다.

2. 그림을 보면서 ㅓ 소리를 연습해 봅시다.

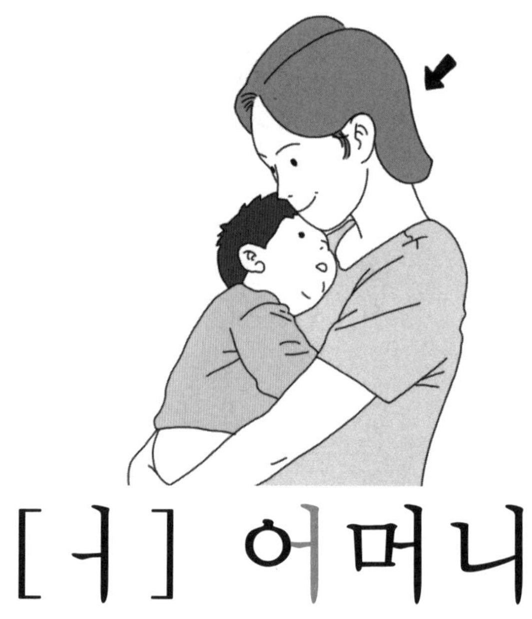

[ㅓ] 어머니

3. 낱자의 소리를 말하면서 표시된 순서에 따라 써 봅시다.

낱자의 소리를 알아봅시다.

 ㅣ의 소리를 알아봅시다.

1. ㅣ 이것은 '이'입니다. ㅣ는 무슨 소리가 나나요? '이' 소리([ㅣ])가 납니다.

2. 그림을 보면서 ㅣ 소리를 연습해 봅시다.

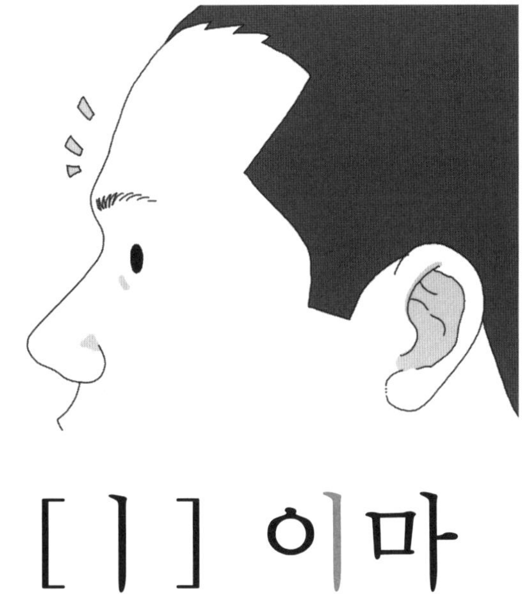

[ㅣ] 이마

3. 낱자의 소리를 말하면서 표시된 순서에 따라 써 봅시다.

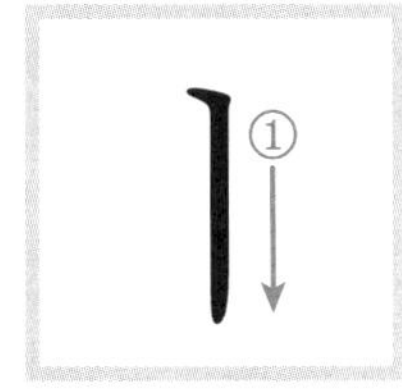

글자를 만들어 봅시다.

 [ㅎ]와 [ㅓ]를 합치면 무슨 글자가 될까요?

1. 용수철을 사용하여 소리를 합쳐 봅시다.

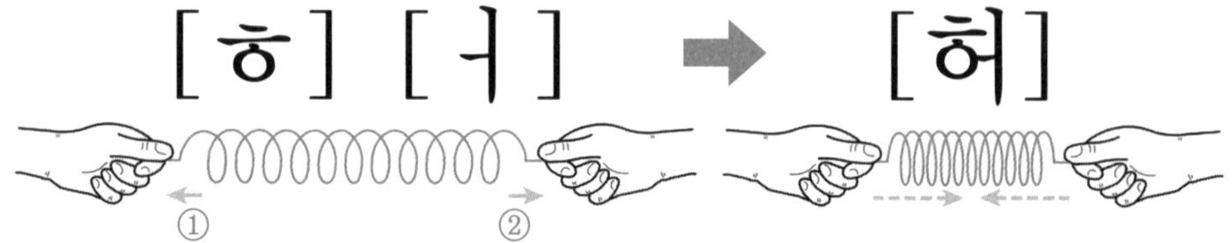

2. 다음 그림처럼 낱자 카드(✂ 〈부록 7쪽〉)를 사용하여 소리를 합쳐 봅시다.

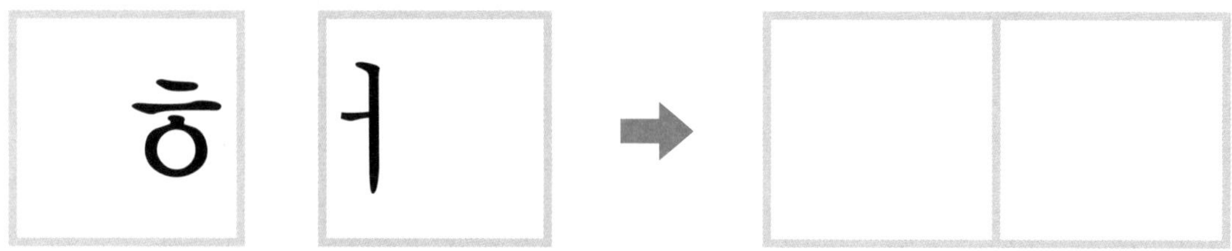

[ㄹ]와 [ㅓ]를 합치면 무슨 글자가 될까요?

1. 용수철을 사용하여 소리를 합쳐 봅시다.

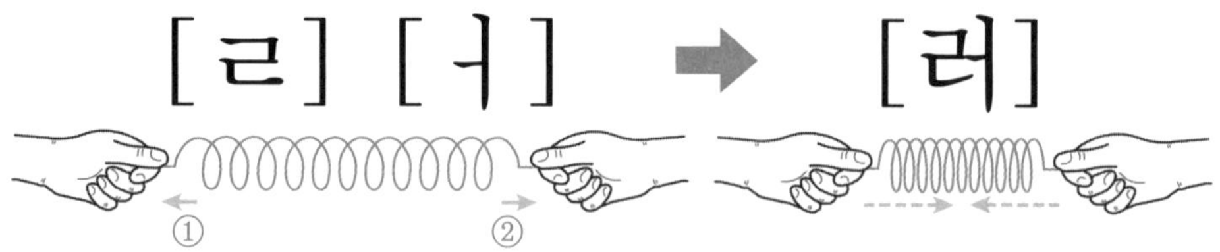

2. 다음 그림처럼 낱자 카드(✂ 〈부록 7쪽〉)를 사용하여 소리를 합쳐 봅시다.

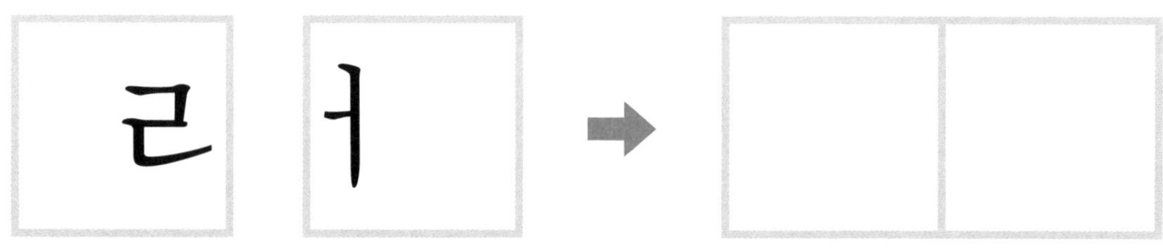

글자를 만들어 봅시다.

 [ㅎ]와 [ㅣ]를 합치면 무슨 글자가 될까요?

1. 용수철을 사용하여 소리를 합쳐 봅시다.

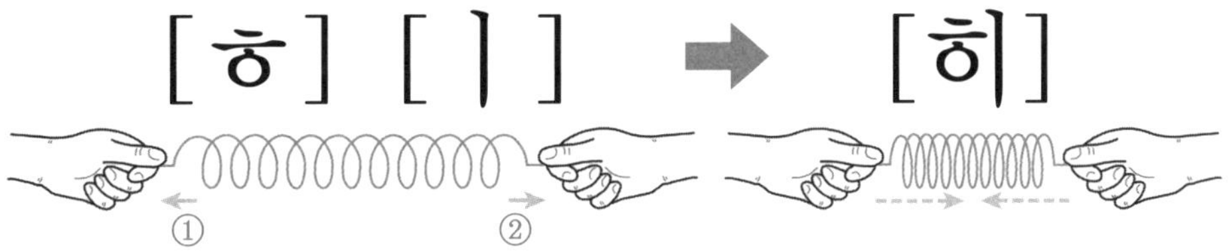

2. 다음 그림처럼 낱자 카드(✂ 〈부록 7쪽〉)를 사용하여 소리를 합쳐 봅시다.

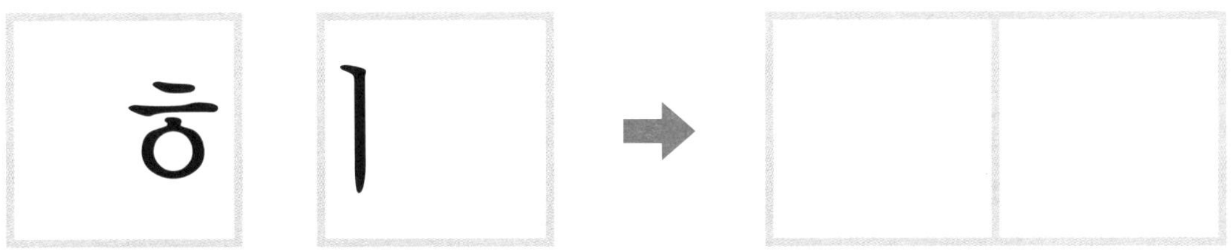

[ㄹ]와 [ㅣ]를 합치면 무슨 글자가 될까요?

1. 용수철을 사용하여 소리를 합쳐 봅시다.

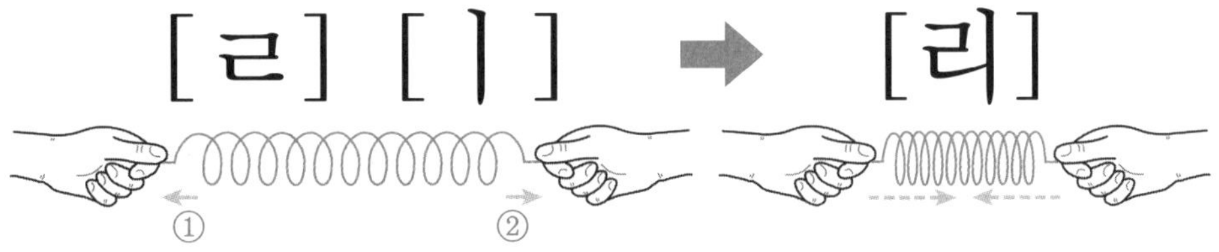

2. 다음 그림처럼 낱자 카드(✂ 〈부록 7쪽〉)를 사용하여 소리를 합쳐 봅시다.

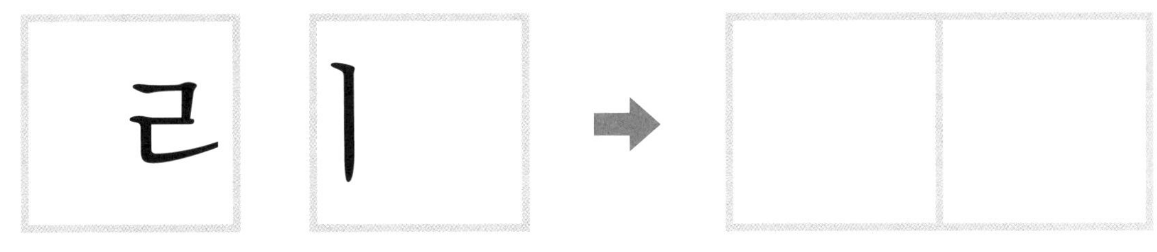

네모 칸에 있는 낱자를 각각 발음해 봅시다. 그다음, 낱자를 합쳐서 글자를 만들어 읽고 써 봅시다.

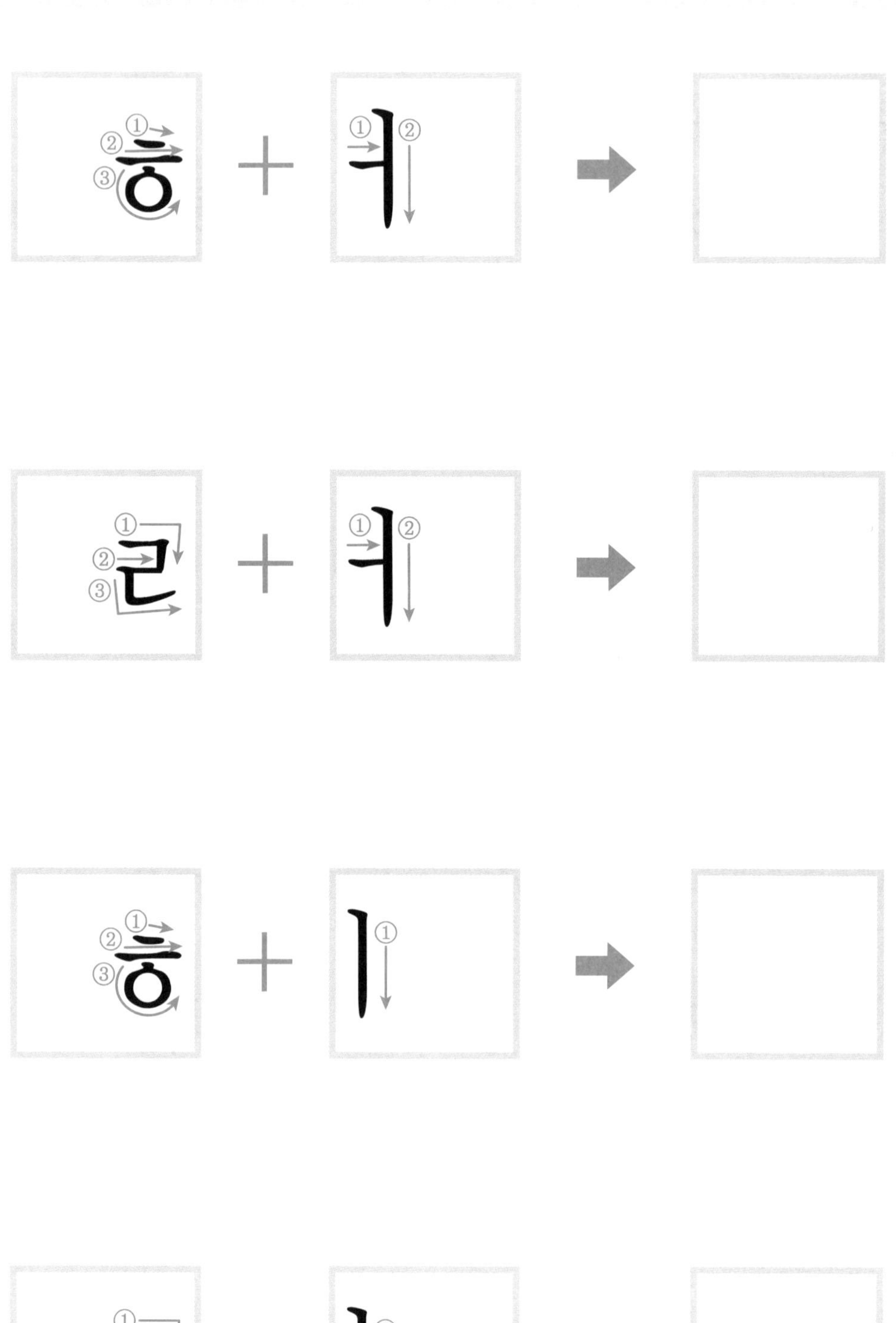

각 글자에 ○를 치면서 읽어 봅시다. 그다음, ○를 친 글자를 가림판으로 가리고 외워서 쓴 후, 맞게 썼는지 확인해 봅시다. 그리고 각 글자를 두 번 더 반복하여 써 봅시다.

글자에 ○를 치면서 읽기	기억하여 쓰기	반복 쓰기	반복 쓰기
허			
러			
리			
히			

다음의 글자를 각각 발음해 봅시다. 그다음, 글자를 합쳐서 단어를 만들어 쓰고 읽어 봅시다.

- 허 + 리 → ☐
- 허 + 파 → ☐
- 파 + 리 → ☐
- 차 + 라 + 리 → ☐
- 도 + 저 + 히 → ☐
- 무 + 수 + 히 → ☐
- 러 + 시 + 아 → ☐
- 허 + 수 + 아 + 비 → ☐
- 부 + 러 + 지 + 다 → ☐
- 드 + 러 + 나 + 다 → ☐

〈보기〉의 단어를 소리 내어 읽어 봅시다. 그다음, 각 문장에 알맞은 단어를 〈보기〉에서 찾아 써 봅시다.

● 보기 ●

드러나다, 허리, 무수히, 러시아, 도저히,
허수아비, 부러지다, 파리, 허파, 차라리

1. 맛없는 음식을 먹느니 [ ][ ][ ] 굶겠다.
2. 물이 다 말라서 우물 바닥이 [ ][ ][ ][ ] .
3. 너무 힘들어서 [ ][ ][ ] 더는 못 걷겠다.
4. 하늘에 [ ][ ][ ] 많은 별이 있다.
5. 가을 들판을 [ ][ ][ ][ ] 가 지키고 있다.
6. 면적이 가장 큰 나라는 [ ][ ][ ] 이다.
7. 교통사고로 다리가 [ ][ ][ ][ ] .
8. 사람은 [ ][ ] 로 숨을 쉰다.
9. 파리채로 [ ][ ] 를 잡았다.
10. [ ][ ] 를 굽혀 선생님께 인사를 드렸다.

다음 단어를 소리 내어 읽고 써 봅시다.

많은

맛없는

다음 문장을 소리 내어 읽고 써 봅시다.

○ 하늘에 **무수히 많은** 별이 있다.

하늘에 ☐☐☐ ☐☐ 별이 있다.

○ **맛없는** 음식을 먹느니 **차라리** 굶겠다.

☐☐☐ 음식을 먹느니 ☐☐☐ 굶겠다.

그림을 보고, 알맞은 단어를 써 보세요.

1.	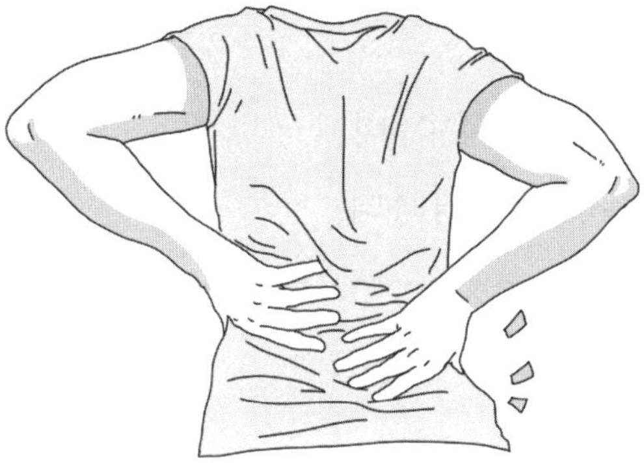
2.	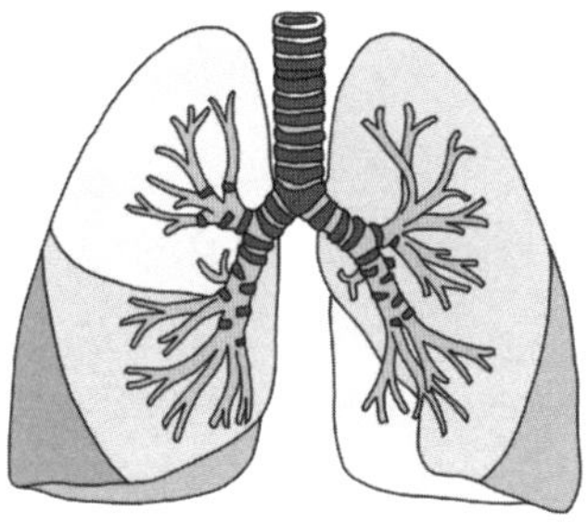
3.	

〈보기〉의 단어들을 같은 낱자로 시작되는 단어끼리 단어 카드(✂ 〈부록 11쪽〉)를 사용하여 붙여 봅시다. 그다음, 같은 낱자로 시작되는 단어끼리 소리 내어 읽어 봅시다.

● 보기 ●

허리, 무수히, 러시아, 도저히, 허수아비,
부러지다, 파리, 허파, 차라리, 드러나다

ㄷ				
ㄹ				
ㅁ				
ㅂ				
ㅊ				
ㅍ				
ㅎ				

"선생님이 불러 주는 단어를 받아 적는 문제입니다. 잘 듣고, 답안지에 단어를 받아 적어 보세요."

(정답지 p. 346에 평가 문항 제시)

번호	단어
1	
2	
3	
4	
5	
6	
7	
8	

정답지

1차시 자음 ㄱ, ㅅ 모음 ㅏ, ㅜ: 가수

사전평가(11쪽)

번호	단어(발음)	예	단어(발음)
1	가수(가수)	가수는 노래를 잘한다.	가수(가수)
2	구수(구수)	찌개 냄새가 구수하다.	구수(구수)
3	수사(수사)	경찰관은 범인을 수사한다.	수사(수사)
4	가구(가구)	침대, 옷장, 화장대는 가구이다.	가구(가구)
5	가사(가사)	그 노래 가사가 좋다.	가사(가사)
6	수사(수사)	경찰관은 범인을 수사한다.	수사(수사)
7	구수(구수)	찌개 냄새가 구수하다.	구수(구수)
8	가사(가사)	그 노래 가사가 좋다.	가사(가사)

사후평가(26쪽)

번호	단어(발음)	예	단어(발음)
1	가구(가구)	침대, 옷장, 화장대는 가구이다.	가구(가구)
2	가사(가사)	그 노래 가사가 좋다.	가사(가사)
3	수사(수사)	경찰관은 범인을 수사한다.	수사(수사)
4	구수(구수)	찌개 냄새가 구수하다.	구수(구수)
5	가수(가수)	가수는 노래를 잘한다.	가수(가수)
6	가구(가구)	침대, 옷장, 화장대는 가구이다.	가구(가구)
7	가사(가사)	그 노래 가사가 좋다.	가사(가사)
8	가수(가수)	가수는 노래를 잘한다.	가수(가수)

정답지

◆ 〈보기〉의 단어를 소리 내어 읽어 봅시다. 그다음, 각 문장에 알맞은 단어를 〈보기〉에서 찾아 써 봅시다. (22쪽)

1. 수사, 2. 가수, 3. 구수, 4. 가사, 5. 가구

◆ 그림을 보고, 알맞은 단어를 써 보세요. (24쪽)

1. 가구, 2. 가수

2차시 자음 ㄱ, ㅁ 모음 ㅓ, ㅣ: 거미

사전평가(27쪽)

번호	단어(발음)	예	단어(발음)
1	아기(아기)	아기가 태어났다.	아기(아기)
2	수리(수리)	핸드폰 수리를 맡겼다.	수리(수리)

3	기미(기미)	비가 올 기미가 있으면 우산을 준비해야 한다.	기미(기미)
4	수거(수거)	오늘은 분리수거를 하는 날이다.	수거(수거)
5	수리(수리)	핸드폰 수리를 맡겼다.	수리(수리)
6	거기(거기)	바람이 불고, 거기에 비까지 내렸다.	거기(거기)
7	기구(기구)	놀이기구를 타고 놀았다.	기구(기구)
8	거미(거미)	거미가 줄을 타고 올라간다.	거미(거미)

사후평가(41쪽)

번호	단어(발음)	예	단어(발음)
1	거기(거기)	바람이 불고, 거기에 비까지 내렸다.	거기(거기)
2	기구(기구)	놀이기구를 타고 놀았다.	기구(기구)
3	수리(수리)	핸드폰 수리를 맡겼다.	수리(수리)
4	거미(거미)	거미가 줄을 타고 올라간다.	거미(거미)
5	기미(기미)	비가 올 기미가 있으면 우산을 준비해야 한다.	기미(기미)
6	수거(수거)	오늘은 분리수거를 하는 날이다.	수거(수거)
7	기구(기구)	놀이기구를 타고 놀았다.	기구(기구)
8	아기(아기)	아기가 태어났다.	아기(아기)

정답지

◆ 〈보기〉의 단어를 소리 내어 읽어 봅시다. 그다음, 각 문장에 알맞은 단어를 〈보기〉에서 찾아 써 봅시다. (37쪽)

1. 거미, 2. 거기, 3. 기미, 4. 수리, 5. 기구, 6. 수거, 7. 아기

◆ 그림을 보고, 알맞은 단어를 써 보세요. (39쪽)

1. 거미, 2. 아기

3차시 자음 ㄴ, ㅁ 모음 ㅏ, ㅜ: 나무

사전평가(42쪽)

번호	단어(발음)	예	단어(발음)
1	나무(나무)	산에 나무를 심자.	나무(나무)
2	누나(누나)	우리 누나는 중학생이다.	누나(누나)
3	나누다(나누다)	친구와 이야기를 나누다.	나누다(나누다)
4	나사(나사)	드라이버로 나사를 조이다.	나사(나사)
5	무사(무사)	고구려 무사의 옷을 입었다.	무사(무사)
6	기사(기사)	버스 운전기사 아저씨가 친절하다.	기사(기사)
7	가마(가마)	옛날에는 신부가 가마를 타고 시집갔다.	가마(가마)

8	나누다(나누다)	친구와 이야기를 나누다.	나누다(나누다)

사후평가(57쪽)

번호	단어(발음)	예	단어(발음)
1	가마(가마)	옛날에는 신부가 가마를 타고 시집갔다.	가마(가마)
2	나누다(나누다)	친구와 이야기를 나누다.	나누다(나누다)
3	누나(누나)	우리 누나는 중학생이다.	누나(누나)
4	나사(나사)	드라이버로 나사를 조이다.	나사(나사)
5	무사(무사)	고구려 무사의 옷을 입었다.	무사(무사)
6	기사(기사)	버스 운전기사 아저씨가 친절하다.	기사(기사)
7	나무(나무)	산에 나무를 심자.	나무(나무)
8	누나(누나)	우리 누나는 중학생이다.	누나(누나)

정답지

◆ 〈보기〉의 단어를 소리 내어 읽어 봅시다. 그다음, 각 문장에 알맞은 단어를 〈보기〉에서 찾아 써 봅시다. (53쪽)

1. 나무, 2. 누나, 3. 가마, 4. 나사, 5. 무사, 6. 기사, 7. 나누다

◆ 그림을 보고, 알맞은 단어를 써 보세요. (55쪽)

1. 가마, 2. 나사, 3. 무사

4차시 자음 ㄴ, ㄹ 모음 ㅗ, ㅜ: 노루

사전평가(58쪽)

번호	단어(발음)	예	단어(발음)
1	마루(마루)	친구와 마루에서 놀았다.	마루(마루)
2	그루(그루)	나무 한 그루를 심었다.	그루(그루)
3	누다(누다)	동생이 이불에 오줌을 누다.	누다(누다)
4	누가(누가)	누가 술래를 할지 정했다.	누가(누가)
5	노루(노루)	산에서 노루를 보았다.	노루(노루)
6	가루(가루)	밀가루를 반죽해서 맛있는 빵을 만들었다.	가루(가루)
7	로마(로마)	이탈리아 로마에 놀러 갔다.	로마(로마)
8	두루미(두루미)	동물원에서 두루미를 보았다.	두루미(두루미)

사후평가(74쪽)

번호	단어(발음)	예	단어(발음)
1	그루(그루)	나무 한 그루를 심었다.	그루(그루)

2	로마(로마)	이탈리아 로마에 놀러 갔다.	로마(로마)
3	누가(누가)	누가 술래를 할지 정했다.	누가(누가)
4	노루(노루)	산에서 노루를 보았다.	노루(노루)
5	마루(마루)	친구와 마루에서 놀았다.	마루(마루)
6	두루미(두루미)	동물원에서 두루미를 보았다.	두루미(두루미)
7	누다(누다)	동생이 이불에 오줌을 누다.	누다(누다)
8	가루(가루)	밀가루를 반죽해서 맛있는 빵을 만들었다.	가루(가루)

정답지

◆ 〈보기〉의 단어를 소리 내어 읽어 봅시다. 그다음, 각 문장에 알맞은 단어를 〈보기〉에서 찾아 써 봅시다. (70쪽)
1. 노루, 2. 그루, 3. 마루, 4. 로마, 5. 가루, 6. 누가, 7. 누다, 8. 두루미

◆ 그림을 보고, 알맞은 단어를 써 보세요. (72쪽)
1. 마루, 2. 로마, 3. 두루미

5차시 자음 ㄷ, ㄹ 모음 ㅏ, ㅣ : 다리

사전평가(75쪽)

번호	단어(발음)	예	단어(발음)
1	가리다(가리다)	보지 못하게 손으로 가리다.	가리다(가리다)
2	나라(나라)	우리나라의 수도는 서울이다.	나라(나라)
3	디디다(디디다)	계단에 발을 디디다.	디디다(디디다)
4	마디(마디)	손가락 마디가 굵다.	마디(마디)
5	머리(머리)	어머니의 흰머리를 뽑아 드렸다.	머리(머리)
6	오디(오디)	붉은 오디를 따 먹었다.	오디(오디)
7	거리(거리)	거리에 휴지를 버리는 사람이 많다.	거리(거리)
8	드리다(드리다)	선생님께 인사를 드리다.	드리다(드리다)

사후평가(89쪽)

번호	단어(발음)	예	단어(발음)
1	드리다(드리다)	선생님께 인사를 드리다.	드리다(드리다)
2	다리(다리)	다리를 건너다.	다리(다리)
3	어디(어디)	지하철역이 어디 있는지 모르겠다.	어디(어디)
4	마디(마디)	손가락 마디가 굵다.	마디(마디)
5	머리(머리)	어머니의 흰머리를 뽑아 드렸다.	머리(머리)
6	오디(오디)	붉은 오디를 따 먹었다.	오디(오디)

7	거리(거리)	거리에 휴지를 버리는 사람이 많다.	거리(거리)
8	가리다(가리다)	보지 못하게 손으로 가리다.	가리다(가리다)

정답지

◆ 〈보기〉의 단어를 소리 내어 읽어 봅시다. 그다음, 각 문장에 알맞은 단어를 〈보기〉에서 찾아 써 봅시다. (85쪽)

1. 다리, 2. 마디, 3. 디디다, 4. 가리다, 5. 오디, 6. 드리다, 7. 나라, 8. 머리, 9. 거리, 10. 어디

◆ 그림을 보고, 알맞은 단어를 써 보세요. (87쪽)

1. 머리, 2. 다리, 3. 오디

6차시 자음 ㄷ, ㅁ 모음 ㅗ, ㅏ: 도마

사전평가(90쪽)

번호	단어(발음)	예	단어(발음)
1	도마(도마)	파를 도마에 놓고 썰었다.	도마(도마)
2	도구(도구)	청소 도구를 청소함에 넣었다.	도구(도구)
3	모기(모기)	모기에 물려 간지러웠다.	모기(모기)
4	모두(모두)	식구들 모두 우리 집에 모이다.	모두(모두)
5	고모(고모)	고모는 고양이 두 마리를 키우신다.	고모(고모)
6	마구(마구)	눈물이 마구 난다.	마구(마구)
7	도로(도로)	도로가 꽉 막혔다.	도로(도로)
8	모이다(모이다)	식구들 모두 우리 집에 모이다.	모이다(모이다)

사후평가(105쪽)

번호	단어(발음)	예	단어(발음)
1	도로(도로)	도로가 꽉 막혔다.	도로(도로)
2	마리(마리)	고모는 고양이 두 마리를 키우신다.	마리(마리)
3	도구(도구)	청소 도구를 청소함에 넣었다.	도구(도구)
4	모이다(모이다)	식구들 모두 우리 집에 모이다.	모이다(모이다)
5	도구(도구)	청소 도구를 청소함에 넣었다.	도구(도구)
6	마구(마구)	눈물이 마구 난다.	마구(마구)
7	모기(모기)	모기에 물려 간지러웠다.	모기(모기)
8	도마(도마)	파를 도마에 놓고 썰었다.	도마(도마)

정답지

◆ 〈보기〉의 단어를 소리 내어 읽어 봅시다. 그다음, 각 문장에 알맞은 단어를 〈보기〉에서 찾아 써 봅시다. (101쪽)

1. 도로, 2. 도구, 3. 모이다, 4. 모두, 5. 고모, 6. 마리, 7. 마구, 8. 도마, 9. 모기

◆ 그림을 보고, 알맞은 단어를 써 보세요. (103쪽)
1. 모기, 2. 도마, 3. 도로

7차시 자음 ㅁ, ㄹ 모음 ㅓ, ㅣ: 머리

사전평가(106쪽)

번호	단어(발음)	예	단어(발음)
1	어머니(어머니)	어머니께서 심부름을 시키셨다.	어머니(어머니)
2	더러(더러)	학생들이 더러 남아 함께 공부하였다.	더러(더러)
3	나머지(나머지)	그중에 하나는 키가 크고요, 나머지는 작대요.	나머지(나머지)
4	미리(미리)	미리 가서 기다리다.	미리(미리)
5	너머(너머)	저 산 너머에 외갓집이 있다.	너머(너머)
6	기러기(기러기)	하늘 위로 기러기가 날아간다.	기러기(기러기)
7	머리(머리)	어머니의 흰머리를 뽑아 드렸다.	머리(머리)
8	그러나(그러나)	형은 키가 매우 크다. 그러나 나는 작다.	그러나(그러나)

사후평가(120쪽)

번호	단어(발음)	예	단어(발음)
1	다리미(다리미)	다리미로 옷을 다리다.	다리미(다리미)
2	너머(너머)	저 산 너머에 외갓집이 있다.	너머(너머)
3	더러(더러)	학생들이 더러 남아 함께 공부하였다.	더러(더러)
4	기러기(기러기)	하늘 위로 기러기가 날아간다.	기러기(기러기)
5	나머지(나머지)	그중에 하나는 키가 크고요, 나머지는 작대요.	나머지(나머지)
6	머리(머리)	어머니의 흰머리를 뽑아 드렸다.	머리(머리)
7	미리(미리)	미리 가서 기다리다.	미리(미리)
8	그러나(그러나)	형은 키가 매우 크다. 그러나 나는 작다.	그러나(그러나)

정답지

◆ 〈보기〉의 단어를 소리 내어 읽어 봅시다. 그다음, 각 문장에 알맞은 단어를 〈보기〉에서 찾아 써 봅시다. (116쪽)
1. 기러기, 2. 나머지, 3. 미리, 4. 더러, 5. 너머, 6. 머리, 7. 어머니, 8. 그러나, 9. 다리미

◆ 그림을 보고, 알맞은 단어를 써 보세요. (119쪽)
1. 다리미, 2. 기러기, 3. 어머니

8차시 자음 ㅁ, ㅈ 모음 ㅗ, ㅏ: 모자

사전평가(121쪽)

번호	단어(발음)	예	단어(발음)
1	조사(조사)	친구들이 무슨 과일을 좋아하는지 조사하였다.	조사(조사)
2	자르다(자르다)	칼로 자르다.	자르다(자르다)
3	자리(자리)	자리가 좁아서 불편하다.	자리(자리)
4	고구마(고구마)	할머니께서 고구마를 삶아 주셨다.	고구마(고구마)
5	마무리(마무리)	하루를 잘 마무리하였다.	마무리(마무리)
6	조기(조기)	어버지는 매일 조기 축구를 하신다.	조기(조기)
7	고리(고리)	방 문고리가 고장 났다.	고리(고리)
8	모자(모자)	바람이 불어서 모자가 날아갔다.	모자(모자)

사후평가(136쪽)

번호	단어(발음)	예	단어(발음)
1	고리(고리)	방 문고리가 고장 났다.	고리(고리)
2	모자(모자)	바람이 불어서 모자가 날아갔다.	모자(모자)
3	자르다(자르다)	칼로 자르다.	자르다(자르다)
4	자리(자리)	자리가 좁아서 불편하다.	자리(자리)
5	조기(조기)	어버지는 매일 조기 축구를 하신다.	조기(조기)
6	고구마(고구마)	할머니께서 고구마를 삶아 주셨다.	고구마(고구마)
7	모조리(모조리)	나뭇잎이 모조리 떨어졌다.	모조리(모조리)
8	고사리(고사리)	고사리나물을 먹었다.	고사리(고사리)

정답지

◆ 〈보기〉의 단어를 소리 내어 읽어 봅시다. 그다음, 각 문장에 알맞은 단어를 〈보기〉에서 찾아 써 봅시다. (132쪽)
1. 자르다, 2. 고사리, 3. 모조리, 4. 마무리, 5. 고리, 6. 고구마, 7. 조사, 8. 조기, 9. 자리, 10. 모자

◆ 그림을 보고, 알맞은 단어를 써 보세요. (134쪽)
1. 고구마, 2. 모자, 3. 고사리

9차시 자음 ㅂ, ㅈ 모음 ㅏ, ㅣ: 바지

사전평가(137쪽)

번호	단어(발음)	예	단어(발음)
1	도라지(도라지)	고사리, 도라지, 시금치나물을 먹었다.	도라지(도라지)
2	바르다(바르다)	모기 물린 데 약을 바르다.	바르다(바르다)

3	바지(바지)	어머니를 새 바지를 사 주셨다.	바지(바지)
4	바다(바다)	바다로 가족 여행을 떠났다.	바다(바다)
5	비누(비누)	얼굴이 더러워 비누칠을 했다.	비누(비누)
6	가지(가지)	새가 나뭇가지에 앉았다.	가지(가지)
7	바가지(바가지)	바닷가에서 조개를 한 바가지 주웠다.	바가지(바가지)
8	지우다(지우다)	틀린 글자를 지우개로 지우다.	지우다(지우다)

사후평가(151쪽)

번호	단어(발음)	예	단어(발음)
1	가지(가지)	새가 나뭇가지에 앉았다.	가지(가지)
2	바다(바다)	바다로 가족 여행을 떠났다.	바다(바다)
3	자루(자루)	장난감을 자루에 넣다.	자루(자루)
4	비누(비누)	얼굴이 더러워 비누칠을 했다.	비누(비누)
5	바가지(바가지)	바닷가에서 조개를 한 바가지 주웠다.	바가지(바가지)
6	바지(바지)	어머니를 새 바지를 사 주셨다.	바지(바지)
7	지우다(지우다)	틀린 글자를 지우개로 지우다.	지우다(지우다)
8	바로(바로)	선을 자를 대고 바로 그었다.	바로(바로)

정답지

◆ 〈보기〉의 단어를 소리 내어 읽어 봅시다. 그다음, 각 문장에 알맞은 단어를 〈보기〉에서 찾아 써 봅시다. (147쪽)
1. 바르다, 2. 지우다, 3. 자루, 4. 바다, 5. 비누, 6. 가지, 7. 바가지, 8. 바로, 9. 바지, 10. 도라지

◆ 그림을 보고, 알맞은 단어를 써 보세요. (149쪽)
1. 자루, 2. 바가지, 3. 도라지

10차시 자음 ㅂ, ㅅ 모음 ㅓ, ㅡ: 버스

사전평가(152쪽)

번호	단어(발음)	예	단어(발음)
1	보너스(보너스)	보너스 포인트 카드로 기름을 넣었다.	보너스(보너스)
2	가스(가스)	나는 국을 끓이려고 가스레인지 불을 켰다.	가스(가스)
3	버리다(버리다)	쓰레기를 버리다.	버리다(버리다)
4	버스(버스)	학교를 갈 때 버스를 탄다.	버스(버스)
5	서로(서로)	우리는 서로 도와 가며 공부를 했다.	서로(서로)
6	스스로(스스로)	나는 스스로 일어나서 세수를 한다.	스스로(스스로)
7	마우스(마우스)	컴퓨터 마우스가 없어졌다.	마우스(마우스)
8	비디오(비디오)	나는 친구에게 만화영화 비디오를 빌렸다.	비디오(비디오)

사후평가(167쪽)

번호	단어(발음)	예	단어(발음)
1	비디오(비디오)	나는 친구에게 만화영화 비디오를 빌렸다.	비디오(비디오)
2	서로(서로)	우리는 서로 도와 가며 공부를 했다.	서로(서로)
3	스무(스무)	우리 누나는 스무 살이다.	스무(스무)
4	스스로(스스로)	나는 스스로 일어나서 세수를 한다.	스스로(스스로)
5	마우스(마우스)	컴퓨터 마우스가 없어졌다.	마우스(마우스)
6	버스(버스)	학교를 갈 때 버스를 탄다.	버스(버스)
7	버리다(버리다)	쓰레기를 버리다.	버리다(버리다)
8	서다(서다)	선생님이 부르셔서 일어서다.	서다(서다)

정답지

◆ 〈보기〉의 단어를 소리 내어 읽어 봅시다. 그다음, 각 문장에 알맞은 단어를 〈보기〉에서 찾아 써 봅시다. (163쪽)
1. 비디오, 2. 버리다, 3. 스스로, 4. 가스, 5. 서다, 6. 마우스, 7. 스무, 8. 버스, 9. 서로, 10. 보너스

◆ 그림을 보고, 알맞은 단어를 써 보세요. (165쪽)
1. 버스, 2. 마우스, 3. 비디오

11차시 자음 ㅅ, ㄹ 모음 ㅗ, ㅏ: 소라

사전평가(168쪽)

번호	단어(발음)	예	단어(발음)
1	소나무(소나무)	소나무는 사계절 내내 푸르다.	소나무(소나무)
2	소라(소라)	바닷가에서 소라를 주워 왔다.	소라(소라)
3	사이다(사이다)	사이다보다 콜라가 더 좋다.	사이다(사이다)
4	사다리(사다리)	사다리를 타고 올라왔다.	사다리(사다리)
5	사고(사고)	자동차 사고를 당했다.	사고(사고)
6	소리(소리)	밖에서 이상한 소리가 들린다.	소리(소리)
7	보라(보라)	내가 좋아하는 색은 보라색이다.	보라(보라)
8	시소(시소)	나는 놀이터에서 시소를 탔다.	시소(시소)

사후평가(183쪽)

번호	단어(발음)	예	단어(발음)
1	시소(시소)	나는 놀이터에서 시소를 탔다.	시소(시소)
2	바로(바로)	학교 끝나자마자 바로 집에 왔다.	바로(바로)
3	소리(소리)	밖에서 이상한 소리가 들린다.	소리(소리)
4	사이다(사이다)	사이다보다 콜라가 더 좋다.	사이다(사이다)

5	사자(사자)	동물원에서 사자를 보았다.	사자(사자)
6	사다리(사다리)	사다리를 타고 올라왔다.	사다리(사다리)
7	사고(사고)	자동차 사고를 당했다.	사고(사고)
8	보라(보라)	내가 좋아하는 색은 보라색이다.	보라(보라)

정답지

◆ 〈보기〉의 단어를 소리 내어 읽어 봅시다. 그다음, 각 문장에 알맞은 단어를 〈보기〉에서 찾아 써 봅시다. (179쪽)
1. 보라, 2. 바로, 3. 사다리, 4. 시소, 5. 사이다, 6. 사고, 7. 사자, 8. 소리, 9. 소라, 10. 소나무

◆ 그림을 보고, 알맞은 단어를 써 보세요. (181쪽)
1. 소라, 2. 사다리, 3. 소나무

12차시 자음 ㅅ, ㅈ 모음 ㅜ, ㅓ: 수저

사전평가(184쪽)

번호	단어(발음)	예	단어(발음)
1	저리(저리)	이쪽으로 오지 말고, 저리로 가 있어라.	저리(저리)
2	저고리(저고리)	한복 저고리가 작아졌다.	저고리(저고리)
3	주로(주로)	나는 주말에 주로 산에 간다.	주로(주로)
4	수저(수저)	수저로 밥을 먹다.	수저(수저)
5	저기(저기)	우리 선생님은 저기에 계십니다.	저기(저기)
6	주다(주다)	아버지가 아들에게 용돈을 주다.	주다(주다)
7	주소(주소)	우리 집 주소와 전화번호를 적었다.	주소(주소)
8	주머니(주머니)	주머니에서 지갑을 꺼냈다.	주머니(주머니)

사후평가(199쪽)

번호	단어(발음)	예	단어(발음)
1	수저(수저)	수저로 밥을 먹다.	수저(수저)
2	수도(수도)	우리나라의 수도는 서울이다.	수도(수도)
3	주다(주다)	아버지가 아들에게 용돈을 주다.	주다(주다)
4	주머니(주머니)	주머니에서 지갑을 꺼냈다.	주머니(주머니)
5	주소(주소)	우리 집 주소와 전화번호를 적었다.	주소(주소)
6	주사기(주사기)	주사기로 엉덩이를 찔렀다.	주사기(주사기)
7	주로(주로)	나는 주말에 주로 산에 간다.	주로(주로)
8	저기(저기)	우리 선생님은 저기에 계십니다.	저기(저기)

정답지

◆ 〈보기〉의 단어를 소리 내어 읽어 봅시다. 그다음, 각 문장에 알맞은 단어를 〈보기〉에서 찾아 써 봅시다. (195쪽)

1. 수저, 2. 주다, 3. 수도, 4. 주소, 5. 주사기, 6. 주로, 7. 저기, 8. 저고리, 9. 저리, 10. 주머니

◆ 그림을 보고, 알맞은 단어를 써 보세요. (197쪽)

1. 수저, 2. 저고리, 3. 주사기

13차시 자음 ㅇ, ㄹ 모음 ㅗ, ㅣ: 오리

사전평가(200쪽)

번호	단어(발음)	예	단어(발음)
1	너구리(너구리)	이 동굴에 너구리가 사는 것 같다.	너구리(너구리)
2	오이(오이)	너구리가 오이 밭을 망쳐 버렸다.	오이(오이)
3	이모(이모)	둘째 이모가 선물을 사 주셨다.	이모(이모)
4	라디오(라디오)	누나는 라디오 듣는 것을 좋아한다.	라디오(라디오)
5	오리(오리)	새끼 오리는 너무 귀엽다.	오리(오리)
6	누이(누이)	나에게는 어린 누이동생이 있다.	누이(누이)
7	드디어(드디어)	드디어 내 생일이 다가왔다.	드디어(드디어)
8	이리(이리)	이리가 어린양을 잡아먹었다.	이리(이리)

사후평가(215쪽)

번호	단어(발음)	예	단어(발음)
1	드라마(드라마)	엄마는 드라마 보는 것을 좋아한다.	드라마(드라마)
2	누이(누이)	나에게는 어린 누이동생이 있다.	누이(누이)
3	오리(오리)	새끼 오리는 너무 귀엽다.	오리(오리)
4	라디오(라디오)	누나는 라디오 듣는 것을 좋아한다.	라디오(라디오)
5	이모(이모)	둘째 이모가 선물을 사 주셨다.	이모(이모)
6	이리(이리)	이리가 어린양을 잡아먹었다.	이리(이리)
7	오이(오이)	너구리가 오이 밭을 망쳐 버렸다.	오이(오이)
8	드디어(드디어)	드디어 내 생일이 다가왔다.	드디어(드디어)

정답지

◆ 〈보기〉의 단어를 소리 내어 읽어 봅시다. 그다음, 각 문장에 알맞은 단어를 〈보기〉에서 찾아 써 봅시다. (211쪽)

1. 드라마, 2. 이리, 3. 이모, 4. 오리, 5. 너구리, 6. 누이, 7. 오이, 8. 라디오, 9. 드디어

◆ 그림을 보고, 알맞은 단어를 써 보세요. (213쪽)

1. 오리, 2. 너구리, 3. 라디오

14차시 자음 ㅈ, ㄷ 모음 ㅏ, ㅜ: 자두

사전평가(216쪽)

번호	단어(발음)	예	단어(발음)
1	우주(우주)	달나라로 우주여행을 가고 싶다.	우주(우주)
2	부모(부모)	부모의 사랑은 끝이 없다.	부모(부모)
3	아주(아주)	두부조림이 아주 맛있다.	아주(아주)
4	구두(구두)	낡은 구두를 버리고, 새 구두를 샀다.	구두(구두)
5	자다(자다)	동생과 함께 낮잠을 자다.	자다(자다)
6	두부(두부)	두부조림이 아주 맛있다.	두부(두부)
7	주다(주다)	아버지가 아들에게 용돈을 주다.	주다(주다)
8	자두(자두)	여름 과일 중에 자두가 제일 맛있다.	자두(자두)

사후평가(231쪽)

번호	단어(발음)	예	단어(발음)
1	아주(아주)	두부조림이 아주 맛있다.	아주(아주)
2	자두(자두)	여름 과일 중에 자두가 제일 맛있다.	자두(자두)
3	구두(구두)	낡은 구두를 버리고, 새 구두를 샀다.	구두(구두)
4	주다(주다)	아버지가 아들에게 용돈을 주다.	주다(주다)
5	두부(두부)	두부조림이 아주 맛있다.	두부(두부)
6	자주(자주)	나는 친구네 집에 자주 놀러간다.	자주(자주)
7	부모(부모)	부모의 사랑은 끝이 없다.	부모(부모)
8	자다(자다)	동생과 함께 낮잠을 자다.	자다(자다)

정답지

- 〈보기〉의 단어를 소리 내어 읽어 봅시다. 그다음, 각 문장에 알맞은 단어를 〈보기〉에서 찾아 써 봅시다. (227쪽)
  1. 자주, 2. 자두, 3. 우주, 4. 구두, 5. 두부, 6. 주다, 7. 부모, 8. 자다, 9. 아주

- 그림을 보고, 알맞은 단어를 써 보세요. (229쪽)
  1. 구두, 2. 자두, 3. 두부

15차시 자음 ㅊ, ㅈ 모음 ㅣ, ㅡ: 치즈

사전평가(232쪽)

번호	단어(발음)	예	단어(발음)
1	기차(기차)	기차를 타고 외갓집에 갔다.	기차(기차)
2	그다지(그다지)	새로 산 치마가 그다지 예쁘지 않다.	그다지(그다지)

3	이미지(이미지)	그 친구는 귀여운 이미지이다.	이미지(이미지)
4	치마(치마)	새로 산 치마가 그다지 예쁘지 않다.	치마(치마)
5	지도(지도)	산에서 길을 잃어 지도를 보고 길을 찾았다.	지도(지도)
6	마시다(마시다)	목이 말라 음료수를 마시다.	마시다(마시다)
7	지구(지구)	우리가 사는 행성은 지구이다.	지구(지구)
8	아버지(아버지)	아버지께서는 회사에 가셨다.	아버지(아버지)

사후평가(247쪽)

번호	단어(발음)	예	단어(발음)
1	마시다(마시다)	목이 말라 음료수를 마시다.	마시다(마시다)
2	치즈(치즈)	나는 치즈가 많이 들어간 피자를 좋아한다.	치즈(치즈)
3	기차(기차)	기차를 타고 외갓집에 갔다.	기차(기차)
4	지도(지도)	산에서 길을 잃어 지도를 보고 길을 찾았다.	지도(지도)
5	아버지(아버지)	아버지께서는 회사에 가셨다.	아버지(아버지)
6	지구(지구)	우리가 사는 행성은 지구이다.	지구(지구)
7	그다지(그다지)	새로 산 치마가 그다지 예쁘지 않다	그다지(그다지)
8	이미지(이미지)	그 친구는 귀여운 이미지이다.	이미지(이미지)

정답지

◆ 〈보기〉의 단어를 소리 내어 읽어 봅시다. 그다음, 각 문장에 알맞은 단어를 〈보기〉에서 찾아 써 봅시다. (243쪽)

1. 아버지, 2. 그다지, 3. 치마, 4. 지도, 5. 기차, 6. 두더지, 7. 이미지, 8. 지구, 9. 치즈, 10. 마시다

◆ 그림을 보고, 알맞은 단어를 써 보세요. (245쪽)

1. 치즈, 2. 지도, 3. 두더지

16차시 자음 ㄱ, ㅊ 모음 ㅗ, ㅜ: 고추

사전평가(248쪽)

번호	단어(발음)	예	단어(발음)
1	구르다(구르다)	약속에 늦어 발을 동동 구르다.	구르다(구르다)
2	기초(기초)	무엇이든 기초부터 튼튼히 해야 한다.	기초(기초)
3	초보(초보)	운전이 서툴러서 초보운전 스티커를 붙였다.	초보(초보)
4	고추(고추)	작은 고추가 맵다.	고추(고추)
5	고구마(고구마)	할머니께서 고구마를 삶아 주셨다.	고구마(고구마)
6	추리(추리)	나는 셜록홈즈와 같은 추리소설을 좋아한다.	추리(추리)
7	초조(초조)	내 차례가 다가오자 마음이 초조하다.	초조(초조)
8	추수(추수)	가을은 추수의 계절이다.	추수(추수)

사후평가(264쪽)

번호	단어(발음)	예	단어(발음)
1	추다(추다)	아빠와 함께 춤을 추다.	추다(추다)
2	고추(고추)	작은 고추가 맵다.	고추(고추)
3	추수(추수)	가을은 추수의 계절이다.	추수(추수)
4	초조(초조)	내 차례가 다가오자 마음이 초조하다.	초조(초조)
5	기초(기초)	무엇이든 기초부터 튼튼히 해야 한다.	기초(기초)
6	고구마(고구마)	할머니께서 고구마를 삶아 주셨다.	고구마(고구마)
7	구르다(구르다)	약속에 늦어 발을 동동 구르다.	구르다(구르다)
8	추리(추리)	나는 셜록홈즈와 같은 추리소설을 좋아한다.	추리(추리)

정답지

◆ 〈보기〉의 단어를 소리 내어 읽어 봅시다. 그다음, 각 문장에 알맞은 단어를 〈보기〉에서 찾아 써 봅시다. (260쪽)
1. 추다, 2. 기초, 3. 초조, 4. 추수, 5. 구르다, 6. 고추, 7. 추리, 8. 초보, 9. 고구마

◆ 그림을 보고, 알맞은 단어를 써 보세요. (262쪽)
1. 고추, 2. 추수, 3. 고구마

17차시 자음 ㅋ, ㅍ 모음 ㅓ, ㅣ: 커피

사전평가(265쪽)

번호	단어(발음)	예	단어(발음)
1	커피(커피)	나는 커피 맛 사탕을 좋아한다.	커피(커피)
2	커지다(커지다)	논란 아이의 눈이 커지다.	커지다(커지다)
3	스커트(스커트)	아버지가 생일 선물로 스커트를 사 주셨다.	스커트(스커트)
4	피로(피로)	피로가 쌓여 감기에 걸렸다.	피로(피로)
5	피부(피부)	내 피부 색깔은 노랗다.	피부(피부)
6	피아노(피아노)	내 짝꿍은 피아노를 잘 친다.	피아노(피아노)
7	피리(피리)	나는 음악시간에 피리를 불었다.	피리(피리)
8	부피(부피)	여행 가방의 부피가 크면 불편하다.	부피(부피)

사후평가(279쪽)

번호	단어(발음)	예	단어(발음)
1	스키(스키)	겨울에 스키장에 가서 스키를 탔다.	스키(스키)
2	커피(커피)	나는 커피 맛 사탕을 좋아한다.	커피(커피)
3	키다리(키다리)	키다리 아저씨는 피리를 불면서 춤을 추었다.	키다리(키다리)
4	피리(피리)	나는 음악 시간에 피리를 불었다.	피리(피리)

5	피아노(피아노)	내 짝꿍은 피아노를 잘 친다.	피아노(피아노)
6	부피(부피)	여행 가방의 부피가 크면 불편하다.	부피(부피)
7	피로(피로)	피로가 쌓여 감기에 걸렸다.	피로(피로)
8	커지다(커지다)	논란 아이의 눈이 커지다.	커지다(커지다)

정답지

◆ 〈보기〉의 단어를 소리 내어 읽어 봅시다. 그다음, 각 문장에 알맞은 단어를 〈보기〉에서 찾아 써 봅시다. (275쪽)
1. 스키, 2. 피부, 3. 부피, 4. 커지다, 5. 피로, 6. 키다리, 7. 피아노, 8. 피리, 9. 커피, 10. 스커트

◆ 그림을 보고, 알맞은 단어를 써 보세요. (277쪽)
1. 커피, 2. 스커트, 3. 피아노

18차시 자음 ㅌ, ㅈ 모음 ㅏ, ㅗ: 타조

사전평가(280쪽)

번호	단어(발음)	예	단어(발음)
1	오토바이(오토바이)	오토바이를 탈 때에는 헬멧을 꼭 써야 한다.	오토바이(오토바이)
2	타다(타다)	시간을 아끼기 위해 택시를 타다.	타다(타다)
3	디저트(디저트)	디저트로 케이크 한 조각이 나왔다.	디저트(디저트)
4	타자(타자)	야구 경기에서는 공을 잘 치는 타자가 중요하다.	타자(타자)
5	도토리(도토리)	다람쥐가 도토리를 주워 갔다.	도토리(도토리)
6	토지(토지)	토지가 비옥하여 농사가 잘된다.	토지(토지)
7	토마토(토마토)	토마토가 빨갛게 익었다.	토마토(토마토)
8	타이어(타이어)	타이어 바람이 다 빠지다.	타이어(타이어)

사후평가(295쪽)

번호	단어(발음)	예	단어(발음)
1	타자(타자)	야구 경기에서는 공을 잘 치는 타자가 중요하다	타자(타자)
2	디저트(디저트)	디저트로 케이크 한 조각이 나왔다.	디저트(디저트)
3	타이어(타이어)	타이어 바람이 다 빠지다.	타이어(타이어)
4	토지(토지)	토지가 비옥하여 농사가 잘된다.	토지(토지)
5	도토리(도토리)	다람쥐가 도토리를 주워 갔다.	도토리(도토리)
6	타조(타조)	타조는 세상에서 가장 큰 새다.	타조(타조)
7	토마토(토마토)	토마토가 빨갛게 익었다.	토마토(토마토)
8	기타(기타)	아빠는 기타 연주를 잘하신다.	기타(기타)

정답지

◆ 〈보기〉의 단어를 소리 내어 읽어 봅시다. 그다음, 각 문장에 알맞은 단어를 〈보기〉에서 찾아 써 봅시다. (291쪽)
1. 기타, 2. 토마토 3. 타이어 , 4. 타자, 5. 토지, 6. 도토리, 7. 타조, 8. 오토바이, 9. 타다, 10. 디저트

◆ 그림을 보고, 알맞은 단어를 써 보세요. (293쪽)
1. 타조, 2. 타이어, 3. 디저트

19차시 자음 ㅋ, ㅍ 모음 ㅗ, ㅡ: 포크

사전평가(296쪽)

번호	단어(발음)	예	단어(발음)
1	리코더(리코더)	음악시간에 리코더를 연주했다.	리코더(리코더)
2	마이크(마이크)	마이크가 고장 나서 소리가 나오지 않는다.	마이크(마이크)
3	코미디(코미디)	나는 코미디 보는 것을 좋아한다.	코미디(코미디)
4	포기(포기)	아무리 힘들어도 끝까지 포기하지 않았다.	포기(포기)
5	코트(코트)	겨울에는 코트를 입고, 마스크를 해야 한다.	코트(코트)
6	고프다(고프다)	아침을 굶어서 배가 고프다.	고프다(고프다)
7	스포츠(스포츠)	나는 스포츠 경기 보는 것을 좋아한다.	스포츠(스포츠)
8	마스크(마스크)	겨울에는 코트를 입고, 마스크를 해야 한다.	마스크(마스크)

사후평가(312쪽)

번호	단어(발음)	예	단어(발음)
1	포도(포도)	내가 제일 좋아하는 과일은 포도이다.	포도(포도)
2	코트(코트)	겨울에는 코트를 입고, 마스크를 해야 한다.	코트(코트)
3	크기(크기)	내 크기만한 인형을 샀다.	크기(크기)
4	스포츠(스포츠)	나는 스포츠 경기 보는 것을 좋아한다.	스포츠(스포츠)
5	리코더(리코더)	음악 시간에 리코더를 연주했다.	리코더(리코더)
6	포크(포크)	언니는 항상 빵을 포크로 찍어 먹는다.	포크(포크)
7	포기(포기)	아무리 힘들어도 끝까지 포기하지 않았다.	포기(포기)
8	스포츠(스포츠)	나는 스포츠 경기 보는 것을 좋아한다.	스포츠(스포츠)

정답지

◆ 〈보기〉의 단어를 소리 내어 읽어 봅시다. 그다음, 각 문장에 알맞은 단어를 〈보기〉에서 찾아 써 봅시다. (308쪽)
1. 포기, 2. 포크, 3. 코트, 4. 마스크, 5. 스포츠, 6. 마이크, 7. 고프다, 8. 포도, 9. 크기, 10. 리코더, 11. 코미디

◆ 그림을 보고, 알맞은 단어를 써 보세요. (310쪽)
1. 포크, 2. 리코더 3. 마이크

20차시 자음 ㅎ, ㄹ 모음 ㅓ, ㅣ: 허리

사전평가(313쪽)

번호	단어(발음)	예	단어(발음)
1	드러나다(드러나다)	물이 다 말라서 우물 바닥이 드러나다.	드러나다(드러나다)
2	러시아(러시아)	톨스토이는 러시아 작가이다.	러시아(러시아)
3	도저히(도저히)	너무 힘들어서 도저히 더는 못 걷겠다.	도저히(도저히)
4	허수아비(허수아비)	가을 들판을 허수아비가 지키고 있다.	허수아비(허수아비)
5	부러지다(부러지다)	교통사고로 다리가 부러지다.	부러지다(부러지다)
6	파리(파리)	파리채로 파리를 잡았다.	파리(파리)
7	허파(허파)	사람을 허파로 숨을 쉰다.	허파(허파)
8	차라리(차라리)	맛없는 음식을 먹느니 차라리 굶겠다.	차라리(차라리)

사후평가(327쪽)

번호	단어(발음)	예	단어(발음)
1	허수아비(허수아비)	가을 들판을 허수아비가 지키고 있다.	허수아비(허수아비)
2	도저히(도저히)	너무 힘들어서 도저히 더는 못 걷겠다.	도저히(도저히)
3	허파(허파)	사람을 허파로 숨을 쉰다.	허파(허파)
4	허리(허리)	허리를 굽혀 선생님께 인사를 드렸다.	허리(허리)
5	무수히(무수히)	하늘에 무수히 많은 별이 있다.	무수히(무수히)
6	러시아(러시아)	톨스토이는 러시아 작가이다.	러시아(러시아)
7	차라리(차라리)	맛없는 음식을 먹느니 차라리 굶겠다.	차라리(차라리)
8	파리(파리)	파리채로 파리를 잡았다.	파리(파리)

정답지

◆ 〈보기〉의 단어를 소리 내어 읽어 봅시다. 그다음, 각 문장에 알맞은 단어를 〈보기〉에서 찾아 써 봅시다. (323쪽)
1. 차라리, 2. 드러나다, 3. 도저히, 4. 무수히, 5. 허수아비, 6. 러시아, 7. 부러지다, 8. 허파 , 9. 파리, 10. 허리

◆ 그림을 보고, 알맞은 단어를 써 보세요. (325쪽)
1. 허리, 2. 허파, 3. 허수아비

저자 소개

김애화 (Kim, Aehwa)

aehwa@dankook.ac.kr

현재 단국대학교 특수교육과 교수로 재직 중이다. 단국대학교 특수교육과를 졸업하고, 미국 텍사스 주립대학교(University of Texas at Austin)에서 학습장애 전공으로 석사 및 박사 학위를 받았다. 텍사스 읽기 및 쓰기 연구소(Texas Center for Reading and Language Arts Center)에서 전임연구원(Research Associate)으로 일하였으며, SSCI 저널인 *Journal of Learning Disabilities*의 assistant editor를 역임하였고, 현재 *Journal of Learning Disabilities*의 consulting editor로 활동 중이다.

김의정 (Kim, Uijung)

uijungkim@kornu.ac.kr

현재 나사렛대학교 특수교육과 교수로 재직 중이다. 부산대학교 중어중문과를 졸업하고, 미국 텍사스 주립대학교(University of Texas at Austin)에서 특수 일반 및 자폐성 장애 전공으로 석사 및 박사 학위를 받았다. 텍사스 읽기 및 쓰기 연구소(Texas Center for Reading and Language Arts Center)에서 전임연구원(Research Associate)으로 일하였으며, 캘리포니아 주립대학교(California State University, Los Angeles) 특수교육과 조교수로 재직하였다.

학령기 아동을 위한 단어인지 및 철자 프로그램1
받침 없는 단어
-기본 자음과 기본 모음-
Word Identification and Spelling Program for School-aged Children

2018년 1월 30일 1판 1쇄 발행
2022년 8월 10일 1판 3쇄 발행

지은이 • 김애화 · 김의정
펴낸이 • 김 진 환
펴낸곳 • (주) 학지사
04031 서울특별시 마포구 양화로 15길 20 마인드윌드빌딩 5층
대표전화 • 02) 330-5114 팩스 • 02) 324-2345
등록번호 • 제313-2006-000265호
홈페이지 • http://www.hakjisa.co.kr
페이스북 • https://www.facebook.com/hakjisabook

ISBN 978-89-997-1461-0 94370
978-89-997-1460-3 (set)

정가 **18,000**원

저자와의 협약으로 인지는 생략합니다.
파본은 구입처에서 교환하여 드립니다.

이 책을 무단으로 전재하거나 복제할 경우 저작권법에 따라 처벌을 받게 됩니다.

이 도서의 국립중앙도서관 출판시도서목록(CIP)은 서지정보유통지원시스템 홈페이지(http://seoji.nl.go.kr)와 국가자료공동목록시스템(http://www.nl.go.kr/kolisnet)에서 이용하실 수 있습니다.
(CIP제어번호: CIP2017035266)

출판미디어기업 **학지사**

간호보건의학출판 **학지사메디컬** www.hakjisamd.co.kr
심리검사연구소 **인싸이트** www.inpsyt.co.kr
학술논문서비스 **뉴논문** www.newnonmun.com
원격교육연수원 **카운피아** www.counpia.com

학령기 아동을 위한

단어인지 및 철자 프로그램

❶ 받침 없는 단어

-기본 자음과 기본 모음-

낱자 카드 단어 카드

학지사

1차시

ㄱ ㅏ

ㅅ ㅏ

ㄱ ㅅ

ㅜ ㅜ

2차시

ㄱ ㅓ

ㅁ ㅓ

ㄱ ㅣ

ㅁ ㅣ

3차시

ㄴ ㅏ

ㅁ ㅏ

ㄴ ㅁ

ㅜ ㅜ

4차시

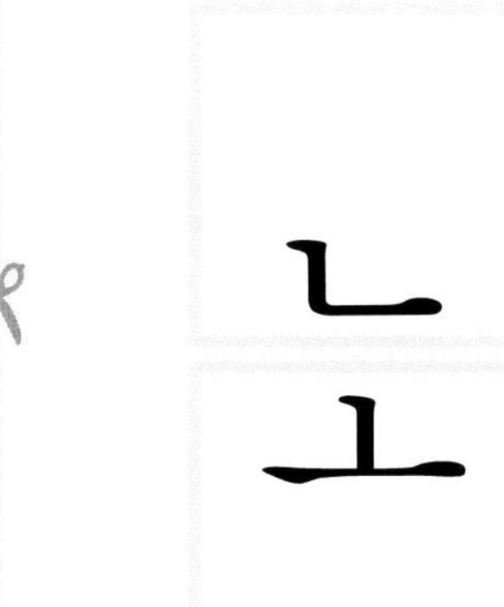

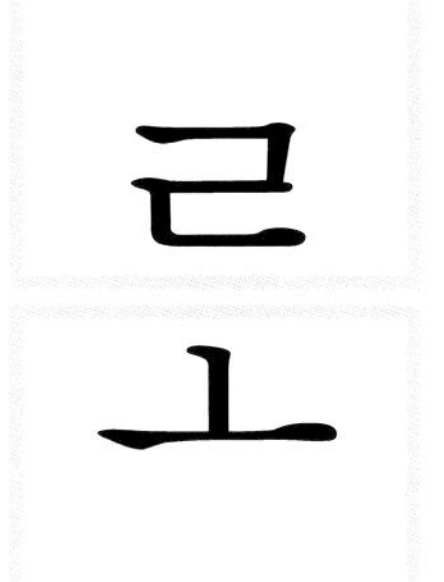

ㄹ ㅜ

5차시

ㄷ ㅣ ㄹ ㅣ

ㄷ ㅏ ㄹ ㅏ

6차시

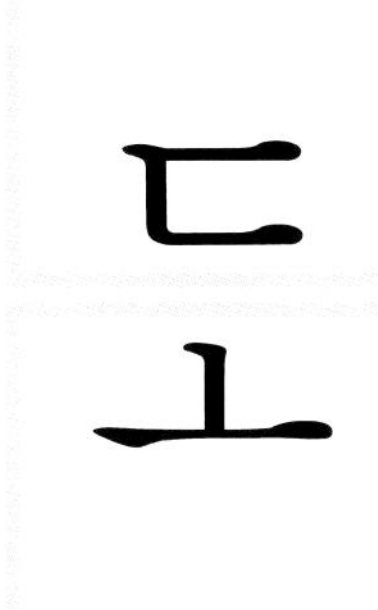

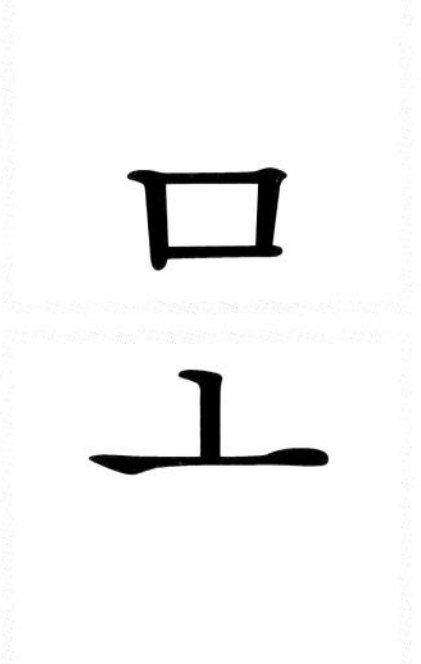

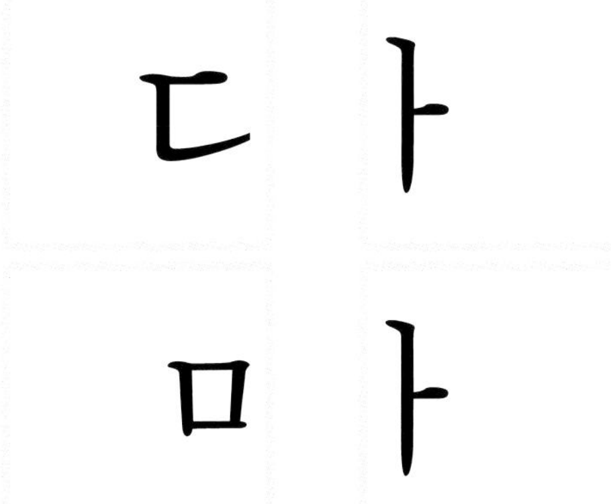

7차시

ㄹ ㅓ

ㅁ ㅓ

ㄹ ㅣ

ㅁ ㅣ

8차시

ㅁ ㅗ

ㅈ ㅗ

ㅁ ㅏ

ㅈ ㅏ

9차시

ㅂ ㅣ

ㅂ ㅏ

ㅈ ㅣ

ㅈ ㅏ

10차시

ㅂ ㅓ
ㅅ ㅓ

ㅅ ㅂ
ㅡ ㅡ

11차시

ㄹ ㅅ
ㅗ ㅗ

ㅅ ㅏ
ㄹ ㅏ

12차시

ㅈ ㅓ
ㅅ ㅓ

ㅈ ㅅ
ㅜ ㅜ

13차시

리

이

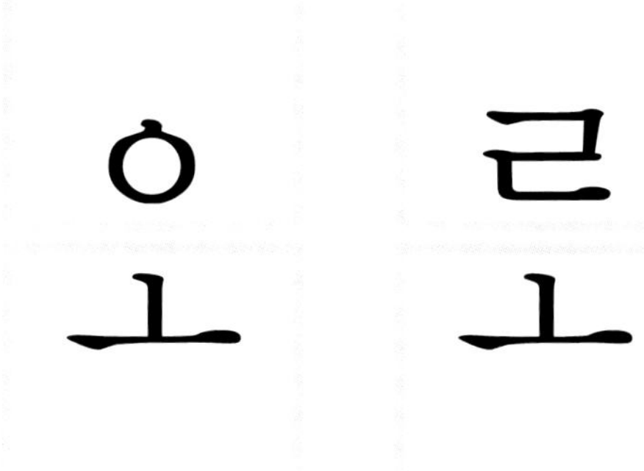

14차시

자

다

두

주

15차시

치

지

츠

즈

16차시

ㄱ ㅗ

ㅊ ㅗ

ㅊ ㅜ

ㄱ ㅜ

17차시

ㅋ ㅓ

ㅋ ㅣ

ㅍ ㅓ

ㅍ ㅣ

18차시

ㅈ ㅗ

ㅌ ㅗ

ㅈ ㅏ

ㅌ ㅏ

19차시

ㅋ	ㅍ	ㅋ	ㅍ
ㅗ	ㅗ	ㅡ	ㅡ

20차시

ㅎ	ㅓ	ㄹ	ㅣ
ㄹ	ㅓ	ㅎ	ㅣ

1차시	가수	가구	수사	가사	구수
2차시	거미	기미	아기	거기	기구
	수거	수리			
3차시	나무	누나	무사	나사	나누다
	기사	가마			
4차시	누다	로마	노루	두루미	마루
	그루	가루	누가		
5차시	마디	머리	나라	다리	어디
	드리다	거리	가리다	디디다	오디
6차시	마구	고모	모이다	도구	모기
	도마	마리	도로	모두	
7차시	머리	나머지	미리	그러나	어머니

	더러	다리미	기러기	너머	
8차시	자르다	모자	고구마	고사리	자리
	조기	모조리	고리	마무리	조사
9차시	바지	지우다	바다	바르다	도라지
	비누	가지	바가지	자루	바로
10차시	버스	보너스	가스	마우스	서다
	비디오	스스로	스무	서로	버리다
11차시	소라	보라	소나무	사이다	시소
	바로	사고	소리	사자	사다리
12차시	수저	주머니	저기	주사기	저리
	수도	저고리	주다	주로	주소
13차시	드라마	이모	오이	너구리	라디오

	누이	오리	이리	드디어	
14차시	자주	구두	우주	두부	부모
	자다	아주	자두	주다	
15차시	두더지	치즈	치마	지도	그다지
	마시다	지구	이미지	기차	아버지
16차시	고추	기초	고구마	초보	추수
	추리	초조	구르다	추다	
17차시	피리	스커트	키다리	부피	피로
	스키	피아노	커피	피부	커지다
18차시	타조	오토바이	토마토	기타	타다
	토지	도토리	디저트	타자	타이어
19차시	포도	리코더	코미디	크기	포기

스포츠	코트	마이크	포크	마스크
고프다				

20차시

허리	차라리	무수히	파리	도저히
허수아비	부러지다	러시아	드러나다	허파